教育部高等学校高职高专汽车类专业教学指导委员会规划教材
总主编 仪垂杰

汽车自动变速器

主　编　刘佃瑞　杜绍研
副主编　焦　爽　王宝昌
参　编　滕文祥　高振传　张　莉
　　　　谢绍霞　白秀秀　迟磊磊
主　审　尹万建

山东大学出版社

内容简介

汽车自动变速器是汽车上最为复杂的总成之一。编者结合近几年的教学经验，编写了这本书。本书注重理论与实践相结合，内容的针对性和实用性强，重点内容为自动变速器的结构、工作原理及故障检修等，对机械无级变速器和双离合自动变速器也进行了系统的介绍。本书可作为高职高专汽车专业类教材使用。

图书在版编目(CIP)数据

汽车自动变速器/刘佃瑞，杜绍研主编．—2版．—济南：山东大学出版社，2015.8
教育部高等学校高职高专汽车类专业教学指导委员会规划教材/仪垂杰总主编
ISBN 978-7-5607-3753-9

Ⅰ．①汽…
Ⅱ．①刘…②杜…
Ⅲ．①汽车—自动变速装置—高等职业教育—教材
Ⅳ．①U463.212

中国版本图书馆CIP数据核字(2011)第159049号

山东大学出版社出版发行
（山东省济南市山大南路20号　邮政编码：250100）
山东省新华书店经销
济南华林彩印有限公司印刷
787毫米×1092毫米　1/16　13.25印张　299千字
2015年8月第2版　2015年8月第3次印刷

定价：23.00元

教育部高等学校高职高专汽车类专业教学指导委员会规划教材

编审委员会

总 序

进入新世纪以来，我国加快了转变经济发展方式的步伐，从而有力地推动着各领域的科学发展。随着科技创新能力的不断提高，科学技术的产业化进程日益加快，制造业不断优化结构，改善品种质量，并淘汰落后产能，汽车制造业尤其如此。《中华人民共和国国民经济和社会发展十二五规划纲要》提出的培育发展新能源汽车等新兴产业的战略目标就充分体现了这一点。

2010 年，中国汽车产销量已超过 1800 万辆，居全球首位，市场潜力巨大。中国汽车与装备制造业已进入了一个新的发展阶段。汽车工业的飞速发展带动了汽车与制造相关产业链的发展，为汽车和机械制造类相关专业毕业生提供了广阔的就业空间和很好的发展前景。然而，老版本的汽车类教材已经远远不能满足汽车专业的教学需求，为广大汽车专业的师生提供一套新版教材成为当务之急。同时，为贯彻《教育部财政部关于实施国家示范性高等职业院校建设计划加快高等职业教育改革与发展的意见》（教高[2006]14 号）和《教育部关于全面提高高等职业教育教学质量的若干意见》（教高[2006]16 号）的精神，进一步推动职业教育由“重视规模发展”向“注重提高质量”的工作重心转变，适应我国现代汽车工业和职业教育发展的需要，教育部高等学校高职高专汽车类专业教学指导委员会决定在工学结合课程开发和教材建设方面进行探索，组织高校富有经验的教师和企业专家共同编写一套理论性和实践性相结合的汽车类专业教材。

教学质量是学校的生命线。提高教学质量，专业建设是龙头，课程建设是关键。高职教育的课程改革是一项长期的工作，它不是片面的课程内容的解构与重构，必须以人才培养模式创新为核心，以双师素质教师团队建设、实训条件建设、实训项目开发、教学方法改革、教学实施创新等一系列条件为支撑。多年来，在教育部高等学校高职高专汽车类专业教学指导委员会指导下，各高职高专院校进行了广泛的调研，以课程建设为抓手，以校企合作、工学结合为突破口，狠抓课程实施，在教材建设方面作出了高等职业教育的特色。本套教材既注重技能的提高，又兼顾理论的提升，力求满足广大高职高专汽车类专业学生学习的需要，为学生的就业和继续深造打下坚实的基础，充分体现了工学结合的职业教育特色。

经过各编写者和主审们的辛勤劳动，本套教材即将陆续面世。希望教育部高等学校高职高专汽车类专业教学指导委员会的工作可以为各高职院校提供一些借鉴，并通过这套教材进一步推动各地的高职高专教学与课程改革。同时，也希望业内专家和同仁对本套教材提出指导性和建设性意见，以便在教学实践中共同完善和提高。

本套教材在编写过程中，得到了教育部领导、行业专家、各高职高专院校和企业专家的支持，山东大学出版社对教材的出版给予了大力支持和帮助，在此一并致谢。

教育部高等学校高职高专汽车类专业
教 学 指 导 委 员 会 主 任 委 员　仪垂杰

2010 年 12 月于青岛

前 言

随着高职高专教学改革的深入发展，改革课程教学内容、提高学生动手能力、培养实用型人才已成为教学改革的重要内容。为了适应教学的需要，满足汽车专业对自动变速器知识的需求，我们编写了该教材。

本教材充分吸取了各院校高职课程改革的经验，将自动变速器、液力变矩器、行星齿轮变速器、液压控制自动换挡系统、电子控制装置、无级变速器等内容进行有机的整合，摒弃了理论性较强的内容，以实用为标准，注重知识在实践中的应用，着重培养学生分析问题、解决问题的能力。本教材有以下特点：

1. 着重对汽车专业所需自动变速器基础知识进行介绍，内容全面，综合性强，满足了汽车专业对自动变速器知识的需求。

2. 教材文字简明、内容精练，采用简明易懂的插图，如立体图、结构简图等，以便于学生对教材内容的理解。

3. 注重各部分知识的联系，前后内容互相呼应，保证了知识的连续性、系统性。

本书共八章内容，其中第 1 章、第 5 章由山东交通学院刘佃瑞编写，第 6 章由烟台汽车工程职业学院杜绍研、焦爽编写，第 4 章由青岛港湾职业技术学院王宝昌编写，其他参编人员腾文祥、高振传、张莉、谢绍霞、白秀秀、迟磊磊编写了绪论、第 2 章、第 3 章、第 7 章、第 8 章。本书由刘佃瑞、杜绍研任主编，邢台职业技术学院尹万建教授任主审。

本书在编写过程中查阅了大量国内公开发表、出版的资料、文献以及维修手册，并引用了其中的部分图表资料，谨在此表示深深的谢意。

由于作者水平有限，书中难免有疏漏之处，敬请广大读者批评指正。

编　者

2011 年 3 月

目　录

绪 论

学习目标

1. 了解自动变速器的发展概况。

2. 了解自动变速器的特点。

往复式内燃机是现代汽车广泛采用的动力装置，但由于其转速变化范围和转矩适应系数有限，不能适应驱动车辆对转速和转矩的要求，因此，必须装设变速器。变速器不但可以扩大发动机传到驱动轮上的转矩和转速的变化范围，以适应汽车在各种条件下行驶的需要，而且能在保持发动机转动方向不变的情况下实现倒车，还能利用空挡暂时地切断发动机与传动系统的动力传递，使发动机处于怠速运转状态。虽然手动变速器有上述优点，但在操纵轻便性、动力性方面仍存在缺陷。随着科学技术的不断进步，液压技术和电子技术不断在汽车上得到运用。在变速器发展方面，为提高驾驶操作的轻便性，减轻驾驶员的疲劳程度，提高汽车的动力性和经济性，人们在改进变速器的结构和换挡方法上作了很大的努力，液力控制自动变速器、电控液力自动变速器、电子控制机械自动变速器和机械无级自动变速器等便是人们改进手动变速器的结果。

0.1 自动变速器的发展简介

0.1.1 自动变速器的发展回顾

1904 年，美国通用汽车公司的凯迪拉克(Cadillaç)汽车采用了手操纵的三挡行星齿轮变速器，福特(Ford)汽车采用了二挡行星齿轮变速器。1926 年，别克小轿车上开始使用液力机械传动的变速器。1933 年，美国瑞欧汽车使用了一种半自动变速器。1938 年，美国克莱斯勒汽车公司采用了液力耦合器，并在 1939 年，首先成功地研制了由液力耦合器和行星齿轮变速器组成的四挡液力变速器，并装于该公司生产的轿车奥兹莫比尔(oldsmobile)上。该变速器被认为是自动变速器的代表，是当今自动变速器的原始形式。随着新技术的不断发展，自动变速器的结构不断得到改进，逐步走向成熟。

1939～1950 年的 11 年是液力自动变速器的成长期。这时期自动变速器的结构特点是液力传动部件采用液力耦合器，机械变速部分采用行星齿轮。这种形式虽结构简单，成本也低，但液力传动部分只能起到联轴节的作用，不能改变扭矩，传动扭矩的改变完全由行星齿轮机构来完成。

1950 年，美国福特汽车公司成功研制了装有液力变矩器的三挡液力自动变速器，从此，轿车用的液力自动变速器进入了成熟期。

1977 年后，日本丰田汽车公司成功研制了具有超速挡的液力自动变速器。该变速器采用三元件液力变矩器与多挡行星齿轮相组合的结构，这不但提高了变速器的变矩比，而且使换挡圆滑，传动效率也更高。

液力自动变速器行星齿轮机构的挡数和速比范围，随着汽车的高速比、低油耗和低噪声等要求的不断提高而有增加的倾向。1977 年丰田公司开发的四挡液力自动变速器和 1989 年日产汽车公司开发的五挡液力自动变速器都已装车使用。这两种变速器都是在原三挡和四挡液力自动变速器的基础上，加装一组行星变速齿轮机构而形成的。1983 年，日产汽车公司成功研制了四挡液力自动变速器用的行星齿轮机构，其最大特点是结构紧凑，从而为液力自动变速器的多挡化提供了条件。

液力自动变速器的优点是可增大起步扭矩，提高车辆的加速性能，降低变速器对传动系统的冲击，对发动机曲轴的扭振具有隔振作用。但由于其泵轮与涡轮之间存在转速差，使其传动效率随之降低，因此，常采用锁止机构，使泵轮和涡轮在一定工况下连接起来。这样，发动机的动力便可直接传给变速器的行星机构，从而提高了传动效率。

锁止机构最早在 1939 年美国通用汽车公司生产的 Hydramatic 上使用过。1977 年，美国克莱斯勒汽车公司在变矩器上装配由液力控制的带减振的离合器，使锁止装置进入了成熟期。

带减振的液力自动变速器，通常仅在最高挡位时使锁止离合器接合。后来，为了减少滑转损失，1982 年起在其他挡位上也开始使用。由于在变速过程中进行锁止会产生较大的冲击，故需要在变速时暂将其解除，而在变速后再进行锁止，即换挡前使离合器自动分离，换挡后使离合器自动接合。为此，研制出了多种控制方式，其中以电控方式效果较好。锁止离合器的实用化已有十几年的历史，目前已非常普遍。

1969 年，法国雷诺汽车公司首先采用了电控液力自动变速器。其控制方式是由计算机依据检测到的车辆速度和节气门开度的电信号，来判断变速的时机，并确定变速程序。进入 20 世纪 80 年代，随着电子技术的发展和计算机的进一步微型化，变速器的控制功能和可靠性得到提高，而且成本也大为降低。

1991 年，美国通用汽车公司在前轮驱动的轿车上装配了 4T60E 型电控液力自动变速器。同年，福特汽车公司也在两种前轮驱动的轿车上装配了 AXODE 型四挡电控液力自动变速器，其电子控制装置并入福特 EC-IV 型发动机的中央控制系统。

在我国，液力传动装置的应用始于 20 世纪 50 年代，最早是在一汽生产的 CA770 型红旗轿车上装备了自动变速器。在 20 世纪 70 年代，我国已将液力传动应用于一系列的重型矿用汽车上，如 SH380 型 32 吨矿用自卸车、CA390 型 60 吨矿用自卸车等。近年来，由于对自动变速器性能的逐渐认识，用户的需求量越来越大，使国内汽车企业加快了自动变速器的发展步伐。1998 年，上海通用汽车公司生产的别克轿车上的 4T65E 型电子控制自动变速器正式下线，上海大众的帕萨特 B5、一汽大众的捷达都市先锋上装备了自动变速器 AG-495，神龙也推出了配置 AL4 智能型自动变速器的富康 988“领导者”，其他如君威、雅阁、马自达 6 全部采用了自动变速器。

0.1.2 自动变速器的发展趋势

0.1.2.1 自动变速器的挡位数越来越多

自动变速器的挡位数由 20 世纪 50 年代的两挡到 20 世纪 60 年代的三挡，20 世纪 80 年代以后增加到四挡、五挡，现在已达到七挡、八挡，自动变速器的挡位数越来越多，主要是电子技术的应用，没有电子技术不可能有这个结果。

0.1.2.2 行星排的数量越来越少

20 世纪 80 年代的变速器四挡的就有三排行星排，但是在五六年以后，特别是进入 20 世纪 90 年代以后，变速器只剩一排半的行星排，前排有个太阳轮，有一个行星轮没有齿圈，但是它的行星排数量只有一排半，也有 4 个前进挡，这个主要是电子技术造成的。

现在标致车和富康车装的是一个变速器，也是 4 个前进挡，但是行星排只有两排，而且是很简单的、典型的，也就是行星排的数量是朝着少的方向发展的。机械的东西一少，结构就减少了，机械的东西越多，故障概率就越多。因此，行星排数量减少是自动变速器技术发展的又一个方向。

0.1.2.3 单向离合器越来越少

20 世纪 80 年代的车，皇冠 3.0 有 3 个单向离合器，美国的车也有 3 个离合器，这样维修就比较麻烦，比如像大众车，单向离合器要是装反，挂的是前进挡，车子却不往前走了，因为是管理挡，同时它坏了还容易损坏变速器，有的变速器的报废就是因为它损坏以后导致的。所以，单向离合器的发展是从开始比较多，甚至发展到 1 个齿轮箱里面有 3 个单向离合器，而后来就比较少了，到 20 世纪 90 年代，就剩 1 个，单向离合器越来越少，2002 年以后基本就没有了。

0.1.2.4 同一个挡位用油元件的数量越来越少

20 世纪 80 年代末，离合器、制动器各有 3 个，制动带 1 个，可以实现 4 个前进挡、1 个倒挡，共用了 7 个用油元件，并且还使用了 3 个单向离合器，一共是 10 个元件。在 D 位置的 2 挡如果其中任意一个元件损坏，这个挡位将会失灵。到了 20 世纪 90 年代，用油元件数量开始减少，如 01M 型变速系统，它只有 3 个离合器，2 个制动器，2 个单向离合器，加起来是 7 个元件，车的排量能稍差一些，但是挡位数减少了。1 挡和 2 挡同时使用 C_1，C_1 一旦接合上轻易不分开，一直跑到 70～80km 都联动，这样磨损就可以减少。现在 1 个挡位只有 2 个元件，所以能够发展到现在的六速、七速和八速。

0.1.2.5 电磁阀的体积越来越小，数量越来越多

随着汽车自动变速器向多挡位发展，电磁阀需要被设计得越来越小，这样可以减轻重

量和提供更多空间，还可以降低电磁阀的制造成本。同时，阀体中多数控制滑阀也都被设计得更小，材质从钢变成铝，以求控制滑阀更灵敏，能在更高信号频率下有效运动，提供更快的响应速度和更高的油路控制稳定性。电磁阀的数量也在增加，比如说 A3401，它有两个电磁阀，一个是 A 电磁阀，一个是 B 电磁阀，可联合控制 4 个挡位，而且在技术发展上面，早年是电脑控制电源，后来变成继电器保险控制电源。发展到现在，每台自动变速器至少需要 6 个电磁阀。

0.1.2.6　控制方法的多样化

早期 A3401 只有 2 个电磁阀，而现在的 01M 有 7 个电磁阀，上面 5 个，最右边的是控制闭锁的，边上那两个是控制油压的。发展到 1997～1998 年以后，标致雷诺公司研制的 AL4 型变速器是当时那个年代，在世界上电控系统中最先进的，它有 10 个换挡规格，8 个电磁阀。经过二十多年的发展，电磁阀的数目越来越多，而且控制也越来越复杂、越多样化。以前变速器闭锁是根据挡位的，升到 3 挡以后才闭锁，到 20 世纪 90 年代后 2 挡就可以闭锁，2003 年以后生产的变速器，有的 1 挡就可以闭锁，闭锁的控制在理论上有了一个变化。

0.2　自动变速器的特点

手动变速器具有传动效率高、工作可靠、结构比较简单等优点，故仍被广泛地应用在各种汽车上。但由于其换挡过程操作复杂，换挡过程中易造成变速器零部件损坏，而且驾驶员也容易疲劳，故现在装用自动变速器的车辆越来越多。和手动变速器相比，装用自动变速器的车辆具有下列显著的优点：

0.2.1　使发动机和传动系统等零部件的寿命得到提高

液力传动汽车的发动机与传动系统由液体工作介质“软”性连接。液力传动起一定的吸收、衰减和缓冲的作用，大大减少冲击和动载负荷，例如，当负荷突然增大时，可防止发动机过载和突然熄火。汽车在起步、换挡或制动时，液力传动能减少发动机和传动系统所承受的冲击及动载负荷，因而可提高有关零部件的使用寿命。对比试验表明：自动变速器的使用可以使发动机的寿命提高 85%，变速器的寿命提高 12 倍，传动轴和驱动半轴的寿命提高 75%～100%。

0.2.2　驾驶性能好

汽车驾驶性能的好坏，除与汽车本身的结构有关外，还取决于正确的控制和操纵。自动变速性能通过系统的设计，采用液压操纵或电子控制，使换挡实现自动化，在变换变速杆位置时，实质上是操纵液压控制的滑阀，使整车自动去完成这些使用要求，以获得最佳的燃料经济性和动力性。自动变速传动系统可以不要离合器，大大减轻了驾驶员的劳动强度，使得驾驶性能与驾驶员的技术水平关系不大，因而特别适合于非职业驾驶员驾驶。

0.2.3　行驶性能好

采用液力自动变速器的汽车，在起步时，驱动轮上的驱动转矩是逐步增加的，可防止大的振动与冲击，减少车轮的打滑，使起步容易，且更加平稳。通过液力传动或微电脑控制换挡，可以消除或降低动力传动系统中的冲击和动载，提高了汽车的乘坐舒适性。

0.2.4　安全性好

在车辆行驶过程中，驾驶员必须根据道路、交通条件的变化，对车辆的行驶方向和速度进行改变和调节。以城市大客车为例，平均每千米换挡 3～5 次，且每次换挡有 4～6 个手脚协调动作使驾驶员的注意力被分散，易使驾驶员产生疲劳，造成交通事故。而如果是以较少换挡、操纵节气门大小代替变速，那样会牺牲燃油经济性。由于自动变速的车辆取消了离合器踏板和换挡操纵，所以只要控制加速踏板，就能自动变速，从而改善了驾驶员的劳动强度，使行车事故率降低，平均车速提高。

0.2.5　降低废气排放

发动机在怠速和高速运行时，排放的废气中 CO 或 HC 化合物的浓度较高。而自动变速器的应用，可使发动机经常在经济转速区域内运转，也就是在较小污染排放的转速范围内工作，从而降低了排放污染。

从目前的情况来看，自动变速器还存在着以下三方面的缺点：

(1)结构较复杂，重量有所增加。与手动变速器相比，自动变速器结构较复杂，零部件加工难度大，生产成本较高，修理也较麻烦。同时，操纵机构较手动变速器复杂，重量较手动变速器大。

(2)效率不够高。自动变速器的效率为 86%～90%。通过实施动力传动控制一体化、液力变矩器闭锁、增加挡位数等措施，可使自动变速器接近手动变速器的效率水平。

(3)维修要求有较高的技术水平。自动变速器结构复杂，零件繁多，各种控制阀配合精密，装配工艺要求高，因而在维修时要求有较高的技术水平。

第1章 自动变速器概述

学习目标

1. 掌握自动变速器的组成及功用。
2. 掌握自动变速器的分类。
3. 掌握自动变速器的型号识别。
4. 学会使用自动变速器的变速杆。

考核标准

知识要求：自动变速器的组成、功用、分类及型号识别方法。

技能要求：自动变速器变速杆的正确操作及应用。

教学建议

教具：自动变速器台架。

建议：自动变速器的组成这部分内容建议以教师讲解和示范为主，可辅助多媒体课件。自动变速器的分类及特点和自动变速器的型号识别这两部分内容建议以教师讲解为主。自动变速器的挡位这部分内容建议安排在实验室进行。

1.1 自动变速器的组成及功用

自动变速器的厂牌型号很多，外部形状和内部结构也有所不同，但它们的组成基本相同，都是由液力变矩器和齿轮式自动变速器组合而成的。自动变速器常见的组成部分有液力变矩器、行星齿轮变速器、离合器、制动器、油泵、滤清器、油管、各种控制阀等。按照这些部件的功能，可将它们分成液力变矩器、齿轮变速系统、液压控制系统和电子控制系统四部分。图1-1为自动变速器的结构简图。

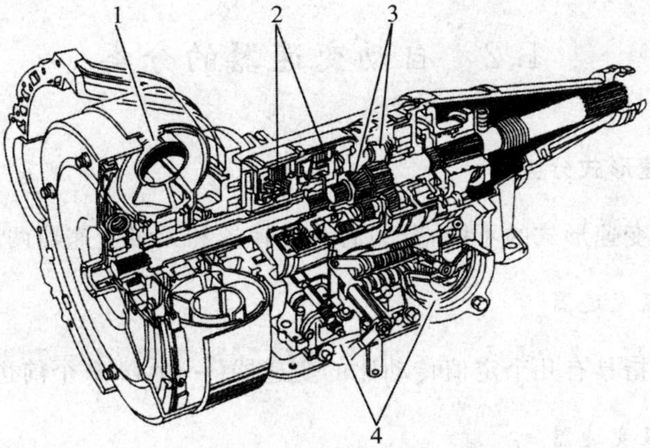

图 1-1　自动变速器的结构简图

1—液力变矩器　2—换挡执行机构　3—齿轮变速系统　4—液压控制系统

1.1.1　液力变矩器

液力变矩器是一个通过利用液体的流动传递动力的装置，其主要功用是：

(1)在一定范围内自动、连续地改变转矩比，以适应不同行驶阻力的要求。

(2)具有自动离合器的功用。在发动机不熄火、自动变速器位于动力挡(D 或 R 位)的情况下，汽车可以处于停车状态。驾驶员可通过控制节气门开度控制液力变矩器的输出转矩，逐步加大输出转矩，实现动力的柔和传递。

1.1.2　行星齿轮机构

行星齿轮机构在不同的运动状态组合可得到 2～5 种转速比，其功用主要有：

(1)在液力变矩器的基础上再将转矩增大 2～4 倍。

(2)提高汽车的行驶适应能力。

(3)实现倒挡传动。

1.1.3　液压控制系统

液压控制系统是由油泵、各种控制阀及与之相连通的液压执行元件(如离合器、制动器、油缸等)组成的液压控制回路。汽车行驶中根据驾驶员的要求和行驶条件的需要，控制离合器和制动器的工作状况的改变来实现机械变速器的自动换挡。

1.1.4　电子控制系统

电子控制系统将自动变速器的各种控制信号输入电子控制单元(ECU)，经 ECU 处理后发出控制指令来控制液压系统中的各种电磁阀实现自动换挡，并改善换挡性能。

拓展阅读

赵海波，张涛主编. 汽车自动变速器构造与维修. 北京：机械工业出版社，2009

1.2 自动变速器的分类

1.2.1 按变速形式分类

自动变速器按变速形式的不同，分为有级变速器和无级变速器两种。

1.2.1.1 有级变速器

有级变速器是指具有几个定值传动比的变速器(一般4～7个前进挡、1个倒挡)。

1.2.1.2 无级变速器

无级变速器是指变速器的传动比在一定范围内连续变化的变速器，在一些小排量轿车上有一定的应用。

1.2.2 按齿轮变速系统的控制方式分类

自动变速器按齿轮变速系统的控制方式的不同，分为液控液动自动变速器和电控液动自动变速器两种。

1.2.2.1 液控液动自动变速器

自动变速器中的执行机构根据由节气门开度控制的节气门油压和由车速控制的速控油压决定换挡时刻，完成自动换挡(液控自动变速器现已被淘汰)。

1.2.2.2 电控液动自动变速器

电子控制单元根据节气门开度信号和车速信号决定换挡时刻，控制换挡电磁阀进行自动换挡。

1.2.3 按汽车驱动形式分类

自动变速器按汽车驱动形式的不同，分为前轮驱动的自动变速器、后轮驱动的自动变速器和四轮驱动的自动变速器三种。前轮驱动自动变速器又可分为发动机横置和发动机纵置两种布置形式。

1.2.4 按齿轮变速机构的结构类型分类

自动变速器按齿轮变速机构的结构类型的不同，分为普通圆柱齿轮式和行星齿轮式两种。行星齿轮式自动变速器结构紧凑，能获得较大的传动比，运动平稳，噪声低，因此在绝大多数轿车上大都采用辛普森、拉威挪式行星齿轮变速器。

1.3　自动变速器的挡位及型号识别

1.3.1　自动变速器的挡位

轿车自动变速器的变速杆通常有六个位置，如图 1-2 所示。

1.3.1.1　P 位——驻车挡

变速杆置于此位置时，驻车锁止机构将自动变速器输出轴锁止。

1.3.1.2　R 位——倒挡

变速杆置于此位置时，液压系统倒挡油路被接通，驱动轮反转，实现倒向行驶。

1.3.1.3　N 位——空挡

变速杆置于此位置时，所有机械变速器的齿轮空转，不能输出动力。

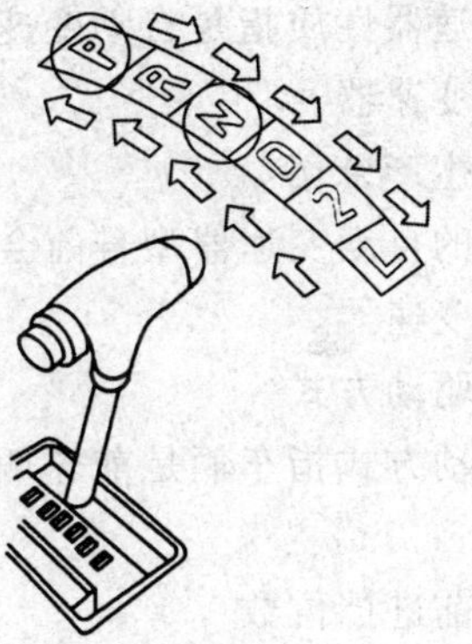

图 1-2　自动变速器变速杆的位置示意图

1.3.1.4　D 位——前进挡

变速杆置于此位置时，液压系统控制装置根据节气门开度信号和车速自动接通相应的前进挡油路，行星齿轮变速器在换挡执行元件的控制下得到相应的传动比。随着行驶条件的变化，在前进挡中自动升降挡，实现自动变速功能。例如，对于四挡自动变速器，当变速杆置于 D 位，且超速挡(OD)开关 ON 时，自动变速器会在 1 挡、2 挡、3 挡和 4 挡间自动切换。但如果 OD 开关 OFF 时，自动变速器不会升至 4 挡(超速挡简称 OD 挡)。

1.3.1.5　2 位——高速发动机制动挡

变速杆置于此位置时，液压控制系统只能接通前进挡中的 1 挡、2 挡油路，自动变速器只能在这两个挡位间换挡，无法升入更高的挡位，从而使汽车获得发动机制动效果。

1.3.1.6　L 位(也称 1 位)——低速发动机制动挡

变速杆置于此位置时，汽车被锁定在前进挡的 1 挡，只能在该挡位行驶而无法升入高挡，发动机制动效果更强。

2 位和 L 位多用于山区等路况的行驶，可避免频繁换挡，提高变速器的使用寿命。发动机只有在变速杆置于 N 或 P 位时，汽车才能启动，此功能靠空挡启动开关来实现。

1.3.2　自动变速器的型号识别

一种变速器可能被用在多个公司不同款式的汽车上，而同一种车型也可能装用不同型号的变速器。如果对自动变速器的型号不了解，在维修中就会对故障分析、资料查找及零配件采购等造成障碍。

1.3.2.1 自动变速器型号的含义

(1)自动变速器型号包含的内容

1)变速器性质

变速器性质指是自动变速器还是手动变速器。一般用“A”表示自动变速器，“M”表示手动变速器。

2)生产公司

有的自动变速器型号前会加上表明生产厂家的字母，如“ZF”表示德国 ZF 公司生产的自动变速器。

3)驱动方式

驱动方式指车辆是前轮驱动还是后轮驱动。一般用“U”表示前轮驱动，“R”表示后轮驱动。

4)前进挡位数

一般用数字表示。

5)控制方式

控制方式指自动变速器是电控、液控，还是电液控制。一般用“E”表示电控，“L”表示液控，“EH”表示电液控制。

6)生产、改进序号

生产、改进序号指自动变速器是基本型号还是改进型。

7)额定输出转矩

额定输出转矩指自动变速器能够传动的最大转矩。

(2)几个常见公司的自动变速器

1)丰田自动变速器

早期的丰田自动变速器型号的形式以“A43DE”这种含有 2 个数字的型号为代表，这种形式的自动变速器主要有 A40、A40D、A42DL、A45DF、A55、A55F 等，其中：

A——自动变速器。

4——驱动方式，其中 1、2、5 表示前轮驱动，3、4 表示后轮驱动。

3——生产序号，0 是基本型，1 是一次改进型，3 是三次改进型。

D——前进挡位数，D 表示具有超速挡，即四挡自动变速器；若无 D，则表示为三挡自动变速器。

E——电控自动变速器，同时具有锁止离合器；若无 E，则表示为液控自动变速器。

L——具有锁止离合器。

F——四轮驱动自动变速器。

目前的丰田自动变速器型号以“A340E”这种含有 3 个数字的型号为代表，这种形式的自动变速器主要有 A140E、A245、A541E、A650E、A750E、A760E、U341E、U241E、U151F、A540H 等，其中：

A——自动变速器；若是 U 则表示超级智能自动变速器，且都为前轮驱动。

3——驱动方式，其中 1、2、5 表示前轮驱动，3、4、6、7 表示后轮驱动。

4——前进挡位数，4 表示四挡自动变速器，5 表示五挡自动变速器，6 表示六挡自动变速器。

0——生产序号，0 是基本型，1 是一次改进型，2 是二次改进型等。

E——电控自动变速器，同时具有锁止离合器；H 或 F 表示四轮驱动自动变速器，均省略了 E。

2)通用自动变速器

该公司的自动变速器以“4T65E”为例进行说明，这种形式常见的自动变速器还有 4T60E、4L50E、5L40E、3T40 等，其中：

4——前进挡位数，4 为四挡自动变速器，5 为五挡自动变速器。

T——驱动方式，T 为横置前轮驱动变速器，L 为纵置后轮驱动变速器。

65——产品系列。

E——控制方式，E 为电控自动变速器；无 E 为液控自动变速器。

3)宝马自动变速器

该公司的自动变速器以“ZF5HP18”为例进行说明，这种形式常见的自动变速器还有 ZF3HP22、ZF4HP24、ZF5HP24、ZF5HP30、ZF6HP26 等，其中：

ZF——变速器生产厂商，ZF 表示德国 ZF 公司。

5——前进挡位数，4 为四挡自动变速器，5 为五挡变速器，6 为六挡自动变速器。

H——变速器最终是通过液压作用于执行机构。

P——变速器是行星齿轮机构。

18——额定转矩指标。

4)奔驰自动变速器

该公司的自动变速器以“722.6”为例进行说明，这种形式常见的自动变速器还有 722.4、722.5、722.7、722.8、722.9 等，其中：

722——轿车用自动变速器。

6——自动变速器型号。

1.3.2.2　自动变速器的识别方法

(1)变速器铭牌识别法

在很多自动变速器的壳体上都有金属铭牌，上面一般标有自动变速器的生产公司名称、型号、生产序号代码及液力变矩器规格等，因此，通过铭牌可以很方便地对自动变速器进行识别。例如，丰田 A341 型自动变速器在铭牌栏中的字符为 03-41LE，宝马 1-12 为 4L30E 型自动变速器的铭牌识别。

(2)汽车铭牌识别法

一部分汽车在发动机室内、驾驶室内、门柱等位置有汽车铭牌，这些铭牌上一般有生产厂商名称、汽车型号、车身型号、底盘型号、发动机型号、变速器型号、出厂编号等内容。通过汽车铭牌上的内容可对自动变速器的型号进行识别，如图 1-3 所示。

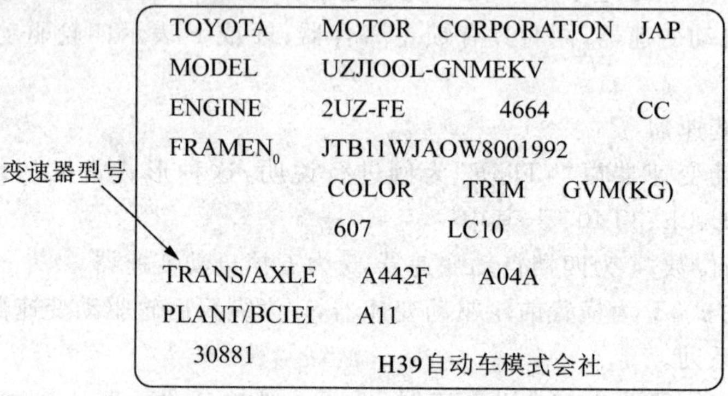

图 1-3 通过汽车铭牌识别自动变速器

(3)壳体标号识别法

一部分变速器的壳体和油底壳等部位，在生产时将其型号留在上面，因此，我们便可以很直观地识别出自动变速器的型号。例如，福特公司的 AXOD 型自动变速器，在其端部的阀体油底壳上冲压有很大的“AXOD”字符。

(4)奔驰自动变速器的型号识别法

奔驰汽车的自动变速器为其下属公司生产，其型号以数字代码的形式表示。其号码刻在变速器壳体侧部、油底壳接合面上面一点的部位。在这个部位有一长串字符，其中“722×××”的 6 位字符即为自动变速器的型号。

(5)变速器零部件特征识别法

人们常用一些外号来代指某人，因此，在汽车工程中也常用一些有特征的部件来代替某一装置。为了区分与识别一些自动变速器的型号，常用其具有特殊形状及特征的集滤器、油底壳、油底壳密封垫、电磁阀个数及导线端子数等进行区分与识别。

(6)变速器结构特征识别法

除了可以用上述的零部件特征对自动变速器进行识别与区分外，还可以根据自动变速器的一些独特的结构特征来对自动变速器进行识别与区分。比如油底壳在上方的日产千里马 RE4F04A 型自动变速器、有一大一小两个油底壳的宝马或欧宝 4L30E 型自动变速器、有加长壳体的奔驰 S320 型轿车的 722.502 五速自动变速器、外部有电磁阀阀体的克莱斯勒 41TE(A604)型自动变速器、油底壳在前侧的马自达 626 轿车 GF4A-EL 型自动变速器等。

复习思考题

1-1　自动变速器由哪些部分组成？各个部分都起什么作用？

1-2　自动变速器与手动变速器相比有何优缺点？

1-3　常见自动变速器的分类方法有哪些？

1-4　选择一辆自动变速器汽车，查看其挡位设置，并分析各挡位的作用。

第2章 液力变矩器

学习目标

1. 了解液力耦合器的结构和变矩器的结构及种类。
2. 了解液力耦合器和变矩器的工作原理及工作过程。
3. 掌握液力变矩器各工作轮的工作特性。
4. 掌握液力变矩器常见故障的诊断思路和分析方法。

考核标准

知识要求：掌握液力耦合器的结构和工作原理，变矩器的结构和工作原理、分类和优点、工作特性，锁止离合器的工作条件和工作原理。

技术要求：会使用专用工具和设备检修液力变矩器。

教学建议

教具：配套的油泵与第一轴、液力变矩器总成、直尺、游标卡尺、拆装工具一套。

建议：液力变矩器的检修内容建议安排在实验室进行。液力变矩器的结构和原理建议使用多媒体教学。

教学参考：邢台职业技术学院《汽车构造》精品课。

液力变矩器在动力传输过程中是用液体作为工作介质传递动力的，在传动系统中是液体传动。液体传动分为液压传动和液力传动，液力变矩器就是靠液力传动的。

液力传动——以液体为工作介质，通过液体在循环流动过程中的液体动能变化来传递动力。该种传动方式是靠液体的动量矩变化来传递能量的。

2.1 液力耦合器

2.1.1 液力耦合器的结构组成

液力耦合器是一种液力传动装置，又称液力联轴器，在不考虑机械损失的情况下，输出力矩与输入力矩相等。它的主要功能有两个：一是防止发动机过载，二是调节工作机构的转速。其结构主要由壳体、泵轮、涡轮三个部分组成，如图 2-1 所示。

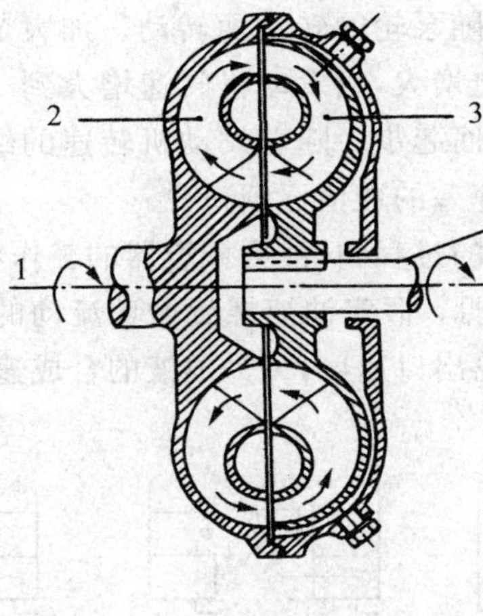

图 2-1　液力耦合器的基本构造

1—输入轴　2—泵轮叶轮　3—涡轮叶轮　4—输出轴

液力耦合器的壳体安装在发动机飞轮上，泵轮与壳体焊接在一起，随发动机曲轴的转动而转动，是液力耦合器的主动部分；涡轮和输出轴连接在一起，是液力耦合器的从动部分。泵轮和涡轮相对安装，统称为工作轮。在泵轮和涡轮上有径向排列的平直叶片，泵轮和涡轮互不接触，两者之间有一定的间隙（3～4mm）；泵轮与涡轮装合成一个整体后，其轴线断面一般为圆形，在其内腔中充满液压油。

2.1.2　液力耦合器的工作原理

当发动机运转时，曲轴带动液力耦合器的壳体和泵轮一同转动，泵轮叶片内的液压油在泵轮的带动下随之一同旋转，在离心力的作用下，液压油被甩向泵轮叶片外缘处，并在外缘处冲向涡轮叶片，使涡轮在液压冲击力的作用下旋转；冲向涡轮叶片的液压油沿涡轮叶片向内缘流动，返回到泵轮内缘的液压油，又被泵轮再次甩向外缘。液压油就这样从泵轮流向涡轮，又从涡轮返回到泵轮而形成循环的液流。

液力耦合器中的循环液压油，在从泵轮叶片内缘流向外缘的过程中，泵轮对其做功，其速度和动能逐渐增大；而在从涡轮叶片外缘流向内缘的过程中，液压油对涡轮做功，其速度和动能逐渐减小。液力耦合器要实现传动，必须在泵轮和涡轮之间有油液的循环流动。而油液循环流动的产生，是由于泵轮和涡轮之间存在着转速差，使两轮叶片外缘处产生压力差所致。如果泵轮和涡轮的转速相等，则液力耦合器不起传动作用。因此，液力耦合器工作时，发动机的动能通过泵轮传给液压油，液压油在循环流动的过程中又将动能传给涡轮输出。由于在液力耦合器内只有泵轮和涡轮两个工作轮，液压油在循环流动的过程中，除了受泵轮和涡轮之间的作用力之外，没有受到其他任何附加的外力。根据作用力与反作用力相等的原理，液压油作用在涡轮上的扭矩应等于泵轮作用在液压油上的扭矩，即发动机传给泵轮的扭矩与涡轮上输出的扭矩相等，这就是液力耦合器的传动特点。

液力耦合器在实际工作中的情形是：汽车起步前，变速器挂上一定的挡位，启动发动机驱动泵轮旋转，而与整车连接着的涡轮即受到力矩的作用，但因其力矩不足以克服汽车的起步阻力矩，所以，涡轮还不会随泵轮的转动而转动。加大节气门开度，使发动机的转速提高，作用在涡轮上的力矩随之增大，当发动机转速增大到一定数值时，作用在涡轮上的力矩足以使汽车克服起步阻力而起步。随着发动机转速的继续增高，涡轮随着汽车的加速而不断加速，涡轮与泵轮转速差的数值逐渐减少。

在汽车从起步开始逐步加速的过程中，液力耦合器的工作状况也在不断变化，这可用如图 2-2 所示的速度矢量图来说明。假定油液螺旋循环流动的流速 v_T 保持恒定，v_L 为泵轮和涡轮的相对线速度，v_E 为泵轮出口速度，v_R 为油液的合成速度。

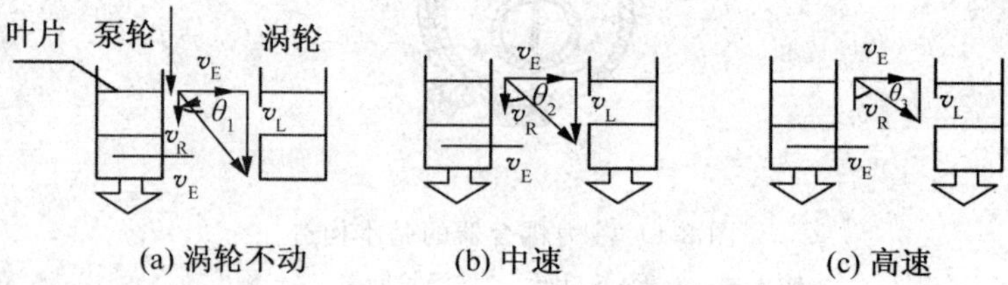

图 2-2　涡轮处于不同转速时的液流情况

当车辆即将要起步时，泵轮在发动机驱动下转动而涡轮静止不动。由于涡轮没有运动，泵轮与涡轮间的相对速度 v_L 将达最大值，由此而得到的合成速度，即油液从泵轮进入涡轮的速度 v_R 也是最大的。油液进入涡轮的方向和泵轮出口速度之间的夹角 θ_1 也较小，这样液流对涡轮叶片产生的推力也就较大。

当涡轮开始旋转并逐步赶上泵轮的转速时，泵轮与涡轮间的相对线速度减小，使合成速度 v_R 减小，并使 v_R 和泵轮出口线速度 v_E 之间的夹角增大。这样液流对涡轮叶片的冲击力及由此力产生的承受扭矩的能力减小，不过随着汽车速度的增加，需要的驱动力矩也迅速降低。

当涡轮高速转动，即输出和输入的转速接近相同时，相对速度 v_L 和合成速度 v_R 都很小，而合成速度 v_R 与泵轮出口速度 v_E 间的夹角很大，这就使液流对涡轮叶片的推力变得很小，这将使输出元件滑动，直到有足够的循环油液对涡轮产生足够的冲击力为止。

由此可见，输出转速高时，输出转速赶上输入转速是一个连续不断的趋势，但总不会等于输入转速。除非当工作状况反过来时，即变速器变成主动件，发动机变成被动件，涡轮的转速才会等于或高于泵轮转速。这种情况在下坡时可能会发生。

拓展阅读

1. 邢台职业技术学院精品课程网站，《汽车构造》第十二章　液力变矩器和液力耦合器结构和原理

2. 北京吉利大学《汽车构造》精品课程第十六章　汽车自动变速器

2.2　液力变矩器

前面讲到的传统的液力耦合器只有耦合作用，并不能随着发动机的输出动力的变化改变转矩，而接下来我们要了解的现代应用比较广泛的液力变矩器则能实现变矩功能。

2.2.1　液力变矩器的作用

(1)自动无级变矩、变速。液力变矩器的涡轮扭矩，能随着汽车行驶中负荷扭矩的增大(或减小)而自动增大(或减小)，同时涡轮转速随之自动降低(或升高)。

(2)自动离合。液力变矩器可借助于传递和不传递发动机发出的扭矩至行星齿轮变速器，起自动离合器的作用，从而在使用自动变速器的汽车上，取消了传统的螺旋弹簧式或膜片弹簧式离合器，大大减轻了驾驶员的负担。

(3)减振、隔振。由于液力变矩器是通过液力作用进行耦合传动的装置，主、从动件之间无直接的机械传动关系，所以能通过自动变速器油的阻尼作用，减小发动机的扭振，并隔离这种扭转振动向底盘传动系统的传递，从而提高发动机和底盘传动系统的使用寿命。

(4)使发动机运转平稳。由于工作时内部充满自动变速器油液的液力变矩器具有较大的转动质量，完全可以起到传统的飞轮使发动机转动平稳的作用，所以，在装用自动变速器的汽车上，取消了发动机飞轮。为实现扭矩的传递，仅在发动机曲轴与液力变矩器之间安装一柔性连接板或驱动端盖。

(5)过载保护。当汽车行驶工况突然变化，出现过负荷时，使用液力变矩器，可以对发动机起保护作用。

(6)发动机制动。在汽车下长坡时，可以通过液力变矩器的耦合传动，利用发动机的泵气损失来进行制动。

2.2.2　液力变矩器的结构组成

现代汽车上广泛采用的三元件综合式液力变矩器是在传统液力耦合器基础上加了一个导轮，如图 2-3 所示，它包括 1 个工作腔，其中有 3 个工作轮，即泵轮、涡轮和导轮。

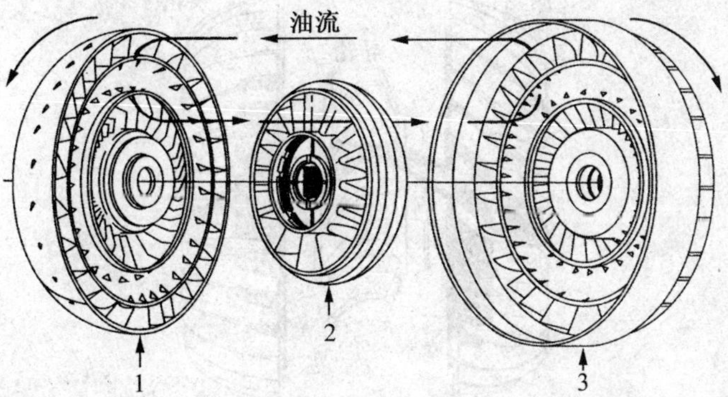

图 2-3　液力变矩器的 3 个工作轮及油流方向

1—涡轮　2—导轮　3—泵轮

(1)泵轮——与发动机曲轴连接,将输入的机械能转变为自动变速器油的能量,使油液的动量增加。

(2)导轮——有导向作用,使自涡轮流出的油液改变方向后流向导轮,形成液体循环。

(3)涡轮——与自动变速器中的行星齿轮变速器输入轴相连接,将自动变速器的能量转变为机械能输出,使油液的动量矩减小。

2.2.3 液力变矩器的工作原理

现代装有自动变速器的车上广泛采用的是液力变矩器,本节将重点介绍液力变矩器的工作原理。

液力变矩器的工作原理可以通过一对风扇的工作来描述。如图 2-4 所示,将风扇 A 通电,将气流吹动起来,并使未通电的电扇 B 也转动起来,此时动力由电扇 A 传递到电扇 B。为了实现转矩的放大,在两台电扇的背面加上一条空气通道,使穿过风扇 B 的气流通过空气通道的导向,从电扇 A 的背面流回,这会加强电扇 A 吹动的气流,使吹向电扇 B 的转矩增加。即电扇 A 相当于泵轮,电扇 B 相当于涡轮,空气通道相当于导轮,空气相当于 ATF(自动变速器油)。

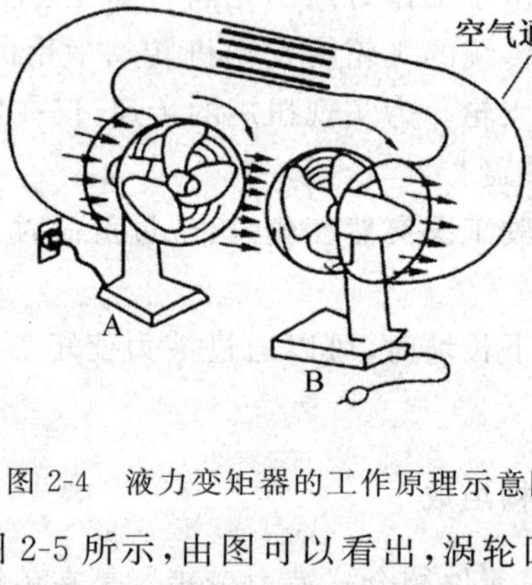

图 2-4 液力变矩器的工作原理示意图

液力变矩器的液流如图 2-5 所示,由图可以看出,涡轮回流的 ATF 经过导轮叶片后改变流动方向,与泵轮旋转方向相同,从而使液力变矩器具有转矩放大的功用。

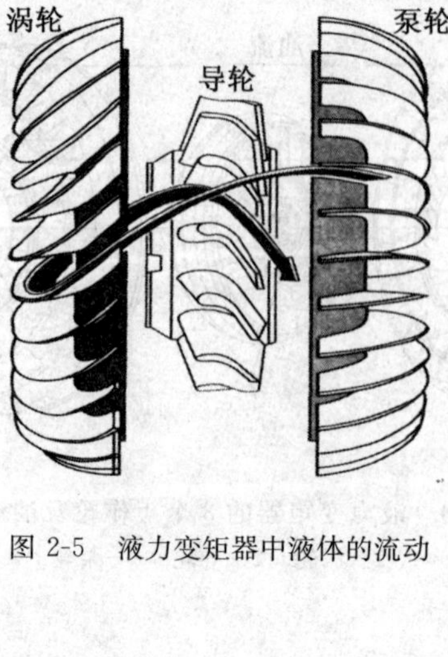

图 2-5 液力变矩器中液体的流动

2.2.3.1 一般形式液力变矩器的工作原理

一般形式液力变矩器(见图 2-6)有 3 个工作轮,即泵轮、涡轮和导轮。导轮位于泵轮和涡轮之间,并与泵轮和涡轮保持一定的轴向间隙,通过导轮固定套固定于变速器壳体上。

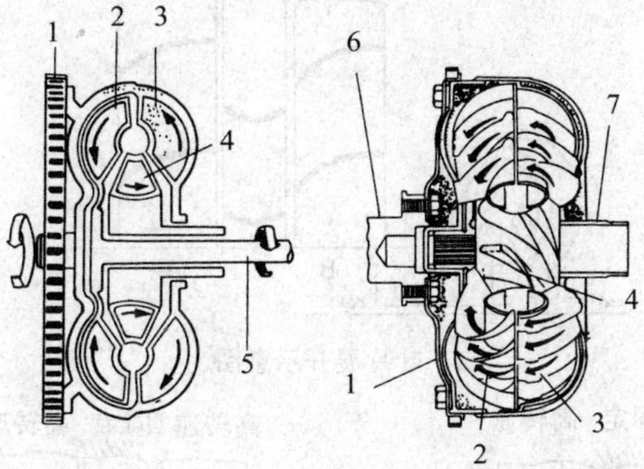

(a)　　(b)

图 2-6 液力变矩器

1—飞轮 2—涡轮 3—泵轮 4—导轮 5—变矩器输出轴 6—曲轴 7—导轮固定套

发动机运转时带动液力变矩器的壳体和泵轮与之一同旋转,泵轮内的液压油在离心力的作用下,由泵轮叶片外缘冲向涡轮,并沿涡轮叶片流向导轮,再经导轮叶片内缘,形成循环的液流。导轮的作用是改变涡轮上的输出扭矩。由于从涡轮叶片内缘流向导轮的液压油仍有相当大的冲击力,只要将泵轮、涡轮和导轮的叶片设计成一定的形状和角度,就可以利用上述冲击力来提高涡轮的输出扭矩。为说明这一原理,可以假想地将液力变矩器的 3 个工作轮叶片从循环流动的液流中心线处剖开并展平,得到如图 2-7(a)所示的叶片展开示意图,并假设在液力变矩器工作中,发动机转速和负荷都不变,即液力变矩器泵轮的转速 n_p 和扭矩 M_p 为常数。

在汽车起步之前,涡轮转速为 0,发动机通过液力变矩器壳体带动泵轮转动,并对液压油产生一个大小为 M_p 的扭矩,该扭矩即为液力变矩器的输入扭矩。液压油在泵轮叶片的推动下,以一定的速度,按图 2-7(b)中箭头 1 所示方向冲向涡轮上缘处的叶片,对涡轮产生冲击扭矩,该扭矩即为液力变矩器的输出扭矩。此时涡轮静止不动,冲向涡轮的液压油沿叶片流向涡轮下缘,在涡轮下缘以一定的速度,沿着与涡轮下缘出口处叶片相同的方向冲向导轮,对导轮也产生一个冲击力矩,并沿固定不动的导轮叶片流回泵轮。当液压油对涡轮和导轮产生冲击扭矩时,涡轮和导轮也对液压油产生一个与冲击扭矩大小相等、方向相反的反作用扭矩 M_t 和 M_s,其中 M_t 的方向与 M_p 的方向相反,而 M_s 的方向与 M_p 的方向相同。根据液压油受力平衡原理,可得:$M_t = M_p + M_s$。由于涡轮对液压油的反作用扭矩 M_t 与液压油对涡轮的冲击扭矩(即变矩器的输出扭矩)大小相等,方向相反,因此可知,液力变矩器的输出扭矩在数值上等于输入扭矩与导轮对液压油的反作用扭矩之和。

显然这一扭矩要大于输入扭矩，即液力变矩器具有增大扭矩的作用。液力变矩器输出扭矩增大的部分即为固定不动的导轮对循环流动的液压油的作用力矩，其数值不但取决于由涡轮冲向导轮的液流速度，也取决于液流方向与导轮叶片之间的夹角。当液流速度不变时，叶片与液流的夹角愈大，反作用力矩亦愈大，液力变矩器的增扭作用也就愈大。一般液力变矩器的最大输出扭矩可达输入扭矩的 2.6 倍。

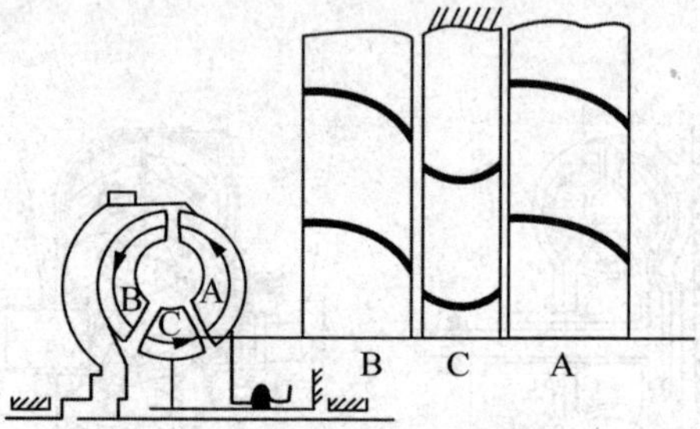

(a) 叶片展开示意图

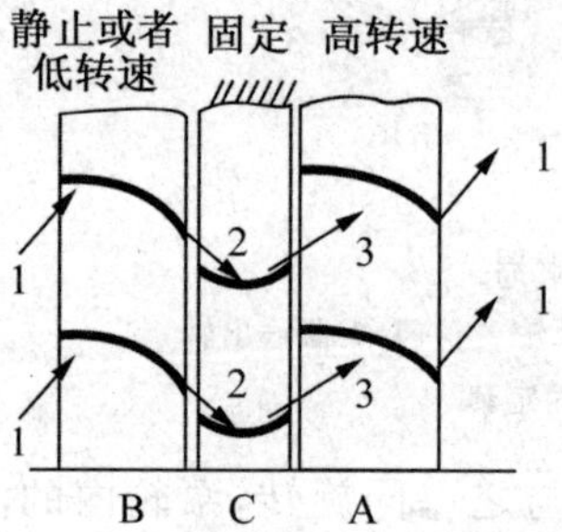

(b) 起步时

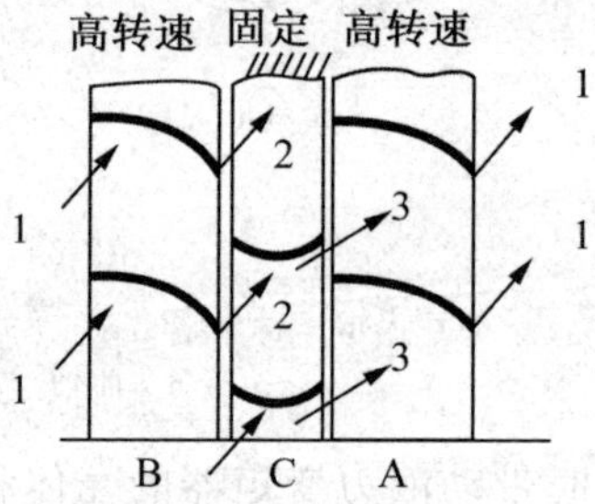

(c) 车速较高时

图 2-7 液力变矩器的工作原理图

1—由泵轮冲向涡轮的液压油方向 2—由涡轮冲向导轮的液压油方向
3—由导轮流回泵轮的液压油方向

当汽车在液力变矩器输出扭矩的作用下起步后，与驱动轮相连接的涡轮也开始转动，其转速随着汽车的加速不断增加。这时由泵轮冲向涡轮的液压油除了沿着涡轮叶片流动之外，还要随着涡轮一同转动，使得由涡轮内缘出口处冲向导轮的液压油的方向发生变化，不再与涡轮出口处叶片的方向相同，而是顺着涡轮转动的方向向前偏斜了一个角度，使冲向导轮的液流方向与导轮叶片之间的夹角变小，导轮上所受到的冲击力矩也减小，液力变矩器的增扭作用亦随之减小。车速愈高，涡轮转速愈大，冲向导轮的液压油方向与导轮叶片的夹角就愈小，液力变矩器的增扭作用亦愈小；反之，车速愈低，液力变矩器的增扭作用就愈小。因此，液力变矩器在汽车低速行驶时有较大的输出扭矩，在汽车起步、上坡或遇到较大行驶阻力时，能使驱动轮获得较大的驱动力矩。

当涡轮转速随车速的提高而增大到某一数值时，冲向导轮的液压油的方向与导轮叶片之间的夹角减小为零，这时导轮将不受液压油的冲击作用，液力变矩器失去增扭作用，其输出扭矩等于输入扭矩。

若涡轮转速进一步增大，冲向导轮的液压油方向继续向前斜，使液压油冲击在导轮叶片的背面，如图 2-7(c)所示，这时导轮对液压油的反作用扭矩 M_s 的方向与泵轮对液压油的扭矩 M_p 的方向相反，故此涡轮上的输出扭矩为二者之差，即 $M_t = M_p - M_s$，液力变矩器的输出扭矩反而比输入扭矩小，其传动效率也随之减小。当涡轮转速较低时，液力变矩器的传动效率高于液力耦合器的传动效率；当涡轮的转速增加到某一数值时，液力变矩器的传动效率等于液力耦合器的传动效率；当涡轮转速继续增大后，液力变矩器的传动效率将小于液力耦合器的传动效率，其输出扭矩也随之下降。因此，上述这种液力变矩器是不适合实际使用的。

2.2.3.2　综合式液力变矩器的结构与工作原理

目前在装用自动变速器的汽车上使用的变矩器大多是综合式液力变矩器(见图 2-8)，它和一般形式液力变矩器的不同之处在于它的导轮不是完全固定不动的，而是通过单向超越离合器支撑在固定于变速器壳体的导轮固定套上。单向超越离合器使导轮可以朝顺时针方向旋转(从发动机前面看)，但不能朝逆时针方向旋转。

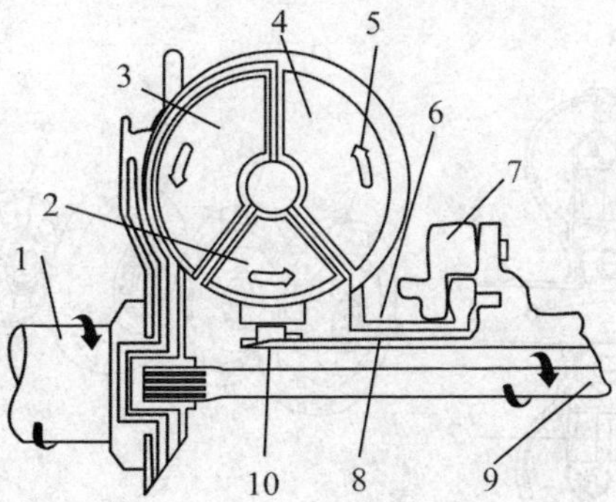

图 2-8　综合式液力变矩器

1—曲轴　2—导轮　3—涡轮　4—泵轮　5—液流　6—变矩器轴套
7—油泵　8—导轮固定套　9—变矩器输出轴　10—单向超越离合器

当涡轮转速较低时，从涡轮流出的液压油从正面冲击导轮叶片，如图 2-7(b)所示，对导轮施加一个朝逆时针方向旋转的力矩。由于单向超越离合器在逆时针方向具有锁止作用，将导轮锁止在导轮固定套上固定不动，因此，这时该变矩器的工作特性和液力变矩器相同，涡轮上的输出扭矩大于泵轮上的输入扭矩，即具有一定的增扭作用。当涡轮转速增大到某一数值时，液压油对导轮的冲击方向与导轮叶片之间的夹角为零，此时涡轮上的输出扭矩等于泵轮上的输入扭矩。若涡轮转速继续增大，液压油将从反面冲击导轮，如图 2-7(c)所示，对导轮产生一个顺时针方向的扭矩。由于单向超越离合器在顺时针方向没有锁止作用，可以像轴承一样滑转，所以，导轮在液压油的冲击作用下开始朝顺时针方向旋转。由于自由转动的导轮对液压油没有反作用力矩，液压油只受到泵轮和涡轮的反作用力矩的作用，因此，这时该变矩器不能起增扭作用，其工作特性和液力耦合器相同。这时涡轮转速较高，该变矩器亦处于高效率的工作范围。

导轮开始空转的工作点称为耦合点。由上述分析可知，综合式液力变矩器在涡轮转速由零至耦合点的工作范围内按液力变矩器的特性工作，在涡轮转速超过耦合点转速之后按液力耦合器的特性工作。因此，这种变矩器既利用了液力变矩器在涡轮转速较低时所具有的增扭特性，又利用了液力耦合器在涡轮转速较高时所具有的高传动效率的特性。

2.2.3.3 锁止式液力变矩器的结构与工作原理

变矩器是用液力来传递汽车动力的，而液压油的内部摩擦会造成一定的能量损失，因此传动效率较低。为提高汽车的传动效率，减少燃油消耗，现代很多轿车的自动变速器采用一种带锁止离合器的综合式液力变矩器，如图 2-9 所示，这种变矩器内有一个由液压油操纵的锁止离合器。锁止离合器的主动盘即为变矩器壳体，从动盘是一个可做轴向移动的压盘，它通过花键套与涡轮连接(见图 2-9)。压盘右侧的液压油与变矩器泵轮、涡轮中的液压油相通，保持一定的油压(该压力称为变矩器压力)；压盘左侧(压盘与变矩器壳体之间)的液压油通过变矩器输出轴中间的控制油道与阀板总成上的锁止控制阀相通。锁止控制阀由自动变速器电脑通过锁止电磁阀来控制。

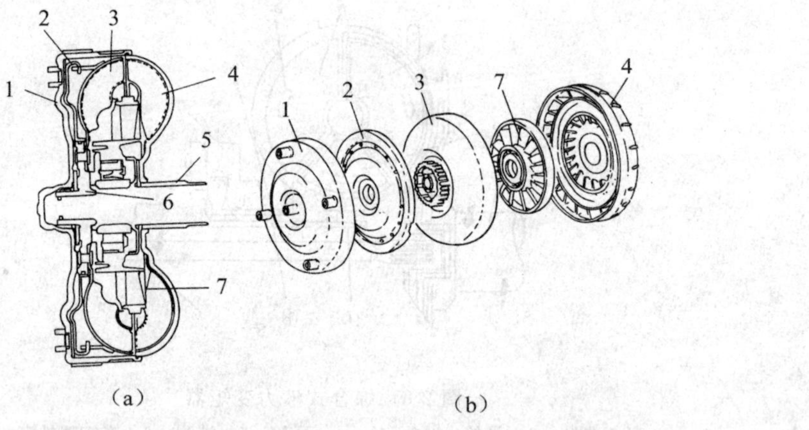

图 2-9 带锁止离合器的综合式液力变矩器

1—变矩器壳 2—锁止离合器压盘 3—涡轮 4—泵轮 5—变矩器轴套 6—输出轴花键套 7—导轮

自动变速器电脑根据车速、节气门开度、发动机转速、变速器液压油温度、操纵手柄位置、控制模式等因素，按照设定的锁止控制程序向锁止电磁阀发出控制信号，操纵锁止控制阀，以改变锁止离合器压盘两侧的油压，从而控制锁止离合器的工作。当车速较低时，锁止控制阀让液压油从油道 B 进入变矩器，使锁止离合器压盘两侧保持相同的油压，锁止离合器处于分离状态，这时输入变矩器的动力完全通过液压油传至涡轮，如图 2-10(a)所示。当汽车在良好道路上高速行驶，且车速、节气门开度、变速器液压油温度等因素符合一定要求时，电脑即操纵锁止控制阀，让液压油从油道 C 进入变矩器，而让油道 B 与泄油口相通，使锁止离合器压盘左侧的油压下降。由于压盘背面的液压油压力仍为变矩器压力，从而使压盘在前后两面压力差的作用下压紧在主动盘(变矩器壳体)上，如图 2-10(b)所示。这时输入变矩器的动力通过锁止离合器的机械连接，由压盘直接传至涡轮输出，传动效率为 100%。另外，锁止离合器在接合时还能减少变矩器中的液压油因液体摩擦而产生的热量，有利于降低液压油的温度。有些车型的液力变矩器的锁止离合器盘上还装有减振弹簧，以减小锁止离合器在接合时瞬间产生的冲击力，如图 2-11 所示。

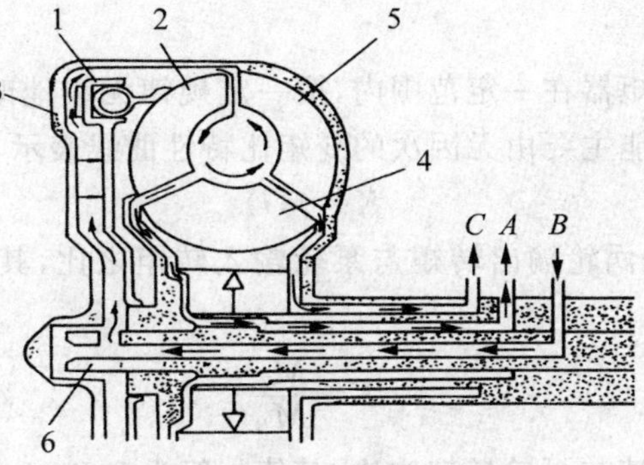

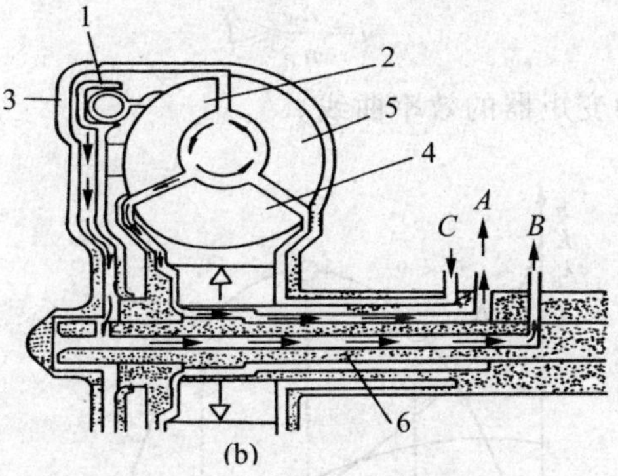

图 2-10　锁止离合器的工作原理示意图

1—锁止离合器压盘　2—涡轮　3—变矩器壳　4—导轮　5—泵轮

6—变矩器输出轴　*A*、*B*—变矩器出油道　*C*—锁止离合器控制油道

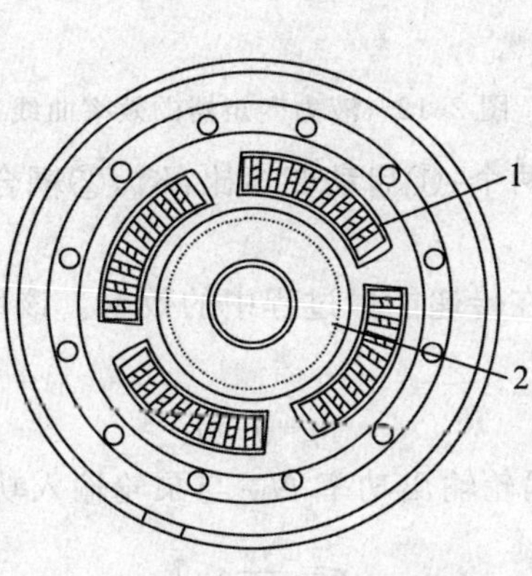

图 2-11　带减振弹簧的压盘

1—减振弹簧　2—花键套

2.2.4 液力变矩器的特性

2.2.4.1 液力变矩器的性能参数

(1)变矩性能

变矩性能指液力变矩器在一定范围内,按一定规律无级地改变由泵轮轴传至涡轮轴的转矩值的能力。该性能主要由无因次的变矩比特性曲线表示,表示公式为:

$$K=f(i) \tag{2-1}$$

式中:K 称变矩比,它是涡轮输出转矩与泵轮输入转矩之比,其值一般为 2～4。其表达式为:

$$K=\frac{M_W}{M_B} \tag{2-2}$$

i 称转速比,它是涡轮转速与泵轮转速之比,其值一般为 0.8～0.9。其表达式为:

$$i=\frac{n_W}{n_B}\leqslant 1 \tag{2-3}$$

图 2-12 所示为液力变矩器的效率曲线。

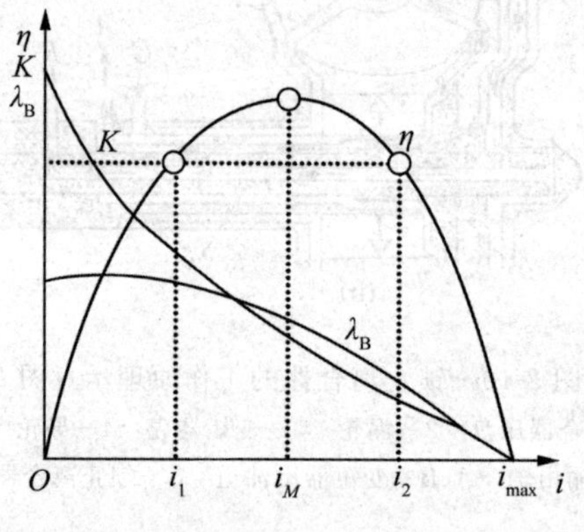

图 2-12 液力变矩器的效率曲线

变矩性能的评价指标有两个:①启动变矩比:K_0;②耦合器工况点速比:i_M。

(2)经济性能

经济性能指液力变矩器在传递能量过程中的效率。该性能可以用无因次效率特性来表示,表示公式为:

$$\eta=f(i) \tag{2-4}$$

式中:η 称为传动效率,它是涡轮输出功率 N_W 与泵轮输入功率 N_B 之比。

$$\eta=\frac{N_W}{N_B}<1 \tag{2-5}$$

经济性能的评价指标也有两个:①最高效率值:η_{max};②高效区范围速比比值:d_{max}。

(3)穿透性能

穿透性能指液力变矩器涡轮轴上的转矩和转速变化时，泵轮轴上的转矩和转速相应变化的能力。该性能可用公式表示为：

$$\lambda = f(i) \tag{2-6}$$

穿透性能的评价指标是透穿性系数 T。

液力变矩器根据透穿的情况不同，可分为正透穿、负透穿(反透穿)、不透穿和混合透穿。如图 2-13 所示为液力变矩器的穿透性能曲线。

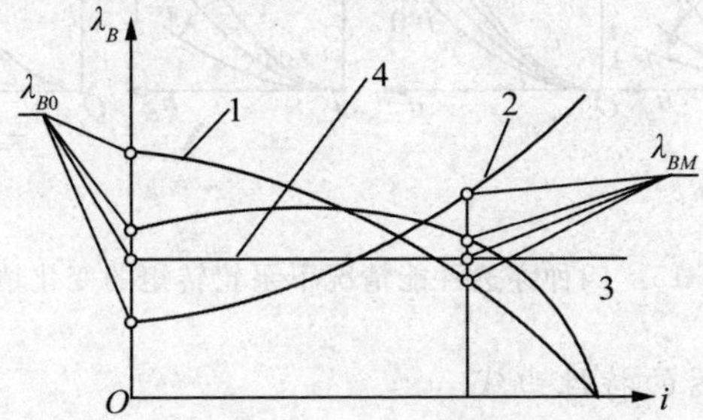

图 2-13　液力变矩器的穿透性能曲线

液力变矩器的穿透程度以透穿性系数来评价。常用的透穿性系数 T 的计算公式为：

$$T = \frac{\lambda_{B0}}{\lambda_{BM}} \tag{2-7}$$

当 $T>1$ 时，液力变矩器正透穿；当 $T<1$ 时，液力变矩器负透穿；当 $T=1$ 时，液力变矩器不透穿。

对于一定工况下的转速比 i，泵轮转矩 M_B 随泵轮转速 n_B 的变化关系，可用下式表示：

$$M_B = \lambda_B \rho g D^5 n_B^2 = c n_B^2 \tag{2-8}$$

泵轮转速在一定转速比情况下相对泵轮转速的变化曲线如图 2-14 所示。

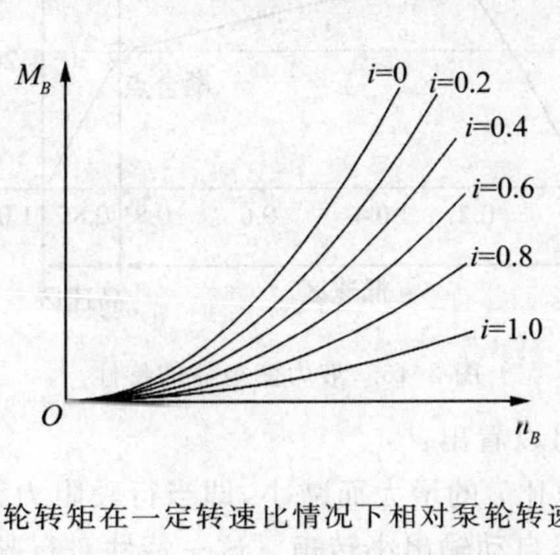

图 2-14　泵轮转矩在一定转速比情况下相对泵轮转速的变化曲线

图 2-15 所示为四种穿透性能情况下泵轮转矩的变化情况。

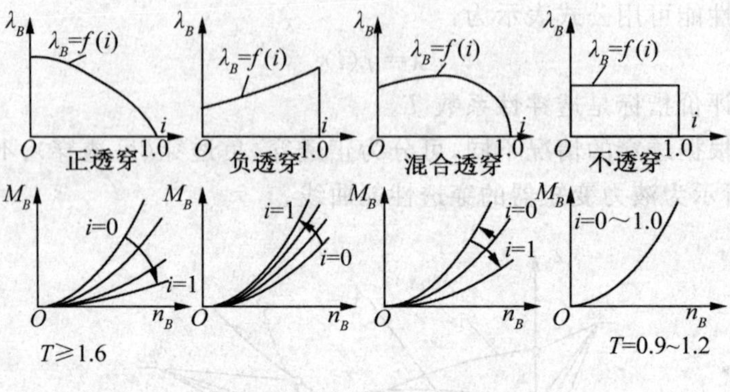

图 2-15　四种穿透性能情况下泵轮转矩的变化情况

2.2.4.2　液力变矩器的特性曲线

液力变矩器在泵轮转速 n_B 和转矩 M_B 不变的条件下，变矩比 K、传动效率 η 随涡轮转速 n_W 的变化规律，称为液力变矩器的特性，如图 2-16 所示。

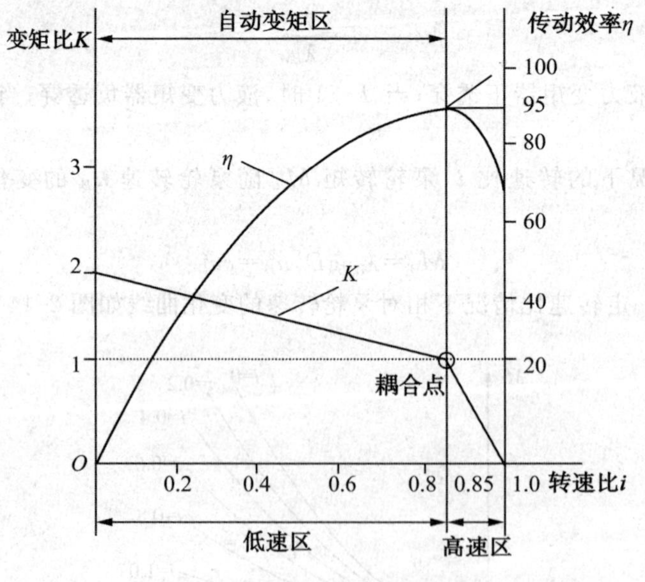

图 2-16　液力变矩器的特性

从变矩器特性曲线中可以看出：

(1)变矩比 K 随着转速比 i 的增大而减小，即当行驶阻力大时，液力变矩器自动输出大转矩，而在行驶阻力小时，自动输出小转矩。这一特性对行驶阻力变化较大的汽车来说是非常适合的，此即所谓的适应性好。例如：

1)怠速时，由于泵轮转速低，液流流速低，涡轮上得到的转矩 M_W 小于汽车起步对应的阻力矩，涡轮不转，汽车不能行驶。

2)起步时，由于泵轮转速升高，液流流速升高，涡轮上得到的转矩 M_W 大于汽车起步时需要的阻力矩，涡轮开始转动，汽车起步。从图中可以看出，在起步时，$i=0$，即此时 $n_W=0$，变矩系数 K 最大，此时液力变矩器能产生最大输出转矩，以利于克服汽车惯性力而起步，此时的变矩系数也称为起步变矩比或称为失速变矩比。

(2)汽车起步后涡轮的转速 n_W 逐渐增大，涡轮输出转矩 M_W 逐渐减小，达到耦合点，即 $K=1$ 时，涡轮的转矩等于泵轮的转矩($M_W=M_B$)，此时称为耦合点，再加速时，$K<1$，涡轮的转矩小于泵轮的转矩($M_W<M_B$)。通常将转速比小于 0.85 的区域称为低速区，在低速区可自动增加转矩；将转速比大于 0.85 的区域称为高速区，高速区输出转矩将小于输入转矩。

(3)变矩器的传动效率开始随转速比的增大而增大，在低速区虽然传动效率低，但是变矩比大，液力变矩器输出大转矩，有利于汽车行驶；在转速比为 0.8 时传动效率最高，但是此时的传动效率也仅为 95%左右，因此，使用液力变矩器的汽车较使用普通变速器的汽车油耗要高。由于导轮的存在，传动效率为抛物线形状，转折点在耦合点附近，超过耦合点，传递效率迅速下降，且此时的变矩比也急剧下降。

拓展阅读

1. 邢台职业技术学院精品课程网站，《汽车构造》第十二章　液力变矩器和液力耦合器结构和原理
2. 北京吉利大学《汽车构造》精品课程第十六章　汽车自动变速器
3. 辽宁石油化工大学《自动变速器原理与检修》精品课程
4. 湖北汽车工业学院《汽车构造》精品课程

2.3 液力变矩器的故障与检修

2.3.1 涡轮花键

(1)现象：前后挡不走，但油压正常。

(2)检修方法：拆检，目视检查即可。

2.3.2 单向离合器

(1)现象：车辆加速起步无力，不踩加速踏板车辆不走，但车辆行驶起来之后换挡正常，发动机功率正常，失速转速比正常值低 400～800r/min。

(2)检修方法：用专用工具插入油泵驱动毂和单向离合器外座圈的槽口中，然后用手指压住单向离合器的内座圈并转动它，检查是否顺时针转动平稳而逆时针方向锁止，如图 2-17 所示。

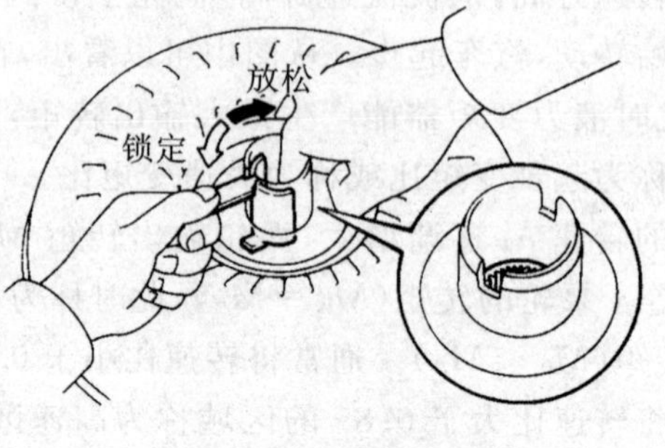

图 2-17　检查单向离合器是否正常

2.3.3　锁止离合器

(1)不锁止

1)现象:油耗增加,高速不快。

2)原因:①控制系统:电路、信号、ECU、电磁阀;②阀体:柱塞卡住、阀体装配。

(2)常锁止

1)现象:发动机怠速正常,但选挡杆置于动力挡后发动机熄火。

2)检修方法:拆检。

2.3.4　其他检修项目

2.3.4.1　检查液力变矩器的外部

目视检查液力变矩器的外部有无损坏和裂纹、油泵驱动毂外径有无磨损、缺口有无损伤,如有异常应更换液力变矩器。

2.3.4.2　液力变矩器的清洗

当自动变速器曾有过热现象或ATF被污染后,应该清洗液力变矩器。清洗液力变矩器可以采用专用的冲洗机进行,也可以手工清洗,方法是加入干净的ATF,用力摇晃、振荡液力变矩器,然后排净油液,反复进行这样的操作,直到排出的油液干净为止。

2.3.4.3　液力变矩器内部干涉的检查

内部干涉主要指导轮和涡轮、导轮和泵轮之间的干涉。如果有干涉,液力变矩器运转时会有噪声。

(1)导轮和涡轮之间的干涉检查(见图2-18)

1)将液力变矩器与飞轮连接侧朝下放在台架上,然后装入油泵总成,确保液力变矩器油泵驱动毂与油泵主动部分接合好。

2)把变速器输入轴(涡轮轴)插入涡轮轮毂中,使油泵和液力变矩器保持不动,然后顺时针、逆时针反复转动涡轮轴,如果转动不顺畅或有噪声,则更换液力变矩器。

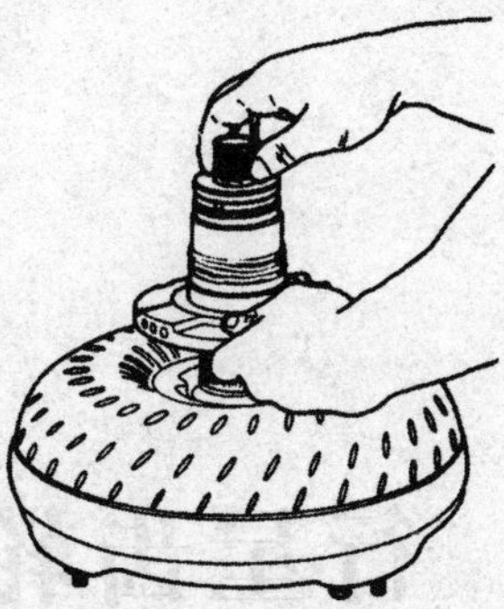

图 2-18　导轮和涡轮之间的干涉检查

(2)导轮和泵轮之间的干涉检查(见图 2-19)

1)将油泵放在台架上,并把液力变矩器安装在油泵上。

2)旋转液力变矩器使液力变矩器的油泵驱动毂与油泵主动部分接合好。

3)定住油泵并逆时针转动液力变矩器,如果转动不顺畅或有噪声,则更换液力变矩器。

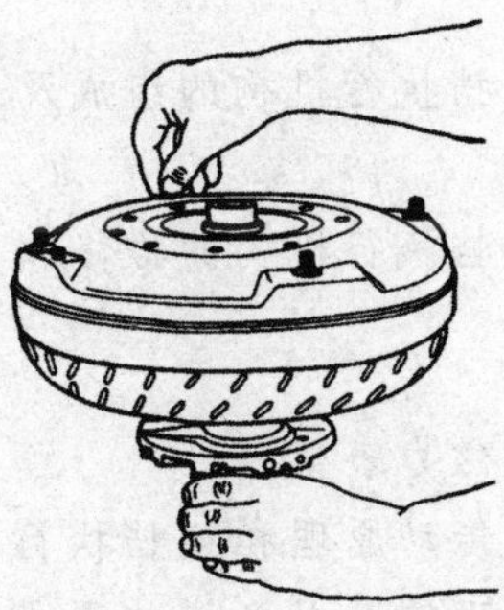

图 2-19　导轮和泵轮之间的干涉检查

拓展阅读

辽宁石油化工大学《自动变速器原理与检修》精品课程

第3章　行星齿轮变速器

学习目标

1. 掌握行星齿轮机构和换挡执行机构的基本组成及工作原理。
2. 分析典型行星齿轮机构的传动原理。
3. 能进行行星齿轮机构和换挡执行机构的检修。

考核标准

知识要求：行星齿轮机构和换挡执行机构的组成及工作原理，典型行星齿轮机构的传动原理。

技能要求：行星齿轮机构和换挡执行机构的检修和简单的故障诊断与排除。

教学建议

教具：高度尺、塞尺、百分表和磁力表架。

建议：行星齿轮机构的结构与传动原理和换挡执行机构的结构及工作原理这两部分内容建议以教师讲解和示范为主，可辅助以多媒体课件。典型行星齿轮传动原理及工作分析这部分内容建议以教师讲解和示范为主，并结合多媒体课件或录像组织教学。行星齿轮机构和换挡执行机构的检修这部分内容建议安排在实验室进行。

3.1　行星齿轮机构的结构与传动原理

最简单的行星齿轮机构由1个太阳轮、1个齿圈、1个行星架和支承在行星架上的几个行星齿轮（一般有3～6个）组成，称为1个行星排（见图3-1），一般称为单排行星齿轮。一般行星齿轮变速器由2～3个行星排组成。在单排行星齿轮机构中，太阳轮、齿圈及行星架三者是绕同一轴线旋转的。行星齿轮支承在固定于行星架的行星齿轮轴上，并且与太阳轮和齿圈啮合。当工作时，行星齿轮既绕行星轮轴自转，又绕太阳轮公转。当行星齿轮绕太阳轮公转时，其行星轮轴和行星架也随之转动，就像天上的行星，具有自转和公转两种运动状态。在行星排中，具有固定轴线的太阳轮、齿圈和行星架称为行星排的3个基本元件。

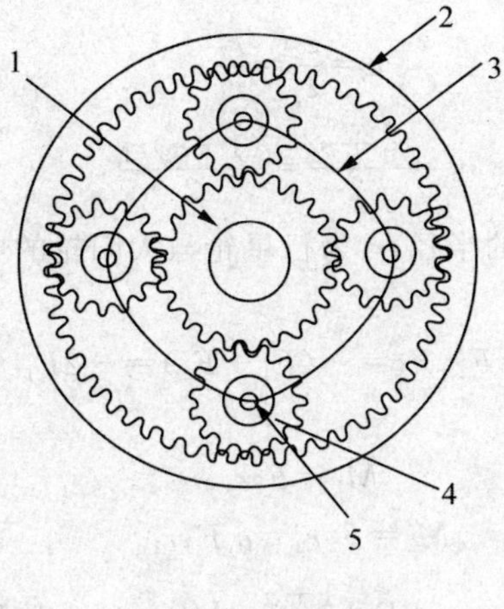

图 3-1　行星齿轮机构

1—太阳轮　2—齿圈　3—行星架　4—行星轮　5—行星轮轴

3.1.1　行星齿轮机构的分类

按照齿轮的排数不同，行星齿轮机构分为单排行星齿轮机构和多排行星齿轮机构。按照太阳轮和齿圈之间齿轮的组数不同，行星齿轮机构分为单行星排和双行星排。

用行星齿轮机构作为变速器机构由于有多个行星齿轮同时工作，且采用内啮合方式，故与普通齿轮变速器机构相比，在传递同样大小功率的情况下，可减小变速器的尺寸和重量，能实现同向、同轴减速传动。

3.1.2　单排行星齿轮机构的传动原理

图 3-2 为单排行星齿轮机构的示意图及受力情况。

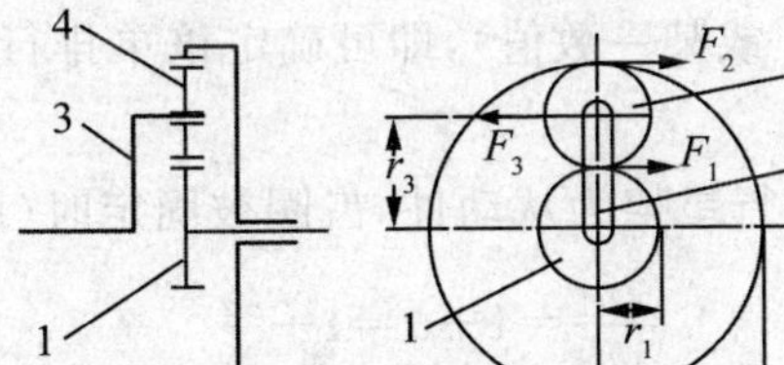

图 3-2　单排行星齿轮机构及其受力情况

1—太阳轮　2—齿圈　3—行星架　4—行星轮

则作用于太阳轮 1 上的力矩为：

$$M_1 = F_1 r_1$$

作用于齿圈 2 上的力矩为：

$$M_2 = F_2 r_2$$

作用于行星架 3 上的力矩为：

$$M_3 = F_3 r_3$$

设齿圈与太阳轮的齿数比为 a，则

$$a=\frac{z_2}{z_1}=\frac{r_2}{r_1}$$

则
$$r_3=\frac{r_1+r_2}{2}=\frac{(1+a)r_1}{2}$$

式中：r_1、r_2 分别为太阳轮、齿圈的半径，r_3 为行星轮与太阳轮的中心距。

又由力的平衡条件可知

$$F_1=F_2, F_3=-(F_1+F_2)=-2F_1$$

因此，有

$$M_1=F_1r_1$$

$$M_2=F_2r_2=a\,F_1r_1$$

$$M_3=F_3r_3=-2F_1\left(\frac{1+a}{2}r_1\right)=-(a+1)F_1r_1$$

按能量守恒定律，三个元件输入和输出的功率的代数和应为零，于是有

$$M_1\omega_1+M_2\omega_2+M_3\omega_3=0$$

即
$$F_1r_1\omega_1+a\,F_1r_1\omega_2-(a+1)F_1r_1\omega_3=0$$

化简得

$$\omega_1+a\omega_2-(a+1)\omega_3=0$$

以转速代替角速度，则有

$$n_1+an_2-(a+1)n_3=0$$

式中：ω_1、ω_2、ω_3 分别为太阳轮、内圈、行星架的角速度；n_1、n_2、n_3 分别为太阳轮、齿圈、行星架的转速。

这就是单排行星齿轮机构运动的特性方程。由这一特性方程可以看出，在太阳轮、齿圈和行星架这三个基本元件中，可以任选其中两个元件分别作为主动件和从动件，只要第三个基本元件有确定的转速（0 或某一数值），即可确定该单排行星排的传动比，下面分别讨论各种可能的情况。

（1）当以太阳轮为主动件，行星架为从动件，齿圈被固定时（即 $n_2=0$），传动比为：

$$i=\frac{n_1}{n_3}=1+a=1+\frac{z_2}{z_1}$$

由于 $a=\frac{z_2}{z_1}>1$，故 $i=1+a>2$，因此是一种减速增扭同方向的传动，用作低速挡。

（2）当以齿圈为主动件，行星架为从动件，太阳轮被固定时（即 $n_1=0$），传动比为：

$$i=\frac{n_2}{n_3}=\frac{1+a}{a}=1+\frac{1}{a}$$

该传动比 $2>i>1$，仍是一种减速增扭同方向的传动，但比以太阳轮为主动件的方案减速要小。

（3）当以太阳轮为主动件，齿圈为从动件，行星架被固定时（即 $n_3=0$），传动比为：

$$i=\frac{n_1}{n_2}=-a$$

该式的负号表示齿圈的传动方向与太阳轮的转向相反，即为倒挡。但其绝对值 $|-a|\geqslant 1$，因此为减速增扭反方向的传动。

(4)当以行星架为主动件，齿圈为从动件，太阳轮被固定时(即 $n_1=0$)，传动比为：

$$i=\frac{n_3}{n_2}=\frac{a}{1+a}$$

该传动比 $i<1$，因此是增速减扭同方向的传动，相当于超速挡。

(5)当以行星架为主动件，太阳轮为从动件，齿圈被固定时(即 $n_2=0$)，传动比为：

$$i=\frac{n_3}{n_1}=\frac{1}{1+a}$$

该传动比 $i<1$，因此也是增速减扭同方向的传动，但其增速大于以齿圈为从动件时的方案。

(6)当以齿圈为主动件，太阳轮为从动件，行星架被固定时(即 $n_3=0$)，传动比为：

$$i=\frac{n_2}{n_1}=-\frac{1}{a}$$

很明显，这是一种增速减扭反方向的传动，是一种升速的倒挡，实际中是不采用的。

(7)若将太阳轮、齿圈、行星架这三个基本元件的任两个元件连接起来，即当 $n_1=n_2$ 或 $n_2=n_3$ 或 $n_1=n_3$ 时，则由行星排的运动特性方程可知，第三个基本元件的转速必与前两个基本元件的转速相同，即三个基本元件将以同样的转速一同旋转。此时不论谁是主动件、从动件，其传动比都是 1。这种情况即直接挡。

(8)如果太阳轮、齿圈和行星架这三个基本元件中，既无任一元件被固定，又无任意两个元件相连接，那么各元件都可以自由转动，行星齿轮机构将没有动力输出，即该机构失去传递动力作用而处于空挡状态。

由上面传动比的分析可知，在单排行星齿轮机构中，用行星架输出时，一般作低速挡；用行星架输入时，一般作超速挡；当行星架被固定时，一般作倒挡；当三个基本元件中任意两个元件转速相等时，那么第三者的转速肯定相等，故用作直接挡；当三个基本元件中任意元件都不受约束(不固定、不连接)时，即成为空挡，没有动力传递。

拓展阅读

行星齿轮机构的基本特征

可以把简单行星齿轮机构的运动特征归纳成下列几点：

(1)两个外齿轮相互啮合时，其转动方向相反。

(2)一个外齿轮与一个内齿轮相啮合时，其转动方向相同。

(3)小齿轮驱动大齿轮时，输出扭矩增大而输出转速降低。

(4)大齿轮驱动小齿轮时，输出扭矩减小而输出转速提高。

(5)若行星架作为从动件，则它的旋转方向和主动件同向。

(6)若行星架作为主动件，则从动件的旋转方向和它同向。

(7)在简单行星齿轮机构中，太阳轮齿数最少，行星架的当量齿数最多，而齿圈齿数则介于中间。(注：行星架的当量齿数=太阳轮齿数+齿圈齿数)

(8)若行星齿轮机构中的任意两个元件同速同方向旋转,则第三个元件的转速和方向必然与前两者相同,即机构锁止,成为直接挡。(这是一个十分重要的特征)

表 3-1 列出了简单行星齿轮机构的三元件经组合后六种不同的运动状况。若假设太阳轮 20 齿,齿圈 40 齿,则行星架当量齿数为 60 齿。

表 3-1　　简单行星齿轮机构的六种工作状态

工作状态	太阳轮	行星架	齿圈	速度状态	旋转方向	传动比
1	主动	从动	固定	减速	同向	3∶1
2	固定	从动	主动	减速	同向	3∶2
3	主动	固定	从动	减速	反向	2∶1
4	从动	固定	主动	增速	反向	1∶2
5	固定	主动	从动	增速	同向	2∶3
6	从动	主动	固定	增速	同向	1∶3

以上叙述的简单行星齿轮机构的运动关系是属于经常遇到的,在确定三者关系时,首先把其中一件固定,然后确定另外两者的主、从动关系。实际上,简单行星齿轮机构还允许同时两件作为主动件输入,而从动件照样有唯一的输出,这是行星齿轮机构的一个十分重要的特征,而且在自动变速器上被广泛采用。

3.2　换挡执行机构的结构及工作原理

行星齿轮变速器中所有齿轮各元件的动作是通过约束来实现的,实施约束的动作由换挡执行机构来完成。换挡执行机构主要由离合器、制动器和单向离合器三种执行元件组成。它有三个基本作用,即连接、固定和锁止。所谓连接,是将行星齿轮变速器的输入轴与行星排中的某个基本元件连接,以传递动力,或将前一个行星排的某个基本元件与后一个行星排的某一个基本元件连接,以约束这两个基本元件的运动;所谓固定,是指将行星排的某一基本元件与自动变速器壳体连接,使之被固定而不能旋转;所谓锁止,是指把某个行星排的三个基本元件中的两个连接在一起,从而将该行星排锁止,使其三个基本元件的转速相同,产生直接传动。换挡执行机构各执行元件通过按一定规律对行星齿轮机构的某些基本元件进行连接、固定或锁止,使行星齿轮机构获得不同的传动比,从而实现挡位的变换。

3.2.1　离合器

离合器的作用是连接轴和行星排的某个元件,或将行星排的某两个元件连在一起,成为一个整体转动。它是自动变速器中最重要的换挡元件之一,现代汽车中都采用多片湿式摩擦离合器。它由离合器鼓、离合器活塞、离合器毂、回位弹簧、弹簧座、一组钢片(主动片)、一组摩擦片(从动片)、密封圈等组成,如图 3-3 所示。

离合器活塞安装在离合器鼓内,它是一种环状活塞,由活塞内外圆的密封圈保证其密封,从而和离合器毂一起形成一个封闭的环状液压缸，并通过离合器内圆轴颈上的进油孔和控制油道相通。钢片和摩擦片交错排列，两者统称离合器片。摩擦片内圈有花键齿，可沿齿圈键槽做轴向移动，并可与毂连成一体。钢片外圈有花键齿与毂相连，可使鼓与毂一体运动。摩擦片两面均为摩擦系数较大的铜基粉末冶金层或合金纤维层。在摩擦片表面上都有油槽，其作用一是破坏油膜的形成，提高摩擦系数；二是保证油流通过，以冷却摩擦表面。

离合器的工作过程如图 3-4 所示。当离合器鼓和离合器毂分别以一定的方式和变速器输入轴或行星排的某个基本元件相连接，即连接主、从动件时，来自控制阀的液压油进入离合器液压缸，油压推动离合器活塞克服回位弹簧的弹力将钢片和摩擦片相互压紧在一起。利用两者间的摩擦力连接离合器鼓和离合器毂，使两者成为一个整体，分别与离合器鼓和离合器毂连接的输入轴或行星排的基本元件也因此被连接在一起。此时，离合器处于接合状态。

当液压控制系统将作用在离合器液压缸内的液压油的压力解除后，离合器活塞在回位弹簧的作用下压回液压缸底部，此时钢片与摩擦片相互分离，离合器鼓与离合器可以朝不同的方向或以不同的转速旋转，离合器处于分离状态。离合器钢片和摩擦片之间存在间隙，这一间隙称为离合器的自由间隙，其大小可以用挡圈的厚度来调整。一般离合器自由间隙的标准为 0.5～2.0mm。离合器自由间隙标准的大小取决于离合器片的片数和工作条件。一般离合器片数越多，该离合器的交替工作越频繁，其自由间隙就越大。

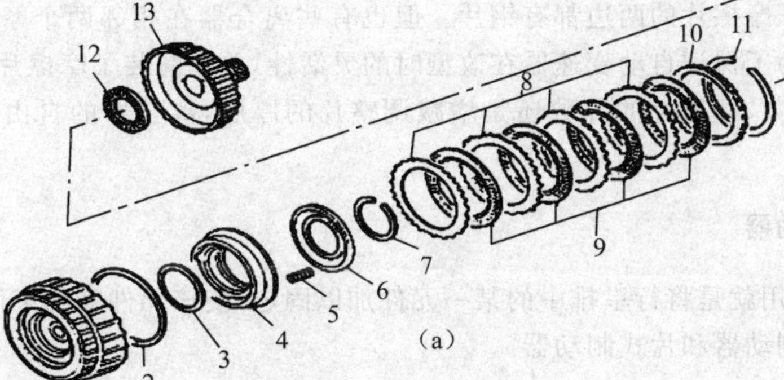

(a)

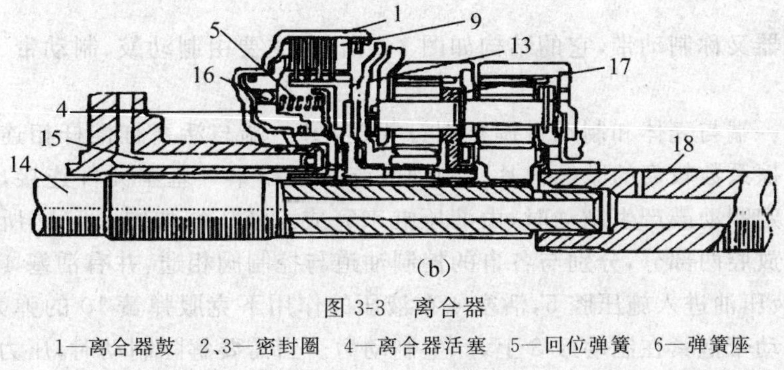

(b)

图 3-3　离合器

1—离合器鼓　2、3—密封圈　4—离合器活塞　5—回位弹簧　6—弹簧座　7、11—卡环　8—钢片　9—摩擦片　10—挡圈　12—止推轴承　13—离合器毂　14—行星齿轮变速器输入轴　15—油道　16—单向阀　17—前行星排行星架　18—行星齿轮变速器输出轴

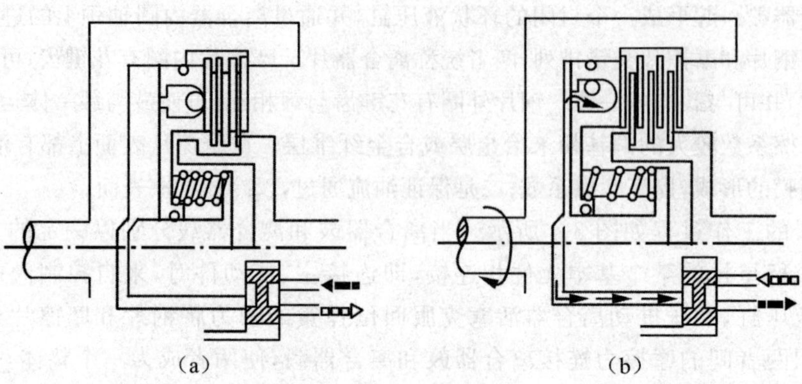

图 3-4　离合器的工作原理

当离合器处于分离状态时，其液压缸内仍残留有少量油液，由于离合器和轴一起旋转，内部残留油在离心力作用下甩向活塞并有一定油压，使活塞压向离合器片，使其处于半接触而增大其磨损，减少其使用寿命。为了防止这种情况，在离合器毂壁面上设一个防松球单向阀，以保证残留油流出，使离合器分离彻底。

离合器所能传递动力的大小或者说转矩的大小与摩擦片的面积、片数及离合器片间的压紧力有关，一般离合器的摩擦片数为 2～6 片，离合器钢片的片数应等于或多于摩擦片的片数，以保证摩擦片的两边都有钢片。但也有些离合器在相邻两个摩擦片之间装有两片钢片，这是为了保证自动变速器在改型时的灵活性，并非漏装了摩擦片。不论是增加或减少钢片的片数、摩擦片的片数还是增减调整片的厚度，离合器的自由间隙应该保持不变。

3.2.2　制动器

制动器的作用就是将行星排中的某一元件加以固定，使该元件受约束而不能旋转，常见形式有：带式制动器和片式制动器。

3.2.2.1　带式制动器的结构与工作原理

带式制动器又称制动带，它的结构如图 3-5 所示，主要由制动鼓、制动带、液压缸及活塞等组成。

制动带的一端与壳体和制动带调整螺钉相连，另一端与活塞缸推杆相连。制动带内表面为一层摩擦系数较高的摩擦衬片。制动鼓与行星排某一基本元件连接，并随之一同旋转。当需固定制动鼓产生制动时，由液压缸来完成。液压缸如图 3-5(b)所示。液压腔分施压腔和释放腔两部分，分别与各自的控制油道与控制阀相通，并有活塞 4 和回位弹簧 10。工作时，液压油进入施压腔 5，活塞 4 在液压的作用下克服弹簧 10 的弹力而前移，通过推杆 8 使制动带抱紧在制动鼓 3 上，产生制动力。当需要解除制动时，压力油从释放腔 7 进入，从施压腔 5 卸压，活塞 4 在油压和弹簧 10 的作用下迅速回位，制动带释放。这种控制方式可以使控制系统得到简化。当制动带释放时，制动带与制动鼓应有适当间隙。

间隙太大或太小都会影响制动器的正常工作，这一间隙的大小可用制动带调整螺钉来调整。在装配时，一般将螺钉向内拧紧至一定力矩，然后返回规定的圈数(一般为 2～3 圈)。

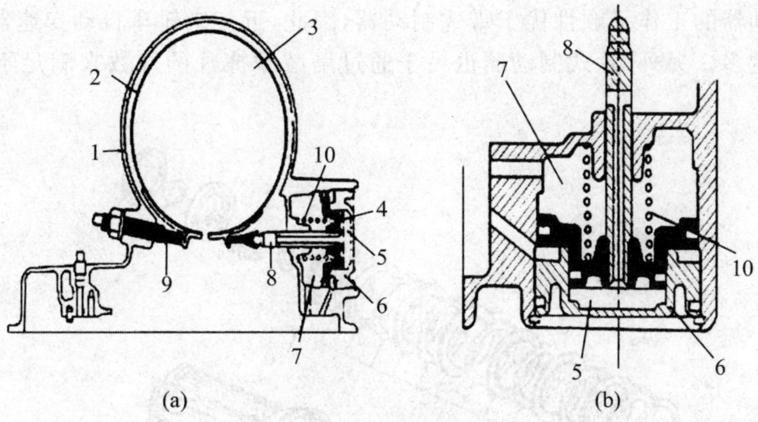

图 3-5　带式制动器

1—变速器壳体　2—制动带　3—制动鼓　4—活塞　5—液压缸施压腔
6—液压缸端盖　7—液压缸释放腔　8—推杆　9—调整螺钉　10—回位弹簧

当制动鼓高速运转时，制动带工作会受到反作用力，该力会使活塞产生振动，从而影响换挡平顺性。为防止这种情况，在推杆上装内弹簧来缓冲这种反作用力，如图 3-6 所示。

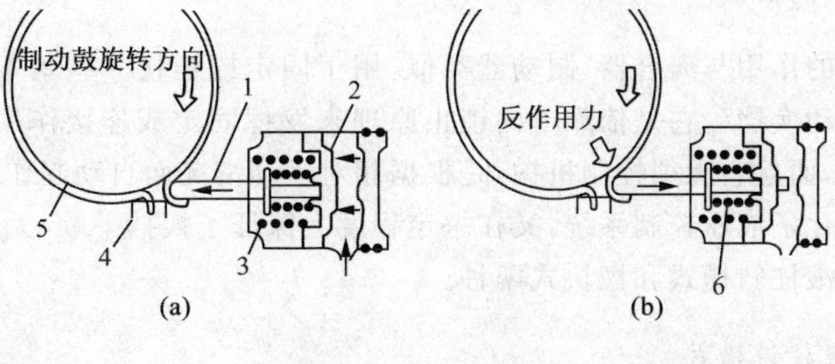

图 3-6　内弹簧

1—顶杆　2—活塞　3—外弹簧　4—变速器壳体　5—制动带　6—内弹簧

带式制动器结构简单、轴向尺寸小、维修方便，但它的工作平顺性较差，故在早期的自动变速器中应用较多。

3.2.2.2　片式制动器的结构与工作原理

片式制动器由制动鼓、制动器活塞、回位弹簧、钢片、摩擦片及制动器毂等部件组成(见图 3-7)。它的工作原理和多片湿式摩擦离合器基本相同，但片式制动器的制动鼓(相当于离合器鼓)固定在变速器壳体上。钢片通过外花键齿安装在固定于变速器壳体上的制动鼓内花键齿圈中，或直接安装在变速器壳体上的内花键齿圈中，摩擦片则通过内花键齿和制动鼓上的外花键齿连接。当制动器不工作时，钢片和摩擦片之间没有压力，制动器毂可以自由旋转；当制动器工作时，来自控制阀的液压油进入制动器毂内的液压缸中，油压作用在制动器活塞上，推动活塞将制动器摩擦片和钢片压紧在一起，与行星排某一基本元件连接的制动器毂就被固定住而不能旋转。

片式制动器的工作平顺性优于带式制动器，因此，近年来轿车自动变速器采用片式制动器的越来越多。另外，片式制动器也易于通过增减摩擦片的片数来满足不同排量发动机的要求。

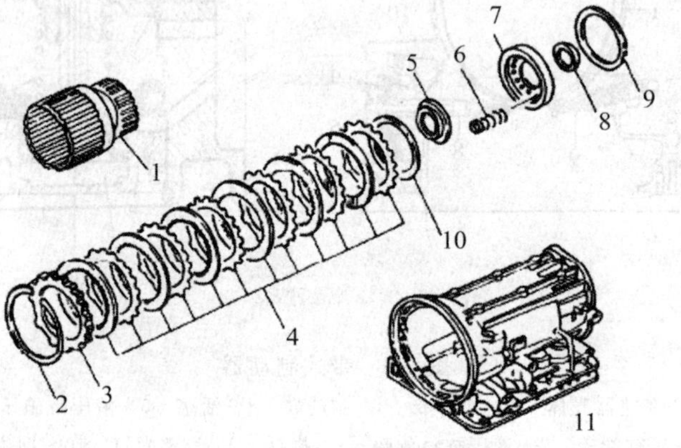

图 3-7　片式制动器

1—制动器毂　2—卡环　3—挡圈　4—钢片和摩擦片　5—弹簧座
6—回位弹簧　7—制动器活塞　8、9—密封圈　10—碟形环　11—变速器壳体

3.2.3　单向离合器

单向离合器的作用与离合器、制动器类似，用于固定或连接一些基本元件，使行星齿轮变速器实现自动换挡。它是依靠单向锁止原理来发挥固定或连接作用，其固定和连接只能是单方向的，而且它无须控制机构，是根据相对运动情况而自动起作用的换挡执行元件。因此大大简化了液压控制系统，又在一定程度上保证了换挡平顺、无冲击。常见的单向离合器形式有滚柱斜槽式和楔块式两种。

3.2.3.1　滚柱斜槽式

滚柱斜槽式单向离合器由内、外座圈，滚柱和不锈钢叠片弹簧组成，如图 3-8 所示。

内座圈通常用内花键和行星排的某个基本元件或者变速器壳体连接，外座圈则通过外花键和行星排的另一侧基本元件或者变速器外壳连接。在外座圈的内表面有与滚柱相同数目的楔形槽。内、外座圈之间的楔形槽内装有滚柱和弹簧，弹簧的弹力将各滚柱推向楔形槽较窄的一端。当外座圈相对于内座圈朝顺时针方向转动时，在刚刚开始转动的瞬间，滚柱便在摩擦力和弹簧弹力的作用下被卡死在楔形槽较窄的一端，于是内、外座圈互相连接成一个整体，不能相对转动，此时单向离合器处于锁止状态，与外座圈连接的基本元件被固定住或者和与内座圈相连接的元件连成一整体；当外座圈相对于内座圈朝逆时针方向转动时，滚柱在摩擦力的作用下，克服弹簧的弹力，滚向楔形槽较宽的一端，出现打滑现象，外座圈相对于内座圈可以做自由滑转，此时单向离合器脱离锁止，而处于自由状态。

滚柱斜槽式单向离合器的锁止方向取决于外座圈上楔形槽的方向，在装配时不得装反；否则，会改变其锁止方向，使行星齿轮变速器不能正常工作。

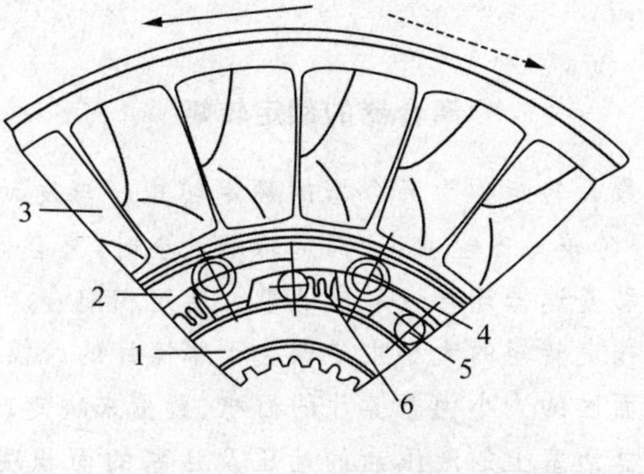

图 3-8　滚柱斜槽式单向离合器

1—内座圈　2—外座圈　3—导轮　4—铆钉　5—滚柱　6—叠片弹簧

3.2.3.2　楔块式

楔块式单向离合器由内环、外环、楔块等组成，如图 3-9 所示。

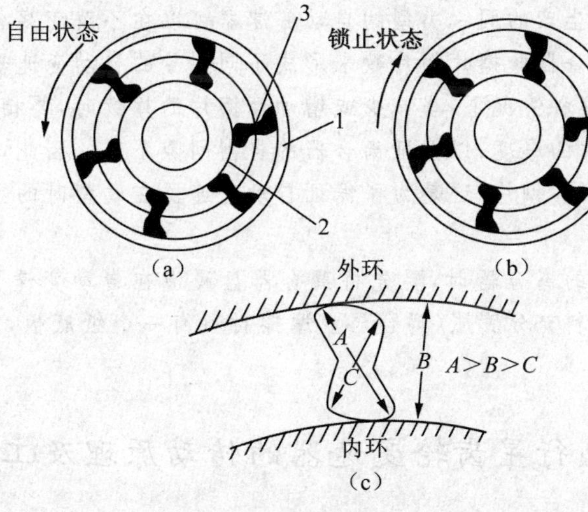

图 3-9　楔块式单 向离合器

1—外环　2—内环　3—楔块

楔块式单向离合器的结构和滚柱斜槽式单向离合器的结构基本相似，也有外环、内环、楔块等。不同之处在于，它的外环和内环上都没有楔形槽，其滚子不是圆柱形的，而是特殊形状的楔块。楔块在 A 方向上的尺寸略大于内外环之间的距离 B，而在 C 方向上的尺寸略小于 B。当外环相对于内环朝顺时针方向转动时，楔块在摩擦力的作用下立起，因自锁作用而被卡死在内外环之间，使内环与外环无法相对滑转，此时单向离合器处于锁止状态；当外环相对于内环朝逆时针方向旋转时，楔块在摩擦力的作用下倾斜，脱离自锁状态，内环与外环可以相对滑动，此时单向离合器处于自由状态。

楔块式单向离合器的锁止方向取决于楔块的安装方向，在装配时应注意不能装反；否则不仅不起作用，甚至变速器也不能正常工作。

拓展阅读

离合器的额定转矩

离合器能够传递的最大转矩称为离合器的额定转矩。与发动机转矩相比，额定转矩如果太大，在离合器啮合时较易产生冲击；额定转矩过小时，离合器则会打滑。因此，离合器的额定转矩必须与自动变速器连接发动机的最大转矩相配合。

离合器所能传递的额定转矩的大小主要取决于摩擦片的摩擦表面区及钢片和摩擦片之间的压紧力。摩擦表面区的大小由摩擦片的面积、数量来决定；钢片和摩擦片之间压紧力的大小由作用在离合器活塞上的液压油的油压及活塞的面积决定。当压紧力一定时，离合器所能传递的动力的大小就取决于摩擦片的面积和片数。在同一个自动变速器中，通常有几个离合器，它们的直径、面积基本上相同或相近，但它们所传递的动力的大小往往有很大的差异。为了保证动力的传递，每个离合器所使用的摩擦片的片数也各不相同。离合器所要传递的动力越大，其摩擦片的片数就应越多。一般离合器摩擦片的片数为2～6片。离合器钢片的片数应等于或多于摩擦片的片数，以保证每个摩擦片的两面都有钢片。此外，同一厂家生产的同一类型的自动变速器可以在不改变离合器外形、尺寸的情况下，通过增减各个离合器摩擦片的片数来形成不同型号的自动变速器，以满足不同排量车型的使用要求。在这种情况下，当减少或增加摩擦片的片数时，要相应增加或减少钢片的个数或增减调整垫片的厚度，以保证离合器的自由间隙不变。因此，有些离合器在相邻两个摩擦片之间装有两片钢片，这是为了保证自动变速器在改型时的灵活性，并非误装了摩擦片。

注意：在要更换新的离合器时，要先将离合器盘浸泡在自动变速器液中15min或更久，使离合器盘摩擦材料充分膨胀(离合器盘摩擦材料有一个纸底板，吸收自动变速器液后会膨胀)。

3.3 典型行星齿轮变速器的传动原理及工作分析

不同车型的自动变速器在结构上往往有很大的差异，主要区别是：①前进挡的挡数不同；②离合器、制动器及单向离合器的数目和布置方式不同；③所采用的行星齿轮机构类型不同。早期轿车的自动变速器常采用两个或三个前进挡，新型轿车的自动变速器大部分采用4个前进挡。前进挡的数目越多，行星齿轮变速器中的离合器、制动器及单向离合器的数目就越多。离合器、制动器、单向离合器的布置方式主要取决于行星齿轮变速器前进挡的挡数及所采用的行星齿轮机构的类型。对于行星齿轮机构类型相同的行星齿轮变速器来说，其离合器、制动器及单向离合器的布置方式及工作过程基本上是相同的。因此，了解各种不同类型行星齿轮机构所组成的行星齿轮变速器的结构和工作原理，是掌握各种不同车型自动变速器的结构和工作原理的关键。目前自动变速器所采用的行星齿轮机构的类型主要有两类，即辛普森式行星齿轮机构和拉威挪行星齿轮机构。

3.3.1　辛普森式行星齿轮变速器

辛普森式行星齿轮变速器是由辛普森式行星齿轮机构和相对的换挡操作组件组成的，目前大部分自动变速器都采用这种行星齿轮变速器。辛普森式行星齿轮机构是一种十分著名的双排行星齿轮机构，它是由两个内啮合式单排行星齿轮机构组合而成的，如图 3-10 所示。其结构特点是：①前后两个行星排的太阳轮连接为一个整体，称为前后太阳轮组件；②前一个行星排的行星架和后一个行星排的齿圈连接为另一个整体，称为前行星架和后齿圈组件；③输出轴通常与前行星架和后齿圈组件连接。因此，该机构的 4 个独立组件是：前环齿轮、前后太阳轮组件、后行星架、前行星架和后齿圈组件。

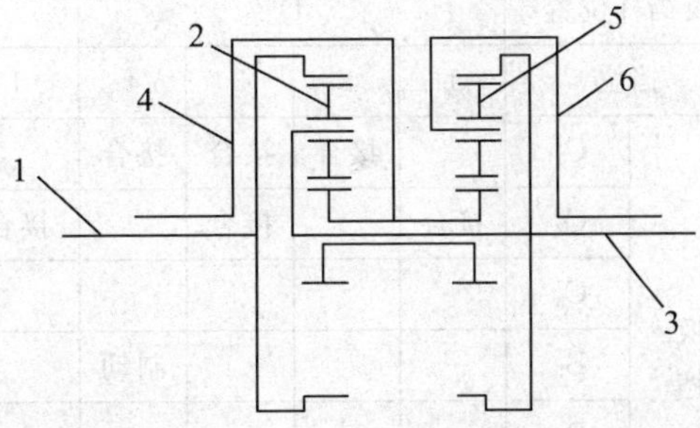

图 3-10　辛普森式行星齿轮机构示意图

1—前齿圈　2—前行星轮　3—前行星架和后齿圈组件　4—前后太阳轮组件　5—后行星轮　6—后行星架

图 3-11 是 4T65E 型自动变速器采用的改进型的辛普森式行星齿轮机构，其特点是前后排太阳轮独立，前行星排的行星架与后行星排的齿圈为一体，前行星排的齿圈与后行星排的行星架为一体，是动力输出端。在不同挡位时，换挡执行元件的状态如表 3-2 所示。由图 3-11 可以看出，4T65E 型自动变速器的机械部件比较复杂，各挡位的动力传递路线也不容易看明白。如果我们把控制相同部件的离合器和制动器分别合并，则图中执行元件仍为 5 个，这样就更容易理解了。下面对动力传递路线的分析，可以帮助我们理解各执行元件的作用。

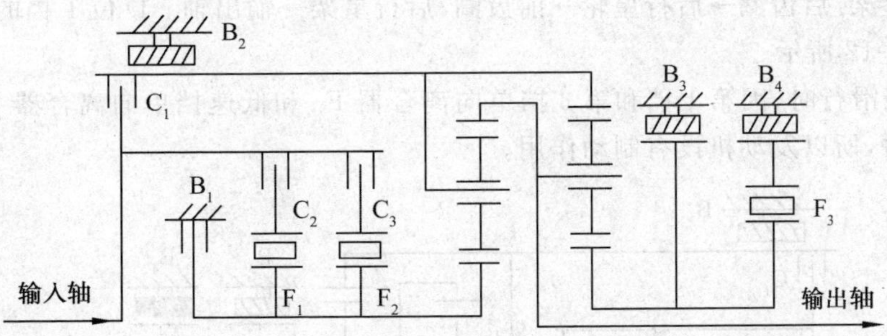

图 3-11　4T65E 型自动变速器串联式行星齿轮机构

C_1—输入离合器　C_2—第 1 挡和第 3 挡离合器　C_3—滑行离合器　B_1—4 挡制动器　B_2—倒挡制动器　B_3—低速挡制动器　B_4—第 1 挡和第 2 挡制动器　F_1—第 1 挡和第 3 挡单向离合器　F_2—滑行单向离合器　F_3—低速挡单向离合器

表 3-2　**4T65E 型自动变速器在不同挡位时各部件的状态**

换挡杆位置		D				3			2		1	R
挡位		1	2	3	4	1	2	3	1	2	1	倒
换挡执行元件	C_1		接合	接合	接合		接合	接合		接合		
	C_2	接合		接合		接合		接合	接合		接合	接合
	C_3							接合			接合	接合
	B_1				制动							
	B_2											制动
	B_3									制动	制动	
	B_4	制动	制动			制动	制动		制动			
	F_1	锁止		锁止		锁止		锁止	锁止		锁止	锁止
	F_2							锁止			锁止	锁止
	F_3	锁止	锁止			锁止	锁止		锁止			

3.3.1.1　D 位 1 挡传动路线

当操纵手柄位于 D 位、变速器处于 1 挡时，第 1 挡和第 3 挡离合器 C_2 接合，通过第 1 挡和第 3 挡单向离合器 F_1 顺时针驱动前太阳轮；第 1 挡和第 2 挡制动器 B_4 制动，低速挡单向离合器 F_3 逆时针锁止后太阳轮，则前齿圈/后行星架同向减速输出。其传动路线为：输入轴→第 1 挡和第 3 挡离合器 C_2→第 1 挡和第 3 挡单向离合器 F_1→前太阳轮→前行星轮→前行星架/后齿圈→后行星轮→前齿圈/后行星架→输出轴。D 位 1 挡的传动路线示意图如图 3-12 所示。

D 位 1 挡滑行时，因第 1 挡和第 3 挡单向离合器 F_1 和低速挡单向离合器 F_3 都不能逆向传递动力，所以发动机没有制动作用。

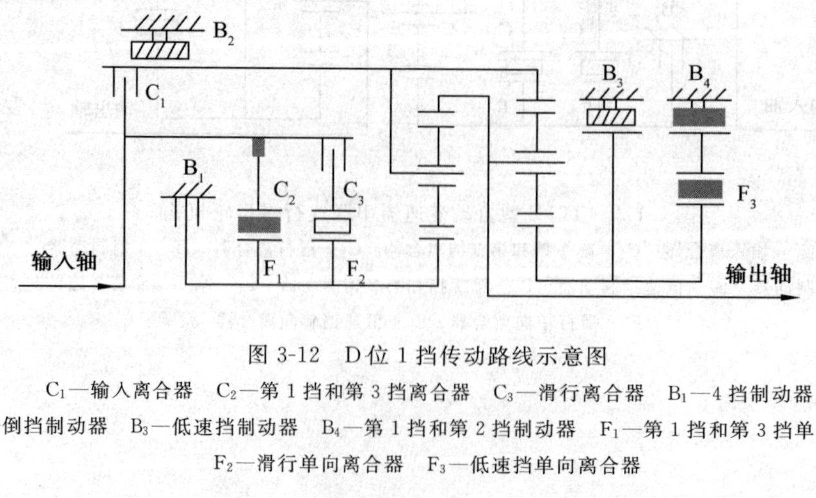

图 3-12　D 位 1 挡传动路线示意图

C_1—输入离合器　C_2—第 1 挡和第 3 挡离合器　C_3—滑行离合器　B_1—4 挡制动器

B_2—倒挡制动器　B_3—低速挡制动器　B_4—第 1 挡和第 2 挡制动器　F_1—第 1 挡和第 3 挡单向离合器

F_2—滑行单向离合器　F_3—低速挡单向离合器

3.3.1.2　D 位 2 挡传动路线

当操纵手柄位于 D 位、变速器处于 2 挡时，输入离合器 C_1 接合，顺时针驱动前行星架/后齿圈；第 1 挡和第 2 挡制动器 B_4 制动，低速挡单向离合器 F_3 逆时针锁止后太阳轮，则前齿圈/后行星架同向减速输出。其传动路线为：输入轴→输入离合器 C_1→前行星架/后齿圈→后行星轮→前齿圈/后行星架→输出轴。D 位 2 挡的传动路线示意图如图 3-13 所示。

D 位 2 挡滑行时，因低速挡单向离合器 F_3 不能逆向传递动力，所以发动机没有制动作用。

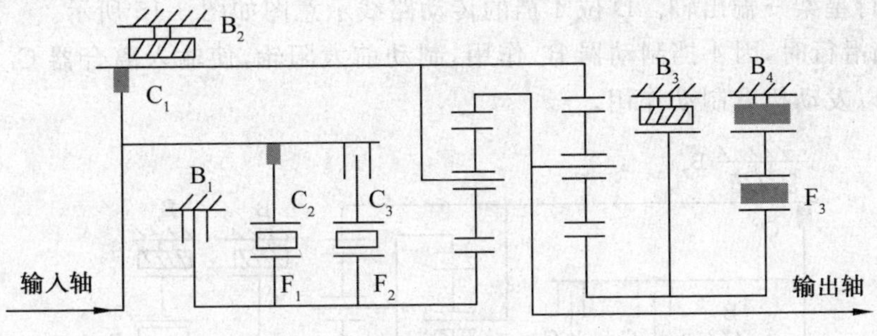

图 3-13　D 位 2 挡传动路线示意图

C_1—输入离合器　C_2—第 1 挡和第 3 挡离合器　C_3—滑行离合器　B_1—4 挡制动器　B_2—倒挡制动器　B_3—低速挡制动器　B_4—第 1 挡和第 2 挡制动器　F_1—第 1 挡和第 3 挡单向离合器　F_2—滑行单向离合器　F_3—低速挡单向离合器

3.3.1.3　D 位 3 挡传动路线

当操纵手柄位于 D 位、变速器处于 3 挡时，输入离合器 C_1 接合，顺时针驱动前行星架/后齿圈；第 1 挡和第 3 挡离合器 C_2 接合，并通过第 1 挡和第 3 挡单向离合器 F_1 顺时针驱动前太阳轮。因前行星排的太阳轮和行星架同时被顺时针驱动，所以前行星排为一个整体一起旋转，则前齿圈/后行星架同向同速输出。此挡为直接挡，传动比为 1，其传动路线为：输入轴→输入离合器 C_1 及第 1 挡和第 3 挡离合器 C_2、第 1 挡和第 3 挡单向离合器 F_1→前行星架及前太阳轮→前齿圈/后行星架→输出轴。D 位 3 挡的传动路线示意图如图 3-14 所示。

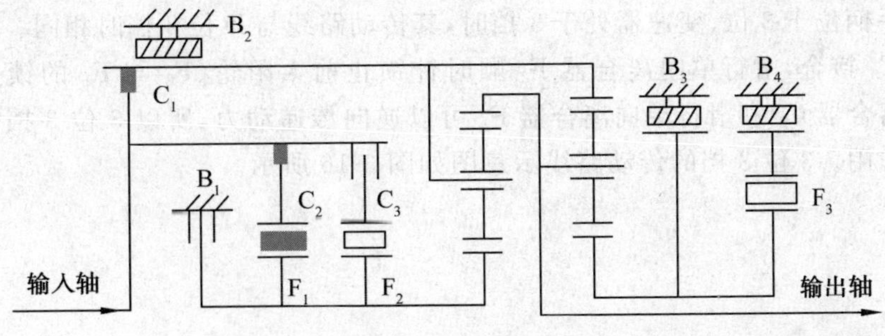

图 3-14　D 位 3 挡传动路线示意图

C_1—输入离合器　C_2—第 1 挡和第 3 挡离合器　C_3—滑行离合器　B_1—4 挡制动器　B_2—倒挡制动器　B_3—低速挡制动器　B_4—第 1 挡和第 2 挡制动器　F_1—第 1 挡和第 3 挡单向离合器　F_2—滑行单向离合器　F_3—低速挡单向离合器

D位3挡滑行时,因第1挡和第3挡单向离合器 F_1 不能逆向传递动力,所以发动机没有制动作用。

3.3.1.4　D位4挡传动路线

当操纵手柄位于D位、变速器处于4挡时,输入离合器 C_1 接合,顺时针驱动前行星架/后齿圈;4挡制动器 B_1 作用,制动前太阳轮,则前齿圈/后行星架同向增速输出。此挡为超速挡,传动比小于1,其传动路线为:输入轴→输入离合器 C_1→前行星架→前行星轮→前齿圈/后行星架→输出轴。D位4挡的传动路线示意图如图3-15所示。

D位4挡滑行时,因4挡制动器 B_1 作用,制动前太阳轮,使输入离合器 C_1 可以逆向传递动力,所以发动机有制动作用。

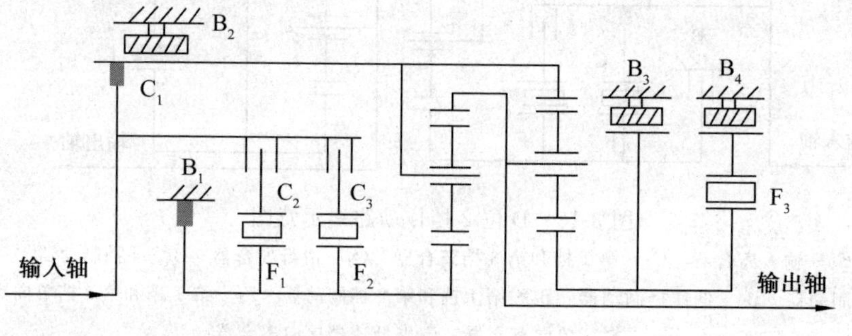

图3-15　D位4挡传动路线示意图

C_1—输入离合器　C_2—第1挡和第3挡离合器　C_3—滑行离合器　B_1—4挡制动器
B_2—倒挡制动器　B_3—低速挡制动器　B_4—第1挡和第2挡制动器　F_1—第1挡和第3挡单向离合器
F_2—滑行单向离合器　F_3—低速挡单向离合器

3.3.1.5　3位1、2挡传动路线

当操纵手柄位于3位,变速器处于1、2挡时,其传动路线与D位1、2挡时完全相同,且发动机没有制动作用。

3.3.1.6　3位3挡传动路线

当操纵手柄位于3位、变速器处于3挡时,其传动路线与D位3挡时相同。由于此时滑行离合器 C_3 接合,滑行单向离合器 F_2 顺时针锁止前太阳轮(F_2 与 F_1 的锁止方向相反),使滑行离合器 C_3 和滑行单向离合器 F_2 可以逆向传递动力,所以3位3挡滑行时发动机有制动作用。3位3挡的传动路线示意图如图3-16所示。

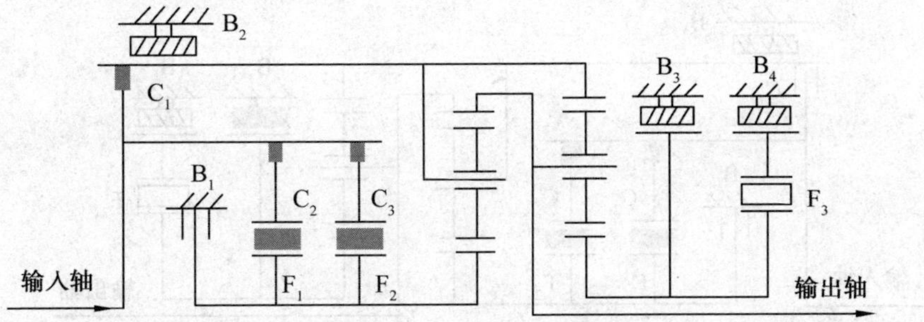

图 3-16　3 位 3 挡传动路线示意图

C_1—输入离合器　C_2—第 1 挡和第 3 挡离合器　C_3—滑行离合器　B_1—4 挡制动器　B_2—倒挡制动器　B_3—低速挡制动器　B_4—第 1 挡和第 2 挡制动器　F_1—第 1 挡和第 3 挡单向离合器　F_2—滑行单向离合器　F_3—低速挡单向离合器

3.3.1.7　2 位 1 挡传动路线

当操纵手柄位于 2 位、变速器处于 1 挡时，其传动路线与 D 位 1 挡时完全相同，且发动机没有制动作用。

3.3.1.8　2 位 2 挡传动路线

当操纵手柄位于 2 位、变速器处于 2 挡时，其传动路线与 D 位 2 挡时相同。由于此时低速挡制动器 B_3 作用，制动后太阳轮，输入离合器 C_1 可以逆向传递动力，所以 2 位 2 挡滑行时发动机有制动作用。2 位 2 挡的传动路线示意图如图 3-17 所示。

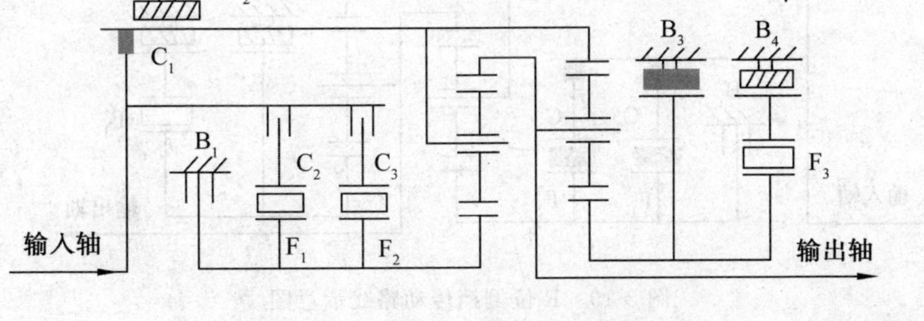

图 3-17　2 位 2 挡传动路线示意图

C_1—输入离合器　C_2—第 1 挡和第 3 挡离合器　C_3—滑行离合器　B_1—4 挡制动器　B_2—倒挡制动器　B_3—低速挡制动器　B_4—第 1 挡和第 2 挡制动器　F_1—第 1 挡和第 3 挡单向离合器　F_2—滑行单向离合器　F_3—低速挡单向离合器

3.3.1.9　1 位 1 挡传动路线

1 位 1 挡的传动路线与 D 位 1 挡相同。由于此时低速挡制动器 B_3 作用，制动后太阳轮；滑行离合器 C_3 接合后，使滑行离合器 C_3 和滑行单向离合器 F_2 可以逆向传递动力，所以 1 位 1 挡滑行时发动机有制动作用。1 位 1 挡的传动路线示意图如图 3-18 所示。

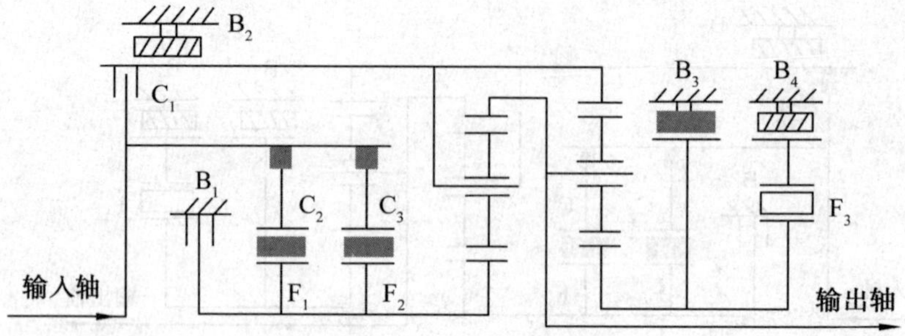

图 3-18　1 位 1 挡传动路线示意图

C_1—输入离合器　C_2—第 1 挡和第 3 挡离合器　C_3—滑行离合器　B_1—4 挡制动器
B_2—倒挡制动器　B_3—低速挡制动器　B_4—第 1 挡和第 2 挡制动器　F_1—第 1 挡和第 3 挡单向离合器
F_2—滑行单向离合器　F_3—低速挡单向离合器

3.3.1.10　R 位倒挡传动路线

当操纵手柄位于 R 位、变速器处于倒挡时，此时第 1 挡和第 3 挡离合器 C_2 接合，通过第 1 挡和第 3 挡单向离合器 F_1 顺时针驱动前太阳轮；倒挡制动器 B_2 作用，制动前行星架，则前齿圈/后行星架逆向减速输出。其传动路线为：输入轴→第 1 挡和第 3 挡离合器 C_2→第 1 挡和第 3 挡单向离合器 F_1→前太阳轮→前行星轮→前齿圈/后行星架→输出轴。倒挡的传动路线示意图如图 3-19 所示。

倒挡滑行时，因倒挡制动器 B_2 作用，制动前行星架，使滑行离合器 C_3 和滑行单向离合器 F_2 可以逆向传递动力，所以发动机有制动作用。

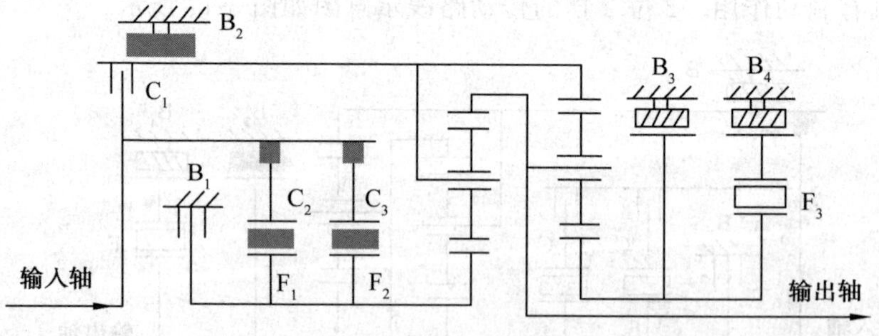

图 3-19　R 位倒挡传动路线示意图

C_1—输入离合器　C_2—第 1 挡和第 3 挡离合器　C_3—滑行离合器　B_1—4 挡制动器
B_2—倒挡制动器　B_3—低速挡制动器　B_4—第 1 挡和第 2 挡制动器　F_1—第 1 挡和第 3 挡单向离合器
F_2—滑行单向离合器　F_3—低速挡单向离合器

3.3.2　拉威挪行星齿轮变速器

拉威挪行星齿轮变速器采用的是与辛普森式行星齿轮机构一样著名的拉威挪行星齿轮机构，这是一种复合式行星齿轮机构，它由一个单行星轮式行星排和一个双行星轮式行星排组合而成，如图 3-20 所示。后太阳轮和长行星小齿轮、行星架、环齿轮共同组成一个单行星轮式行星排；前太阳轮、短行星小齿轮、长行星小齿轮、行星架和环齿轮共同组成一个双行星轮式行星排。两个行星排共享一个环齿轮和一个行星架，因此它只有四个独立组件，即前太阳轮、后太阳轮、行星架、环齿轮。这种行星齿轮机构具有结构简单、尺寸小、传动比变化范围大、灵活多变等特点，可以组成有三个或四个前进挡的行星齿轮变速器。该行星齿轮机构自 20 世纪 70 年代开始应用于众多轿车，特别是前轮驱动式轿车的自动变速器，如奥迪、大庆、福特、马自达等车型。

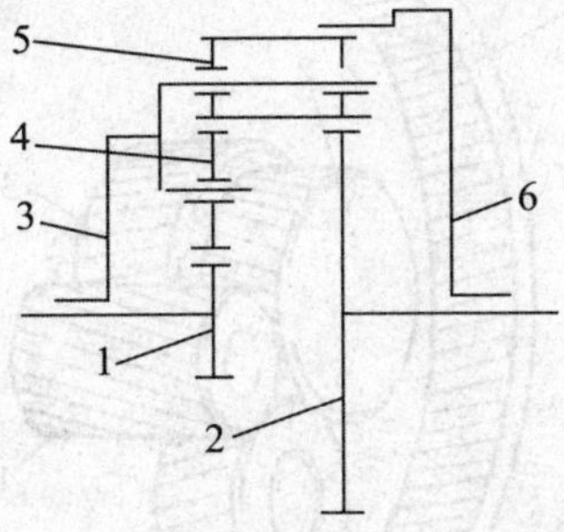

图 3-20　拉威挪行星齿轮机构示意图

1—前太阳轮　2—后太阳轮　3—行星架　4—短行星轮
5—长行星轮　6—齿圈

在拉威挪行星齿轮机构中设置 5 个换挡操作组件(2 个离合器、2 个制动器和 1 个单向超速离合器)，即可使之成为一个具有 3 个前进挡和 1 个倒挡的三挡行星齿轮变速器。

下面以桑塔纳 2000GSi-AT 型轿车的 01N 型四挡自动变速器为例进行介绍。

3.3.2.1　桑塔纳 2000GSi-AT 型轿车 01N 型四挡拉威挪行星齿轮变速器的结构、组成

拉威挪行星齿轮变速器的结构如图 3-21 所示，它包括拉威挪行星齿轮机构和离合器、制动器、单向离合器。

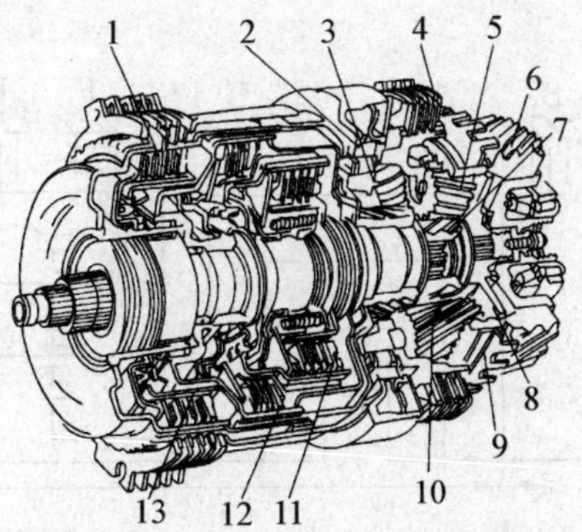

图 3-21　拉威挪行星齿轮变速器

1—第 2 挡和第 4 挡制动器(B_2)　2—单向离合器　3—大太阳轮　4—倒挡制动器(B_1)
5—短行星轮　6—主动锥齿轮　7—小太阳轮　8—行星架　9—车速传感器齿轮
10—长行星轮　11—第 3 挡和第 4 挡离合器(K_3)　12—倒挡离合器(K_2)
13—第 1 挡和第 3 挡离合器(K_1)

拉威挪行星齿轮机构如图 3-22 所示，它由双行星排组成，包括大太阳轮、小太阳轮、长行星轮、短行星轮、齿圈和行星架。大、小太阳轮采用分段式结构，使 3-4 挡的转换更加平顺。短行星轮与长行星轮及小太阳轮啮合，长行星轮同时与大太阳轮、短行星轮及齿圈啮合，动力通过齿圈输出。两个行星轮共用一个行星架(图中未画出)。

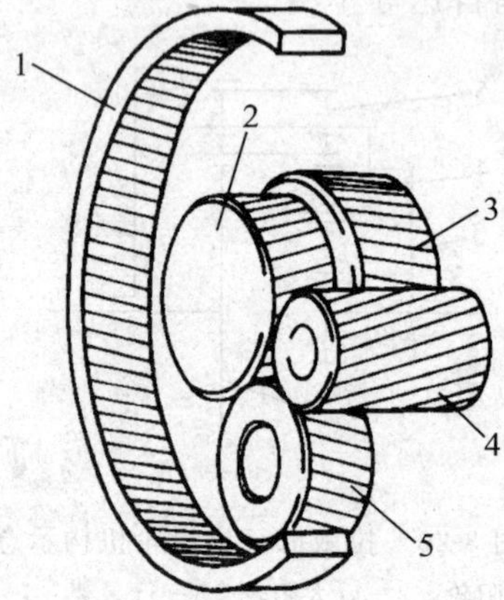

图 3-22　拉威挪行星齿轮机构

1—齿圈　2—小太阳轮　3—大太阳轮　4—长行星轮　5—短行星轮

3.3.2.2　桑塔纳 2000GSi-AT 型轿车 01N 型四挡拉威挪行星齿轮变速器各挡传动路线

拉威挪行星齿轮变速器的简图如图 3-23 所示，其中离合器 K_2 用于驱动大太阳轮，离合器 K_3 用于驱动行星齿轮架，制动器 B_1 用于制动行星齿轮架，制动器 B_2 用于制动大太阳轮，单向离合器 F 防止行星架逆时针转动，锁止离合器 LC 将变矩器的泵轮和涡轮刚性连在一起。

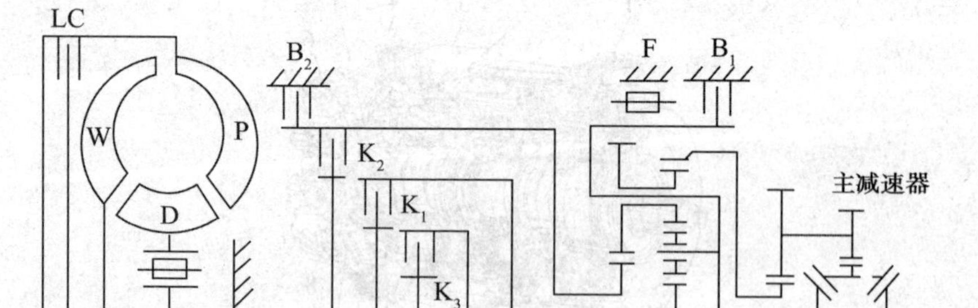

图 3-23　拉威挪行星齿轮变速器的简图

各挡位换挡元件的工作情况如表 3-3 所示。

表 3-3　各挡位换挡元件的工作情况

挡位	B_1	B_2	K_1	K_2	K_3	F
倒挡	○					○
1 挡			○			○
2 挡		○	○			
3 挡			○		○	
4 挡		○			○	

注：○表示离合器、制动器或单向离合器工作。

各挡动力传动路线如下：

(1)1 挡

1 挡时，离合器 K_1 接合，单向离合器 F 工作，如图 3-24 所示，动力传动路线为：泵轮→涡轮→涡轮轴→离合器 K_1→小太阳轮→短行星轮→长行星轮驱动齿圈。

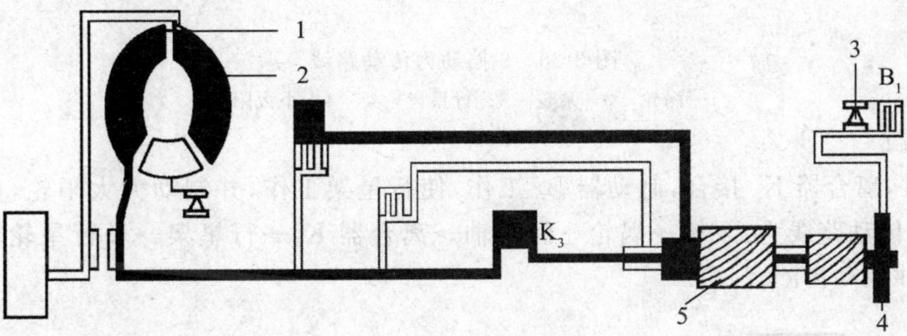

图 3-24　1 挡动力传动路线

1—涡轮　2—泵轮　3—单向离合器　4—行星齿轮架　5—小太阳轮

(2)2 挡

2 挡时，离合器 K_1 接合，制动器 B_2 制动大太阳轮，如图 3-25 所示，动力传动路线为：泵轮→涡轮→涡轮轴→离合器 K_1→小太阳轮→短行星轮→长行星轮围绕大太阳轮转动并驱动齿圈。

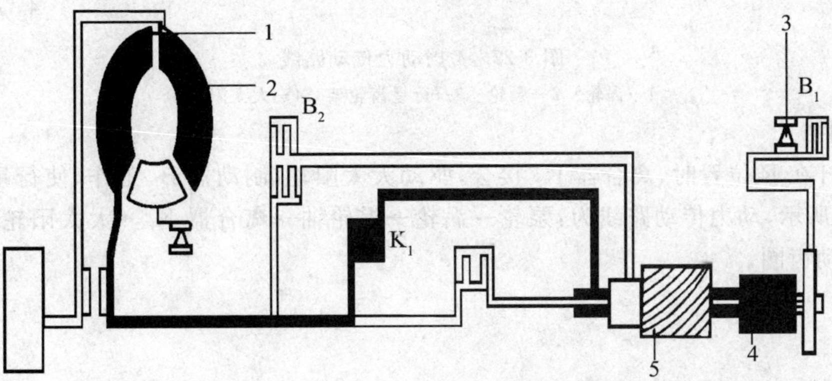

图 3-25　2 挡动力传动路线

1—涡轮　2—泵轮　3—单向离合器　4—小太阳轮　5—大太阳轮

(3)3 挡

3 挡时，离合器 K_1 和 K_3 接合，驱动小太阳轮和行星架，因而使行星齿轮机构锁止并一同转动，如图 3-26 所示，动力传动路线为：泵轮→涡轮→涡轮轴→离合器 K_1 和 K_3→整个行星齿轮转动。

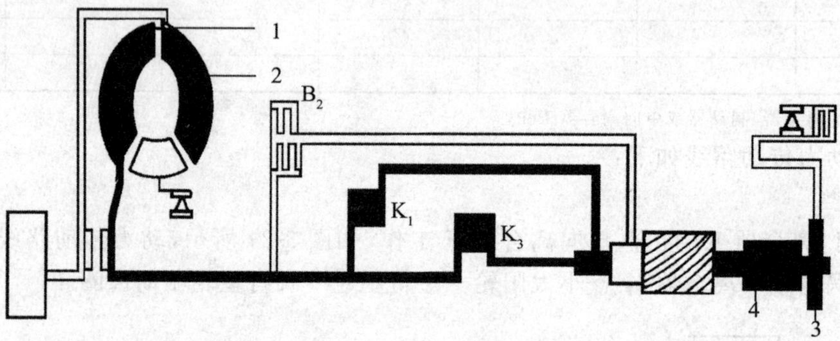

图 3-26　3 挡动力传动路线

1—涡轮　2—泵轮　3—行星齿轮架　4—小太阳轮

(4)4 挡

4 挡时，离合器 K_3 接合，制动器 B_2 工作，使行星架工作，并制动大太阳轮，如图 3-27 所示，动力传动路线为：泵轮→涡轮→涡轮轴→离合器 K_3→行星架→长行星轮围绕大太阳轮转动并驱动齿圈。

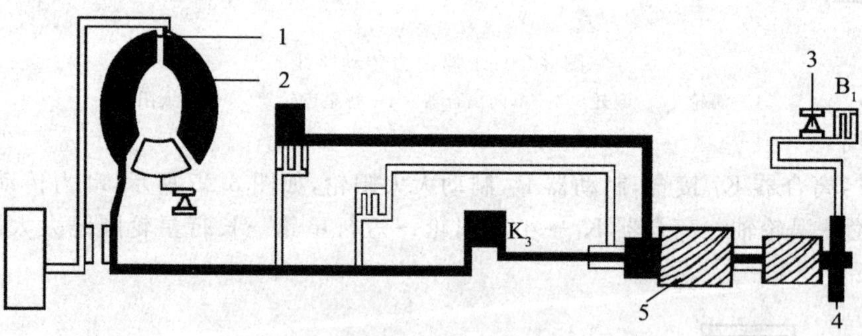

图 3-27　4 挡动力传动路线

1—涡轮　2—泵轮　3—行星齿轮架　4—大太阳轮

(5)倒挡

换挡杆在 R 位置时，离合器 K_2 接合，驱动大太阳轮，制动器 B_1 工作，使行星架制动，如图 3-28 所示，动力传动路线为：泵轮→涡轮→涡轮轴→离合器 K_2→大太阳轮→长行星轮反向驱动齿圈。

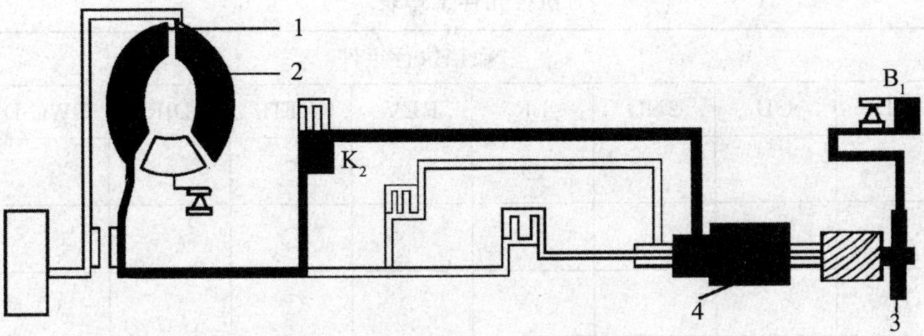

图 3-28　倒挡动力传动路线

1—涡轮　2—泵轮　3—行星齿轮架　4—大太阳轮

拓展阅读

五速自动变速器的动力传递路线

目前，五速自动变速器多数都是在原四速自动变速器行星齿轮机构的基础上，增加了一个简单的行星齿轮机构。图 3-29 是 2006 款三菱帕杰罗越野车搭载的 V5A51 型自动变速器的动力传递路线，这是一款四驱五速自动变速器，该自动变速器是在 V4A51 型自动变速器行星齿轮机构的基础上，增加一排行星齿轮组和三个执行元件来实现五速的，新增加的行星齿轮组称为直接行星齿轮组，三个执行元件即减速挡制动器(RED)、直接挡离合器(DIR)、单向离合器(OWC-D)。直接行星齿轮组是一个简单的行星齿轮机构，在 1、2、3 和 R 挡是减速传动，在 4、5 挡是直接传动。在 V5A51 型自动变速器内部有九个换挡执行元件，不同挡位时，各换挡执行元件的状态如表 3-4 所示。

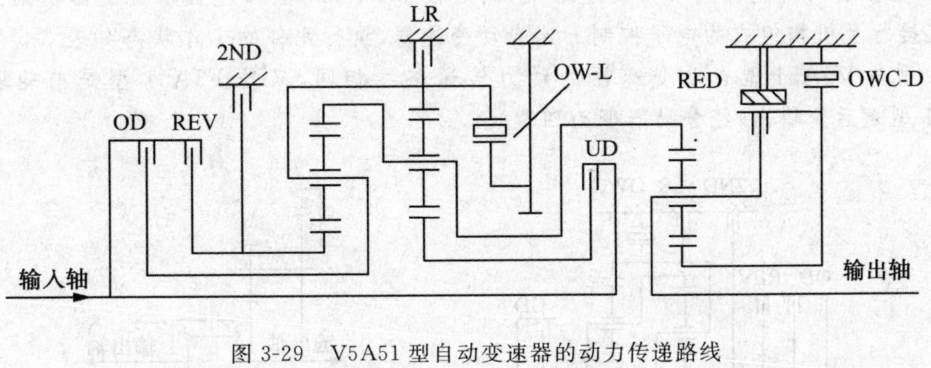

图 3-29　V5A51 型自动变速器的动力传递路线

OD—超速挡离合器　REV—倒挡离合器　2ND—2 挡制动器　LR—低速/倒挡制动器

OWC—单向离合器　UD—降速离合器　RED　减速挡制动器　DIR—直接挡离合器

表 3-4　　　　执行元件工作表

挡位	换挡执行组件								
	UD	OD	2ND	LR	REV	RED	DIR	OWC-D	OWC-L
P/N				○		○			
R				○	○	○			
D_1	○		○	○ *		○		○	○
D_2	○					○		○	
D_3	○	○				○		○	
D_4	○	○					○		
D_5		○	○				○		

注：○表示接合、制动或锁止；* 车速≤10km/h 时工作。

此类自动变速器 4 挡的形成方式有两种：一种同 V5A51 型自动变速器，即主行星齿轮机构为等速传动，辅助（直接）行星齿轮机构也为等速传动，总的传动比为 1，即直接（等速）传动；另一种是主行星齿轮机构为增速传动，辅助（直接）行星齿轮机构为减速传动，总的传动比为两者的乘积，是增速、减速还是等速，要视行星齿轮的设计情况而定。图 3-30 是被三菱、现代和许多国内车系所广泛采用的 F4A42/F4A51 型自动变速器的动力传递路线，对比图 3-29 可知，两者的动力传递路线是相同的，只是动力输出形式不同。图 3-31 是 F5A51 型自动变速器的动力传递路线，它是在原 F4A51 型四速自动变速器基础上，增加了直接行星机构组成的电子控制五速自动变速器，执行元件的工作状态如表 3-5 所示。F5A51 型与 V5A51 型自动变速器的动力传递路线相同，只是 F5A51 型是前轮驱动，V5A51 型是后轮输出（经分动器变为四驱）。

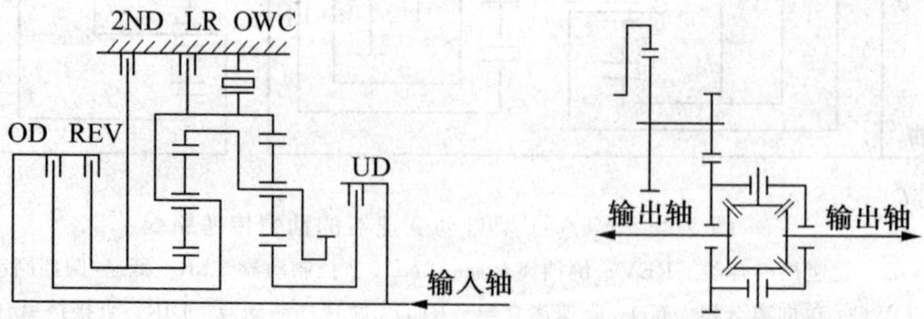

图 3-30　F4A51 型自动变速器的动力传递路线

UD—减速挡离合器　REV—倒挡离合器　OD—超速挡离合器

L/R—低速/倒挡制动器　2ND—2 挡制动器　OWC—单向离合器

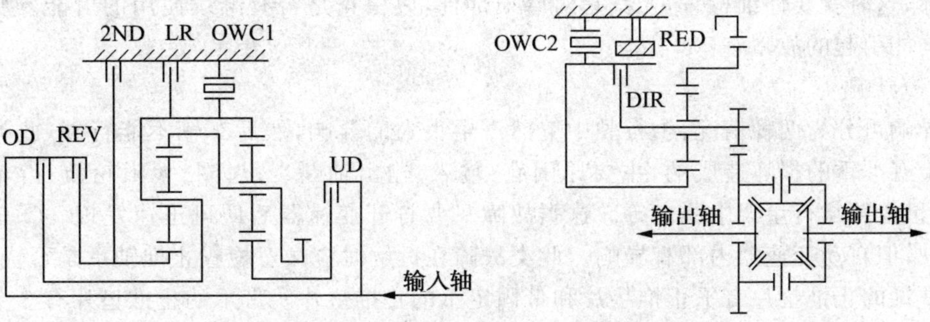

图 3-31　F5A51 型自动变速器的动力传递路线

UD—减速挡离合器　REV—倒挡离合器　OD—超速挡离合器　L/R—低速/倒挡制动器
2ND—2 挡制动器　OWC1—单向离合器 1　OWC2—单向离合器 2
RED—减速挡制动器　DIR—直接挡离合器

表 3-5　　**执行元件工作表**

挡位	换挡执行组件								
	UD	OD	2ND	LR	REV	RED	DIR	OWC-D	OWC-L
P/N				○		○			
R				○	○	○			
D_1	○			○		○		○	○
D_2	○		○			○		○	
D_3	○	○				○		○	
D_4	○	○					○		
D_4*		○	○			○			
D_5		○	○			○			

注：○表示接合、制动或锁止；* 用于超大型车辆。

3.4　行星齿轮机构和换挡执行机构的检修

3.4.1　行星齿轮机构的检修

在自动变速器所有的零件中，行星齿轮机构的寿命是最长的，它们不承受任何的换挡冲击，在正常使用的条件下它的工作寿命不会低于 4×10^5 km。其中太阳轮和齿圈几乎没有损坏的可能，行星齿轮自身损坏的可能也很小，唯一可能出现问题的是行星轮架。

3.4.1.1　行星齿轮机构的故障

同手动变速器一样，行星齿轮可能引起的故障主要是齿轮折断、轴承磨损等。将损坏部件更换后，故障就可排除，但某一机械部件的损坏必定引起前后两侧相邻部件的磨损甚至损坏，这时就要仔细检查，尤其是对磨损部件，应检查是否有继续使用的可能。变速齿轮机构能引起的故障有：

(1)异响

异响可分为两种情况：①行驶中突然产生很大的异响，然后车辆不能行驶，此类故障是由于有严重的损坏造成的，主要原因有：输入、输出轴断裂；齿圈、太阳轮鼓、齿轮等断裂；行星齿轮从行星架中脱出等。这类故障只要打开变速器后便可迅速发现。②车辆能够行驶，但自动变速器内部有异响。此类故障在拆解时应注意检查止推轴承是否烧结、解架。常见的止推垫片有平止推垫片和带固定爪的止推垫片。带爪的止推垫片有 3 个固定爪的，也有 4 个固定爪的。固定爪脱落，垫片自动转动也可引起异响。

(2)撞击声

撞击声主要在以下两种情况下出现：①在启动状态踩住制动踏板，将换挡手柄从 P 或 N 挡挂入 D 或 R 挡时，变速器内部发出撞击声；②行驶中急加速或急减速时。引起撞击声的原因有：各部分配合间隙过大；止推垫片磨损过度；止推垫片或止推轴承漏装。

(3)不能升挡

变速机构造成的不升挡的原因是由于齿圈和离合器组烧结在一起，离合器组失去其应有的作用，从而引起不能升挡。

3.4.1.2 常见的损坏形式及原因

(1)行星齿轮从行星架上脱落，这是行星齿轮式变速器较常见的故障。其原因是：配件质量差。

(2)行星轮与行星架间隙过大。其原因是：自然磨损。

(3)卡环脱落。其原因是：配件质量差或拆卸时将卡环撬变形。

3.4.1.3 检查

(1)检查行星齿轮和轴有无烧蚀现象

行星齿轮和轴出现烧蚀(边黑)，说明在工作时严重超载，行星轮架或行星轮轴可能会发生变形。应修理或更换行星齿轮机构总成(齿轮应成对更换)，或更换行星轮架或行星轮轴。若行星轮轴部有旋具刀口时，需用旋具将轴拆下，安装时要用凡士林把轴与轴筒间的滚针轴承粘好。

(2)检查行星齿轮变速机构的工作间隙

对行星齿轮式自动变速器，需检查行星轮与行星架间隙、齿圈衬套直径。图 3-32 为自动变速器变速齿轮机构的检查方法。行星轮与行星架标准间隙为 0.20～0.60mm，极限值为 1mm；齿圈衬套直径最大为 24.08mm。

各种自动变速器的标准数值不一样，可用手转动行星齿轮感觉其与行星架的松旷程度，将齿圈套在轴上感觉齿圈衬套与轴的间隙。

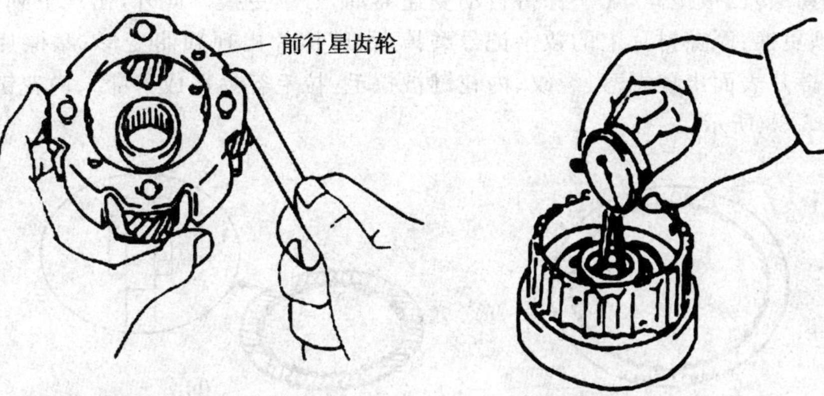

(a)检查行星齿轮与行星架间隙　　(b)检查齿圈衬套直径

图 3-32　自动变速器变速齿轮机构的检查方法

3.4.2　离合器的检修

3.4.2.1　摩擦片的损坏形式及原因

(1)摩擦片烧焦,颜色发黑。其原因是:自动变速器油温过高;离合器打滑。引起单组离合器摩擦片烧焦的原因是:活塞密封圈破坏;离合器自由间隙过小;离合器毂或离合器活塞液压缸壁上的单向阀损坏。

(2)摩擦片上的铜基粉末冶金层合成纤维层不均匀脱落。其原因是:摩擦片没有经过自动变速器油浸泡即装配使用;摩擦片质量问题。

(3)摩擦片弯曲变形。其原因是:离合器摩擦片工作时局部温度过高;机械原因。

(4)摩擦片和钢片烧结在一起。其原因是:温度过高或摩擦片过度磨损。

3.4.2.2　离合器活塞的损伤形式及原因

(1)活塞密封圈破损。其原因是:油温过高,使橡胶密封圈硬化;密封圈更换时受损;使用时间过长,橡胶老化。

(2)活塞变形,密封不严。其原因是:温度过高或装配不当。

(3)活塞回位弹簧不良。其原因是:弹簧数目少;弹簧弹力不足;弹簧折断。

(4)活塞上的单向阀卡滞或密封不良。其原因是:油中有杂质或阀球磨损。

3.4.2.3　离合器摩擦片的检修

摩擦片上的沟槽是存自动变速器油用的,沟槽磨平后,自动变速器油就无法进入摩擦片与钢片之间。失去自动变速器油的保护之后,摩擦片的磨损程度会急剧加快,因此沟槽磨平后必须更换。

摩擦表面上有一层保持自动变速器油的含油层。新拆下来的摩擦片用无毛布将表面擦干,用手轻按摩擦表面时应有较多的自动变速器油溢出。轻按时如不出油,说明摩擦片含油层(隔离层)已被抛光,无法保持自动变速器油,必须更换。此外,出现下列情况时,摩擦片也必须更换:摩擦衬片上的数字记号磨掉后;摩擦片出现翘曲变形;摩擦片表面发黑(烧蚀);摩擦片表面出现剥落、裂纹、内花键被拉毛(拉毛容易造成卡滞)、内花键齿掉齿等现象,如图 3-33 所示。

(a)

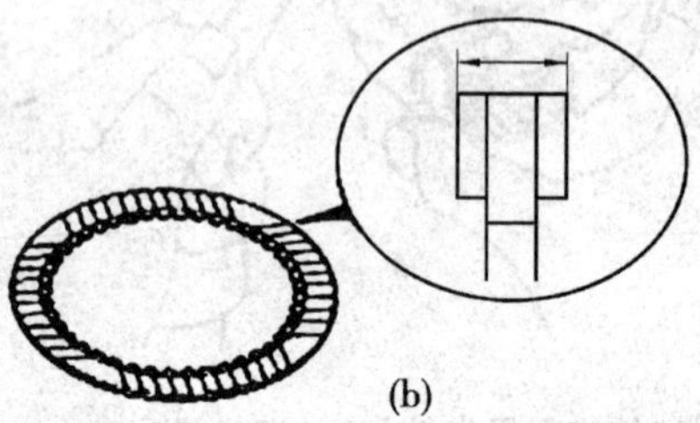
(b)

(c)

图 3-33　摩擦片和制动带的检查

3.4.2.4　离合器其他元件的检查

(1)离合器活塞回位弹簧的检查

离合器和制动器回位弹簧中,最易损坏的是低挡、倒挡制动器活塞的回位弹簧。它的工作行程和工作压力最大,所以最容易损坏。损坏后弹簧折断、弯曲变形,同时许多断弹簧散落在弹簧座外边。检查时一目了然,维修时需整组更换回位弹簧。

离合器活塞回位弹簧的工作行程和油压较小,很少损坏。拆卸离合器时,外观上看回位弹簧没有折断、散乱,就不必拆回位弹簧的卡环。安装回位弹簧卡环时如没有专用工具,安装将十分困难。回位弹簧主要检查其自由长度,凡变形、过短、折断的弹簧必须更换。

(2)压盘和从动盘的检查

1)压盘和从动片上的齿要完好,不能拉毛,拉毛易造成卡滞。

2)压盘和从动片表面如有蓝色过热的斑迹,则应放在平台上用高度尺测量其高度,可将两片叠在一起,检查其是否变形。出现变形或表面有裂纹的必须更换。

(3)锥形盘变形的检查

锥形盘应放在平台上,用高度尺检查它是否变形。

3.4.2.5　活塞工作行程的检查

离合器活塞的工作行程,也是离合器的工作间隙。离合器工作间隙的大小和作用于离合器上的工作压力有关。超速挡离合器和前进挡离合器的工作间隙为 0.8～1.8mm;高挡、倒挡离合器的间隙为 1.6～1.8mm(具体间隙因车型而异)。前者使用极限为

2.0mm，后者使用极限为 2.2mm。

检测工作行程时，需用空气压缩机、压缩空气枪、百分表和磁力表架。压缩空气保持在 0.4MPa 的压力。把空气压缩枪对准进油孔，固定好离合器，把百分表抵住外侧压盘。（见图 3-34）。开动压缩空气枪，从百分表摆差看出活塞的工作行程。

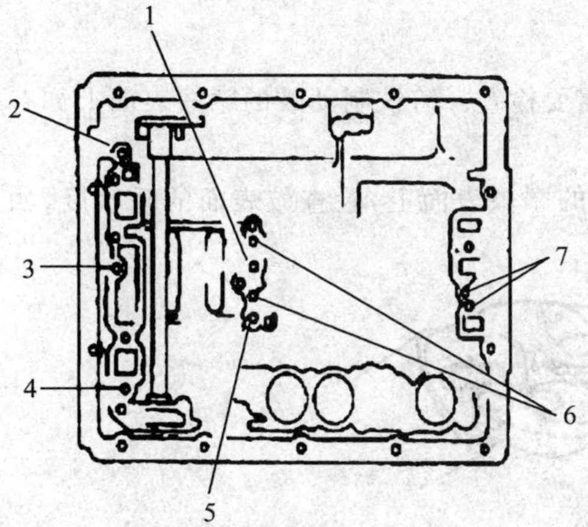

(a)离合器位置

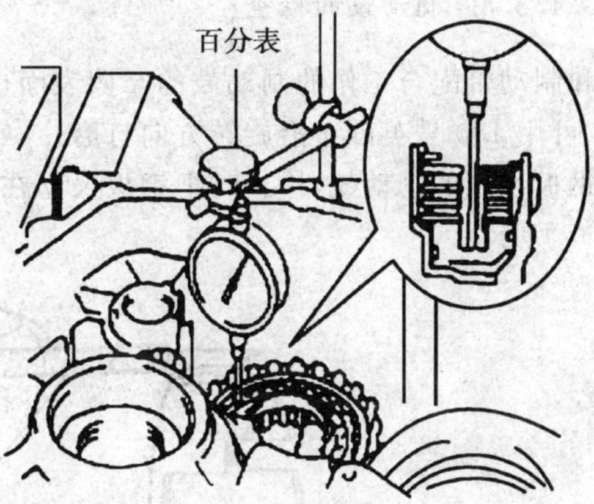

(b)活塞行程的检查

图 3-34　活塞工作行程的检查

如没有空气压缩机，也可以用塞尺测查。把塞尺伸入卡环和压盘之间，即可测出离合器的工作间隙。

3.4.3　制动器的检修

3.4.3.1　制动器常见的损坏形式及原因

片式制动器与离合器由于结构大致相同，所以损坏形式及原因也基本相同。下面重点介绍带式制动器的损坏形式及原因。

制动器的损坏形式有：制动带磨损材料烧焦；制动带耐磨材料脱落；制动带变形。

制动带推杆的损坏形式有：推杆磨损；弯曲变形；推杆调整不当。其原因是：外力作用或调整过度。

3.4.3.2　制动带的调整

(1)外观检查

外观上如有缺陷、碎屑、摩擦表面出现不均匀磨损、摩擦材料剥落、摩擦材料上的印刷数字部分磨损，或者有掉色、烧蚀痕迹（外观颜色发黑）中的任何一项，就必须更换制动带。

(2)液体吸附能力检查

用无毛布把制动带表面的油渍擦掉后，用手轻按制动带摩擦表面，应能溢出油，溢出的油越多，说明摩擦表面含油性越好。如轻压后，没有油溢出，说明制动带摩擦表面上的含油层已被磨损，如继续使用将很快被烧蚀，必须更换。

制动带从变速器中拆出后，最好用铁丝加以固定，保持原有形状。在检查和维修过程中严禁将制动带展平、弯曲或扭转，否则会引起摩擦衬套表面破裂或表面剥落，严重时还会造成制动带变形，使制动带无法和它所固定的部件保持比较均匀的工作间隙，使制动带的推杆无法完全入位(不完全入位，工作时会造成推杆脱落，制动带失效)。

3.4.3.3　制动鼓的检查

和制动带配合工作的制动鼓的摩擦表面也需要检查。铸铁制动鼓的摩擦表面上如有刻痕，可用 180 号英砂布沿旋转方向打磨。

钢板冲压的制动鼓，检查时把钢板尺立在鼓的摩擦表面上，检查鼓表面的垂直度，如图 3-35 所示。

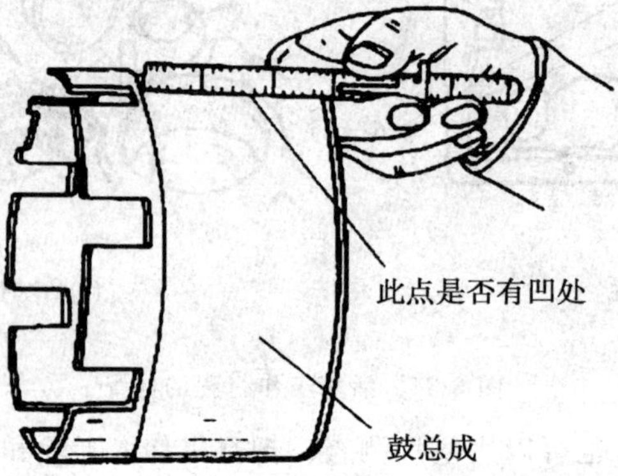

图 3-35　用钢板尺检查制动鼓表面的垂直度

鼓的摩擦表面磨成盘形状后，会使制动带的制动效能严重削弱，因此，磨损变形的鼓必须更换。

3.4.3.4　伺服装置的检查与维修

卸掉控制阀，可以看到伺服装置附近有两个连接伺服装置的通道，它们是工作通道和释放通道。紧挨着油泵，打开油底壳才能看见强制降挡伺服装置，它旁边靠里侧的是工作通道，靠外侧的是释放通道。两个通道都是倾斜的油道。2 挡滑行制动带的伺服液压缸盖用卡环固定在变速器的外壳上。该伺服装置与空挡开关位置较近，外侧是工作通道，内侧是释放通道。制动带和伺服装置的结构如图 3-36 所示。

检查时用压缩空气枪将 0.4～0.8MPa 气压加到伺服装置的工作通道中，该伺服液压缸负责的制动带如能拉紧，则表明伺服液压缸工作正常，能满足拉紧制动带的需要。继续加压到伺服液压缸工作通道的同时，用另一把压缩空气枪加压到伺服装置的释放通道，此时伺服装置应松开制动带。

在检查制动带能否箍紧时，可用塞尺在加压前先测一下制动带的开口间隙，加压箍紧后再测一下制动带的开口间隙，便可推算出伺服推杆实际的工作行程。

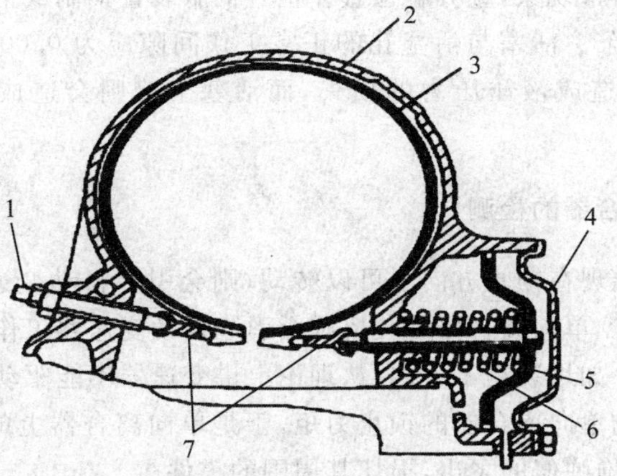

图 3-36　制动带和伺服装置的结构

1—支撑销　2—变速器壳体　3—制动带　4—伺服缸盖　5—活塞
6—复位弹簧　7—推杆

检查超速挡制动器的工作间隙时，在加压前固定好百分表触针垂直打在片式制动器压盘上，然后往工作通道加压，就可测出其工作间隙，伺服装置的工作通道的检查如图3-37所示。

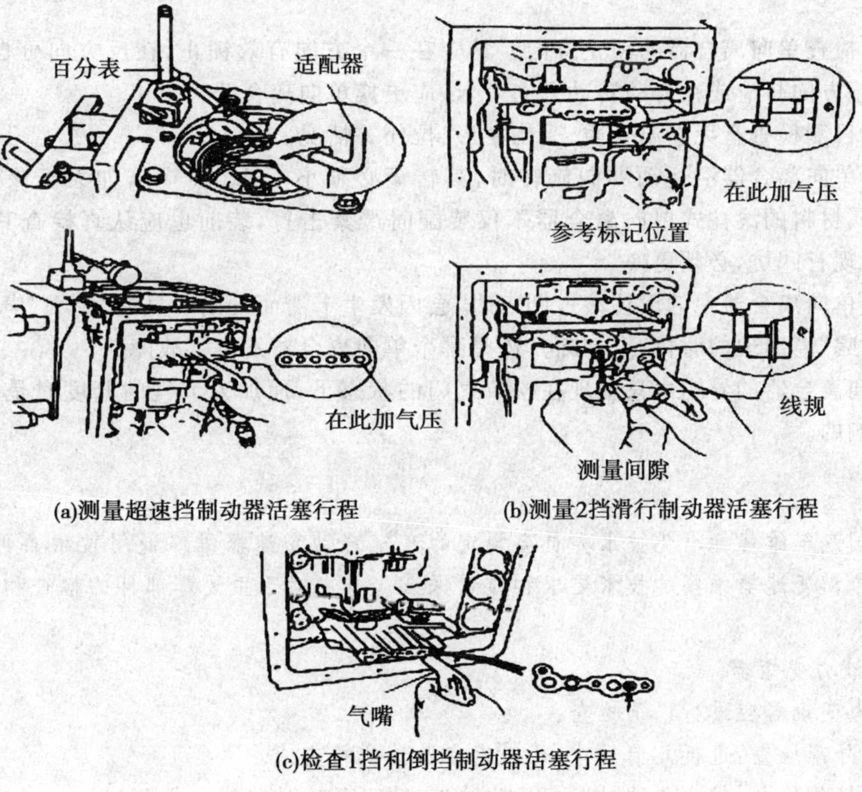

图 3-37　伺服装置的工作通道的检查

检查时如发现异常现象，应分解检查。检查伺服装置钢制或铝制活塞是否有裂纹、毛刺、划伤和磨损等缺陷。活塞与活塞孔的正常工作间隙应为 0.008～0.013mm。活塞与活塞孔间隙过大，会造成液压压力的损失，而活塞卡滞则会造成工作不柔和或制动带打滑。

3.4.4 单向离合器的检测

单向离合器若出现在锁止方向上可以转动，则会引起自动变速器打滑、无前进挡、无超速挡、异响等故障。单向离合器若装反则会引起自动变速器工作异常，有时还会引起一些预想不到的故障。如果装错了方向，从理论上讲变速器不能驱动，但由于发动机传来的转矩大于装错方向的单向离合器的锁止力矩，于是单向离合器上的滚柱在高速旋转的巨大惯性作用下，像小炮弹似的飞出，损坏其周围的零件。

3.4.4.1 常见的损失形式及原因

(1)单向无锁止。其原因是:滚柱或楔块磨损或弹簧失效。

(2)卡滞。其原因是:滚柱或楔块变形，内、外环保持架破裂、变形等。

(3)内、外环保持架变形、拉伤。其原因是:高温或油中有杂质等。

3.4.4.2 检查方法

(1)检查单向离合器的锁止方向。其应在一个方向有效锁止，在反方向可自动转动。若在锁止方向打滑或在自动转动方向发卡，应更换单向离合器。

(2)目测检查有无高温变质、受伤变形、拉伤等情况。

(3)单向离合器沿运动方向旋转时，其转矩必须小于 2.5N·m，如大于该值就应更换。金属材料的滚柱式单向离合器不仅装配时严禁击打，装前也应认真检查其上、下平面，如发现有凹坑，必须更换。

(4)单向离合器中的滚柱滚过凹点时，会因发生卡滞而发出明显的“嗡嗡”声。维修时根据“嗡嗡”声出现的时机，来判断具体是哪个单向离合器发生了故障。

单向离合器的异响声只出现在松节气门的状态下，而加大节气门开度时是不会出现任何异响的。

拓展阅读

全国汽车维修标准化技术委员会规定的汽车自动变速器维修通用技术条件中，规定了汽车自动变速器维修的技术要求和质量保证。其中对于主要零部件的检查和维修作了如下要求：

1. 液力变矩器

液力变矩器应进行以下检查：

(1)外观检查:进行几何尺寸、外表感官及油质检查。

(2)性能检测:结合路试对变矩器的减速增矩、锁止性能进行检测。

(3)相关数据检测:参照维修手册对变矩器相关数据进行检测。

维修后的液力变矩器按 GB/T7680-2005 中的 5.1、5.2、5.3 进行试验。

2. 行星齿轮机构

行星齿轮机构应进行以下检查：

(1)检查太阳轮、行星齿轮、齿圈的齿面、行星架，有过度磨损或疲劳剥落已超过该自动变速器使用极限时，应更换整个行星齿轮机构。

(2)检查行星齿轮与行星架之间的间隙，其标准间隙应符合原厂规定。

(3)太阳轮、行星轮、行星架、齿圈等零件的轴颈或轴承处的磨损达到使用极限时应更换。

(4)检查单向离合器的滚柱，滚柱保持架，内、外圈滚道的磨损状况，在锁止方向上不应出现打滑或在自由转动方向上不应出现卡滞现象。

3. 离合器

离合器应进行以下检查：

(1)检查离合器的摩擦片，应无烧焦或翘曲变形，表面粉末冶金层应无脱落。观察摩擦片磨损记号或测量摩擦片的厚度，变形量和磨损超过原厂规定的应更换。

(2)检查钢片有无磨损或翘曲变形，磨损及变形量应符合原厂规定。

(3)检查压板的摩擦面变形及磨损情况。

(4)检查离合器和制动器的活塞，其表面应无损伤或拉毛。

(5)检查离合器活塞上的单向阀，其球阀应能在阀座内活动自如，用压缩空气或煤油检查单向阀的密封性。

(6)检查离合器鼓，其液压缸内表面应无损伤或拉毛，与钢片配合的花键槽应无异常。

(7)测量活塞复位弹簧的自由长度，同组弹簧的自由长度应保持一致，若自由长度超过原厂规定应更换。

(8)用厚薄规或者千分表测量离合器的自由间隙，若自由间隙不符合要求，可采用更换不同厚度的卡环或压板的方法来进行调整。

4. 制动器

制动器应进行以下检查：

(1)片式制动器：检查制动器的摩擦片，应无烧焦或翘曲变形、龟裂，表面粉末冶金层应无脱落等异常现象。观察摩擦片磨损记号或测量摩擦片的厚度，变形量和磨损超过原厂规定的应更换。

(2)带式制动器：检查制动带内表面，不得有烧焦，表面粉末冶金层应无脱落或表面符号已被磨去现象。检查制动器伺服机构部件，应无磨损和划痕；检查制动器的活塞，其表面应无损伤或拉毛，其液压缸内表面应无损伤或拉毛。

(3)检查挡圈的摩擦面磨损状况。

(4)测量活塞复位弹簧的自由长度，同组弹簧的自由长度应保持一致，若自由长度超过原厂规定应更换。

(5)用厚薄规测量制动器的自由间隙，若自由间隙不符合标准，可采用更换不同厚度的卡环或压板的方法来调整。

(6)制动带的调整：用力矩扳手以 10N·m 力矩拧紧制动带调整螺杆，然后再松三圈左右之后锁紧螺母。

5. 油泵

(1)检查油泵元件,有肉眼可见的磨损痕迹时应更换新件。

(2)齿轮泵:用厚薄规分别测量油泵内齿轮外圆与油泵壳体之间的间隙、小齿轮及内齿轮的齿顶与月牙板之间的间隙、小齿轮及内齿轮端面与泵壳平面的端隙,测量结果应符合相应油泵的原厂技术要求,如不符合要求,应更换齿轮、泵壳或油泵总成。

(3)叶片泵:用厚薄规分别测量凸轮环间隙、转子叶轮与控制活塞的间隙、密封环与密封槽之间的间隙,测量结果应符合相应车型的原厂技术要求,如不符合要求,应更换组件或油泵总成。

(4)检查油泵运转性能:将组装后的油泵插入液力变矩器中,转动油泵,运转应平顺,无异响。

6. 液压阀体

阀体应进行以下检查:

(1)检查控制阀阀芯表面,有轻微刮伤痕迹时,可用金相砂纸抛光。

(2)检查各阀弹簧损坏情况,测量各阀弹簧的长度,如不符合规定要求,应更换。

(3)检查滤油器,如有损坏或堵塞,应更换。

(4)检查隔板,如有创伤或损坏,应更换。

(5)更换隔板上的纸质衬垫。

(6)更换所有塑胶球阀。

(7)检查电磁阀的滤网,如有损坏,应更换。

(8)检查控制阀,若卡死在阀孔中,应更换阀体总成。

复习思考题

3-1　说明单排行星齿轮机构的组成和连接关系。

3-2　按以下情况说明单排行星齿轮机构的传动过程及结果。

(1)固定太阳轮的两种情况;

(2)固定齿圈的两种情况;

(3)连接太阳轮与行星架作为主动件。

3-3　说明离合器及带式制动器的工作过程。

3-4　说明辛普森式行星齿轮机构的结构特点。

3-5　分析拉威挪三挡行星齿轮机构的传动原理。

3-6　说明如何检修、调整离合器和制动器。

第 4 章　液压控制自动换挡系统

学习目标

1. 会识别各液压元件在自动变速器上的布置和组成。
2. 分析各零部件在油路系统中的作用。
3. 能够对典型的油路故障进行诊断。

考核标准

知识要求：认识油路系统供油与调压零部件的结构与作用。

技能要求：

1. 能够熟练拆卸、调整油路系统中的零部件。
2. 会测试油路板总成性能。

教学建议

教具：自动变速器实物解剖教具、自动变速器电液控制示教板。

建议：该章内容建议安排在理实一体教室进行。

教学参考：大众轿车维修手册、广州花都全球自动变速器有限公司培训教材、浙江经济技术学院《自动变速器诊断与维修》国家级精品课程。

自动变速器的自动控制是靠液压系统来完成的。液压系统由动力源、控制机构、执行机构三部分组成。

动力源是被液力变矩器驱动的油泵，它除了向控制机构、执行机构供给压力油，实现换挡以外，还给液力变矩器提供冷却补偿油液，向行星齿轮变速器提供润滑油。

控制机构大体包括液压控制系统、换挡信号系统、换挡阀系统和缓冲安全系统。根据换挡信号系统和换挡阀系统采用的是全液压元件还是电子控制元件，可将控制机构分为液控式和电控式两种。

在全液压操纵方式的液压控制系统中，车速和节气门开度信号先被转换为液压信号，这个液压信号在液压控制系统中，经过处理后被直接执行，如图 4-1 所示。

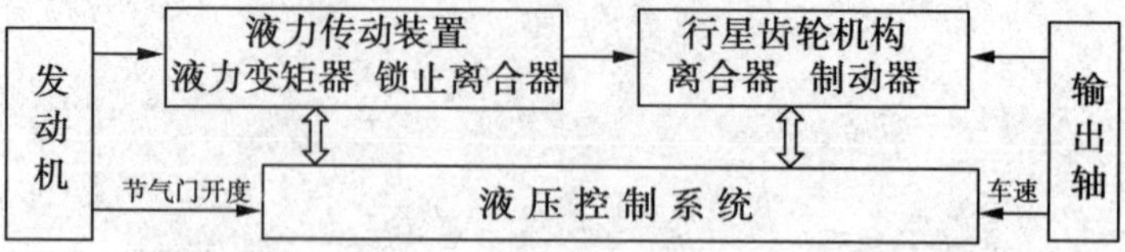

图 4-1 全液压控制系统操纵方式

在电子控制液压操纵方式的液压控制系统中，车速和节气门开度信号先被转为电信号，这个电信号在电子控制系统中经过处理后，再传递给液压控制系统执行，如图 4-2 所示。

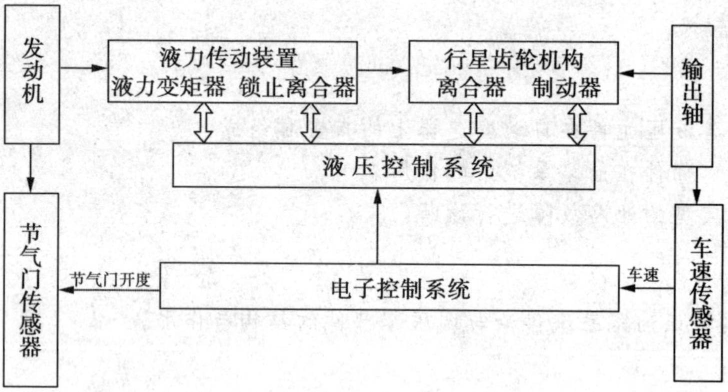

图 4-2 电子控制系统操纵方式

本章将以全液力控制为例，详细阐述各元件的结构和工作原理，并对液力控制油路进行系统分析。

4.1 液压元件的结构及工作原理

自动变速器的自动控制是由液压控制系统控制完成。液压控制系统由三部分组成：①动力源：液压泵，其功用是使 ATF 产生一定的压力和流量，供给液力变矩器和液压控制系统所需的液压油，并保证行星齿轮机构各摩擦副的润滑需要。②换挡执行元件：离合器、制动器(这一部分内容在上一章已经介绍过)。③控制机构：调压阀、手动阀、换挡阀、锁止离合器控制阀，其功用是控制换挡时刻及调整压力参数，改善换挡品质工况。

4.1.1 液压泵的结构和工作原理

在自动变速器中，油泵是重要总成之一，其技术状况的好坏对自动变速器的性能及使用寿命有很大影响。油泵通常装在变矩器的后端，有的是在变速器的后端，但不管安装在什么位置，都是通过变矩器的轴套或轴来驱动，转速与发动机相同。为满足调压和润滑的作用，液压泵应该安全、可靠、连续不断地为液力自动变速器提供压力油。

液压泵常见的形式有内啮合齿轮泵、摆线转子泵和叶片泵等定量泵，也有少数车型采用变量泵(叶片)。

4.1.1.1　内啮合齿轮泵

内啮合齿轮泵在自动变速器中应用最为普遍，它具有尺寸小、重量轻、流量脉动小、噪声低等特点。内啮合齿轮泵主要由起主动作用的小齿轮、从动的内齿轮、月牙形隔板、泵壳、泵盖等组成，如图 4-3 所示。

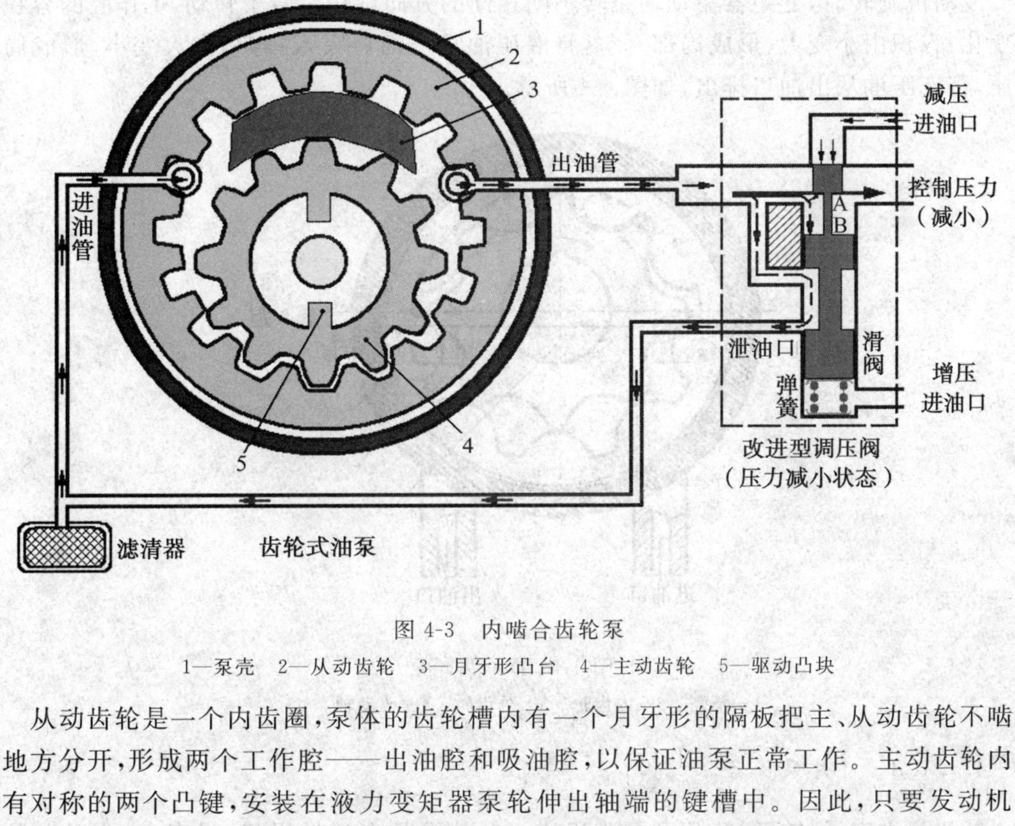

图 4-3　内啮合齿轮泵

1—泵壳　2—从动齿轮　3—月牙形凸台　4—主动齿轮　5—驱动凸块

从动齿轮是一个内齿圈，泵体的齿轮槽内有一个月牙形的隔板把主、从动齿轮不啮合的地方分开，形成两个工作腔——出油腔和吸油腔，以保证油泵正常工作。主动齿轮内圈上有对称的两个凸键，安装在液力变矩器泵轮伸出轴端的键槽中。因此，只要发动机转动，主动齿轮就由液力变矩器带动旋转，使油泵处于供油状态(装有自动变速器的车不能用推车的方法使发动机运转)。油泵工作时，在下端的吸油腔随着齿轮退出啮合，与其啮合的内齿轮也一起转动，容积增大，形成局部真空，将油液从油底壳经滤网带到上端的吸油腔；轮齿进入啮合一端的出油腔时，工作容积减少、压力增加而将油液排出。油泵不停地转动，为液压自动控制系统提供一定压力和流量的液压油。

决定液压泵使用性能的主要是齿轮的工作间隙，特别是齿轮端面间隙影响最大。在这些间隙处，总有一定的油液泄漏，如果因装配或磨损的原因使得工作间隙过大，油液泄漏量就会增加，严重时会造成输出油液压力过低而影响系统正常工作。

决定使用性能的四个工作间隙(不同系列的自动变速器油泵对工作间隙的要求略有差异)：①端面间隙为 0.02～0.08mm；②主动齿轮与月牙的间隙为 0.1～0.3mm；③从动齿轮与月牙的间隙为 0.05～0.10mm；④从动齿轮外缘与泵体的间隙为 0.01～0.16mm。

4.1.1.2 摆线齿轮泵(转子泵)

摆线齿轮泵具有结构简单、尺寸紧凑、噪声小、运转平稳、高速性能良好等优点;其缺点是流量脉冲大、加工精度要求高。

摆线齿轮泵是一种特殊的内啮合齿轮泵,内转子为外齿轮,其齿廓曲线是外摆线,外转子为内齿轮,其齿廓曲线是圆弧曲线。内、外转子的旋转中心不同,两者之间具有偏心距。一般内转子的齿数为10,外转子的齿数为11(比内转子多1个齿)。

发动机旋转时,变矩器驱动油泵转子朝相同的方向旋转。转子转动,工作腔的容积发生变化:容积由小变大,形成局部真空,将液压油从进油口吸入;容积由大变小,形成局部高压,将液压油从出油口排出,如图4-4所示。

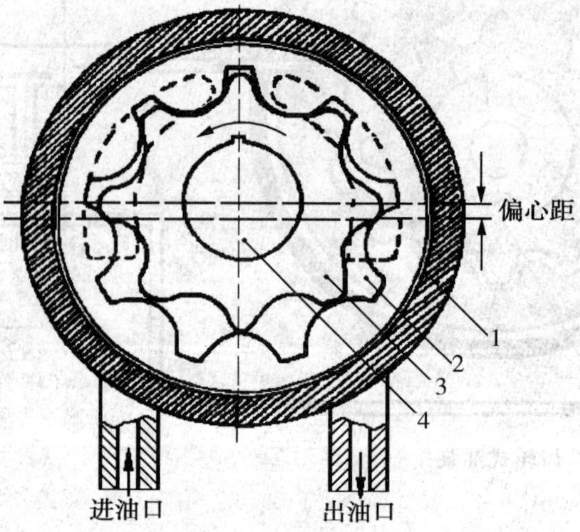

图4-4 摆线齿轮泵

1—泵壳 2—内齿轮 3—外齿轮 4—驱动轴

4.1.1.3 叶片泵

叶片泵由定子、转子、叶片及泵壳组成。叶片泵具有运转平稳、噪声小、泵油流量均匀、容积效率高等优点,但它的结构复杂,对液压油的污染比较敏感。

叶片泵分为:

(1)定量泵——油泵的排量不变。为保证发动机低速时的正常泵油,以满足自动变速器的工作需要,要求油泵的排量应足够大。但发动机高速运转时,因泵油量增多,此时的泵油还必须排泄掉,从而造成发动机动力损失。

(2)变量泵——油泵的排量可变。它可减少高速运转时的发动机动力损失。其结构特点是:定子不固定,而是绕一个销轴做一定的摆动,以改变定子和转子之间的偏心距,从而改变油泵的排量。

变量泵是在定量泵的基础上改进而成的,因此,在这里我们只介绍变量泵。

变量泵的工作过程:

如图 4-5 所示，转子绕中心顺时针转动，定子固定不动，二者不同心，有一定的偏心距，当转子旋转时，叶片在离心力及叶片底部的油压作用下向外张开，紧贴在定子表面上，并随转子转动，在转子叶片槽内做往复运动，这样相邻叶片之间形成密封腔，转子转动使工作腔由大变小把油压出(基于定量泵的理论)。

油泵运转时，定子的位置由控制腔内来自调压阀的反馈油压来控制。当油泵转速较低时，泵油量较少，调压阀控制反馈油压减小，定子在回位弹簧的作用下绕销轴向左偏转一个角度，加大了定子与转子的偏心距，使油泵的排量增大。当油泵转速升高时，泵油量增多，调压阀控制反馈油压增大，在油压作用下，使定子绕销轴向右偏转一个角度，减小了定子与转子的偏心距，使油泵的排量减小，使泵油量减少。

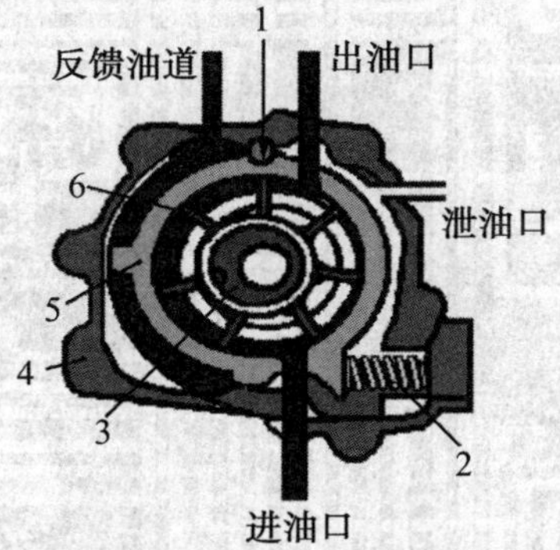

图 4-5　变量叶片泵

1—销轴　2—回位弹簧　3—转子　4—泵体

5—定子　6—叶片

4.1.2　自动变速器阀体

为了保证变速器的操纵性能，必须适时地控制制动器的箍紧、放松和离合器的接合、分离。阀体的作用就是根据发动机和汽车的负荷和驾驶员的需求，来控制输出到不同机构的油压。

阀体由铝合金或铸铁加工而成，其上有许多加工的空腔和油道，如图 4-6 所示，油液通过一定的油路和油孔流入和流出阀体。虽然有些油道和油孔位于变速器壳上和油泵壳上，但是大多数还是在阀体上。变速器大部分阀安装在阀体上，同时在阀体上也安装有许多不同的单向球阀。

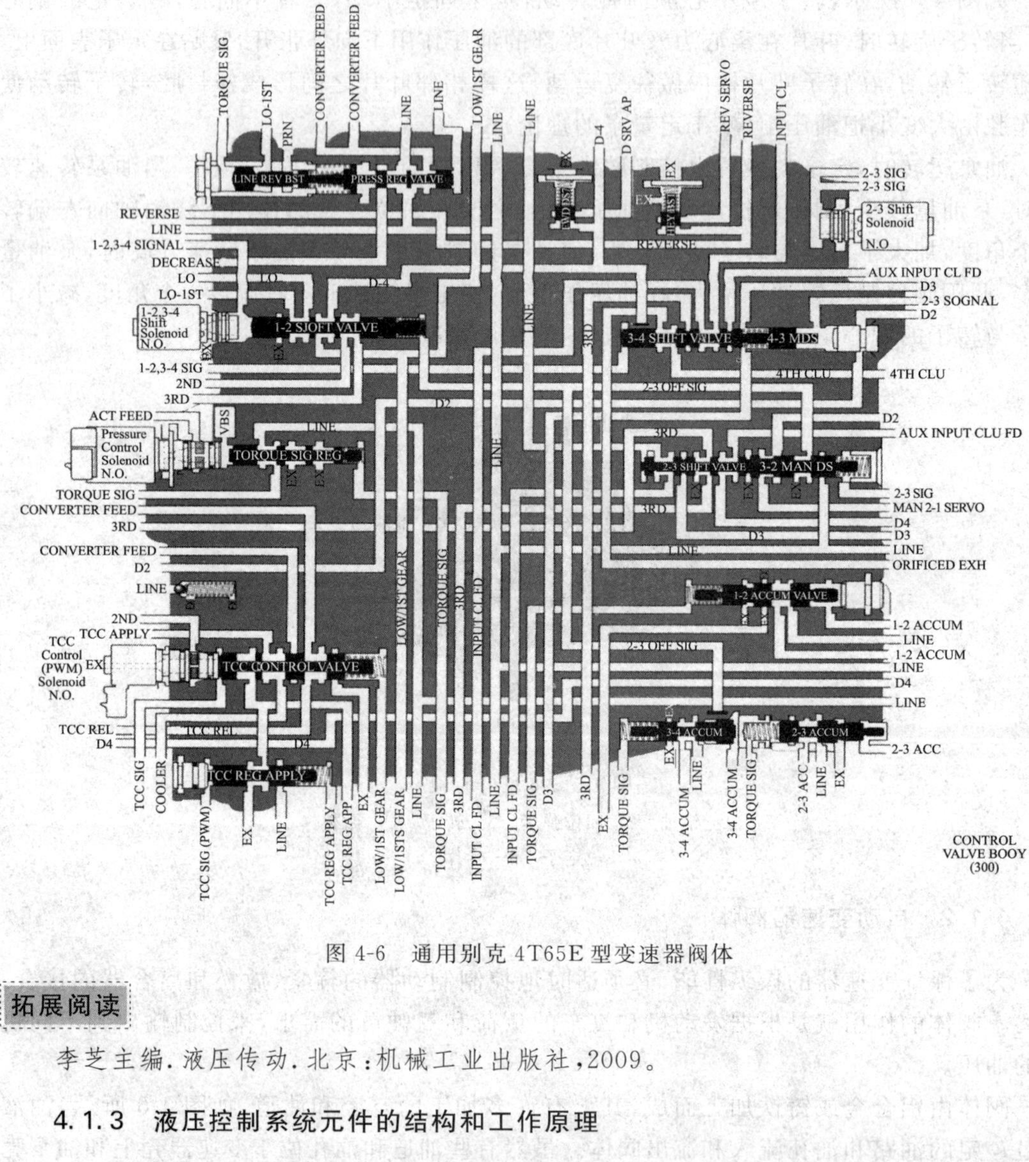

图 4-6 通用别克 4T65E 型变速器阀体

拓展阅读

李芝主编. 液压传动. 北京：机械工业出版社，2009。

4.1.3 液压控制系统元件的结构和工作原理

自动变速器油从油泵泵出，进入主油路系统。由于油泵是发动机直接驱动的，因此它的输出流量和压力都受到发动机运转状况的影响。发动机运行过程中，怠速时转速仅为1000r/min左右，而最高转速在5000r/min以上，从而使得油泵的输出流量和压力变化很大。当主油路压力过高时，会引起换挡冲击和增加功率消耗；当主油路压力太低时，又会引起离合器、制动器的打滑，二者都会影响液压系统的工作，同时油液在进入换挡系统其他阀时也应该保持稳定的油压，使系统工作平顺。

4.1.3.1 主调压阀

主油路调压阀是根据变速杆的位置、汽车的行驶速度和节气门开度的变化，将油泵输出压力精确调节到所需的油压后再输入主油路，多余的油返回油底壳，使系统压力稳定在一定范围内，使其与发动机功率相符，以防止液压油泵功率损失。

主油路调压阀还应能满足主油路系统在不同工况、不同挡位时，具有不同油压的功能要求。

(1)当节气门开度较大时，由于发动机输出功率和变速器所传递的转矩都较大，为了防止离合器、制动器等换挡执行元件打滑，主油路油压应能随着节气门开度的增大而升高(节气门油压反馈至主调压阀弹簧端，以使主油路油压升高)；反之，应使油压降低。

(2)自动变速器处于低挡行驶时，所需转矩较大，主油压要高；而在高挡时，自动变速器所需转矩小，可降低主油压。

(3)因为倒挡使用时间短，为了减小变速器尺寸，倒挡离合器和倒挡制动器在设计上采用了较少的摩擦片，但其传递的转矩又较前进挡大，为了防止其打滑，要求倒挡工作时油压要高(手控阀的倒挡油压反馈至主调压阀下端，以使主油路油压升高)。

主油路调压阀一般采用阶梯形滑阀，如图 4-7 所示。

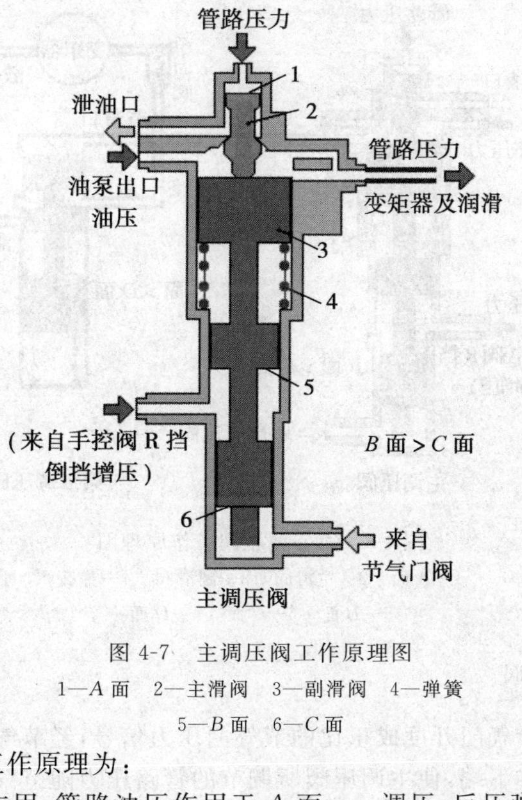

图 4-7　主调压阀工作原理图

1—A 面　2—主滑阀　3—副滑阀　4—弹簧

5—B 面　6—C 面

主油路调压阀的工作原理为：

主滑阀受四个力作用：管路油压作用于 A 面——调压；反压弹簧的张力——基本压力；节气门压力作用于 C 面——根据节气门开度调节油压；手控阀“R”油压作用于 B-C 面——倒挡增压。

油泵运转，其压力油进入主调压阀，经调压后的油路压力便可根据需要稳定在某一数值。如果油泵压力升高，作用在 A 处压力大，使阀体下移，出油口打开泄油，使油压到规定值。当踩下加速踏板使发动机转速增加时，油泵转速随之加快，油泵油压升高，在 A 处向下的压力增大。但这时，加速踏板控制的节气阀的油压也升高，使 C 处向上的压力增大，于是主油路调压阀继续保持平稳，满足功率增加、油压增大的要求。

倒挡时，手动阀打开另一条油路，压力油进入主调压阀柱塞的 B 腔，使得向上推阀体的压力增加，阀芯上移，泄油口关小，主油压升高，从而获得 R 挡管路压力。

4.1.3.2 第二调压阀

(1)功用：将主油路压力油减压后送入液力变矩器，并使其压力保持在 196～490kPa。当发动机停止转动时，关闭液力变矩器的油路，以保证下次正常传递转矩。同时将液力变矩器内受热后的压力油送至散热器冷却，并让一部分冷却后的压力油流回齿轮变速器，对轴承及齿轮进行润滑。

(2)结构：由滑阀、弹簧等组成。

(3)工作原理：当供给液力变矩器的油压升高时，阀芯上端面 D 面的作用压力上升，迫使阀芯下移，打开泄油口卸压，其工作过程如图 4-8 所示。

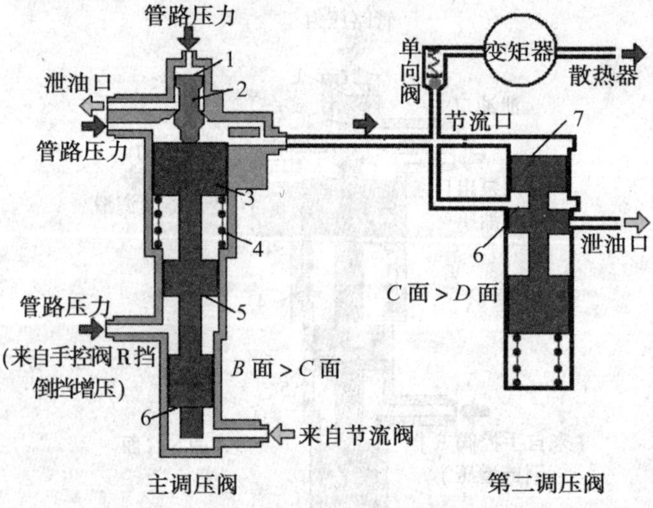

图 4-8 第二调压阀工作原理图

1—A 面 2—主滑阀 3—副滑阀 4—弹簧

5—B 面 6—C 面 7—D 面

4.1.3.3 节气门阀

(1)功用：产生与节气门开度成正比的节气门压力信号，经节气门压力修正阀修正后，作用于主调压阀的阀芯下端，使主调压阀所调节的管路压力随节气门开度增大而增大。

(2)结构：由滑阀、柱塞及弹簧等组成。

(3)工作原理：踩下加速踏板，柱塞上移，弹簧张力增大，管路油压阀口 A 被打开，产生节气门压力，如图 4-9 所示。

节气门压力除作用于节气门压力修正阀外，也作用于节气门阀 B 处，与弹簧弹力平衡。

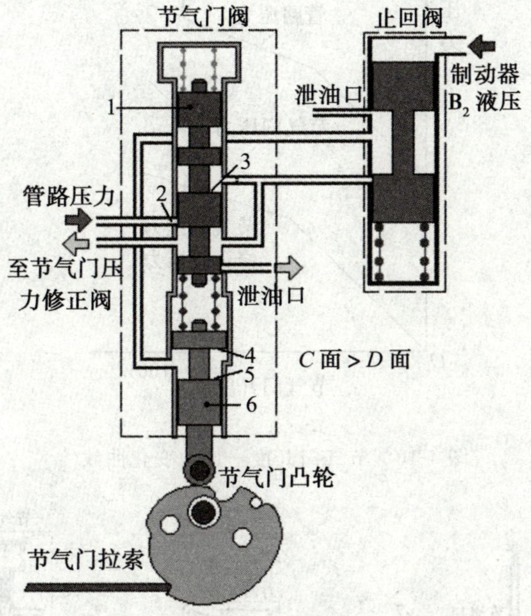

图 4-9　节气门阀、助力阀工作原理图

1—阀芯　2—A面　3—B面　4—C面

5—D面　6—柱塞

4.1.3.4　助力阀(止回阀)

(1)功用：当变速器进入 2 挡以上、节气门开度稍大时，用于加速踏板助力。

(2)结构：由滑阀、弹簧等组成。

(3)工作原理：当变速器进入 2、3、4 挡时，来自 B_2 的管路压力迫使止回阀阀芯下移，节气门压力经止回阀送至节气门阀的柱塞处，产生一个向上的推力，从而使加速踏板操作轻便，如图 4-9 所示。

4.1.3.5　节气门压力修正阀

(1)功用：将作用于主调压阀下端的节气门压力转换成随节气门开度成非线性变化的压力信号，以使管路压力在节气门开度较大时的增长速率减小。修正特性如图 4-10 所示，这一修正使得管路压力的变化更加接近节气门开度增大时，发动机真正的动力变化。

(2)结构：由滑阀、弹簧等组成。

(3)工作原理：如图 4-11 所示，节气门压力对阀芯上下作用力差(B 面＞A 面)，使泄油口打开前修正压力与节气门压力相同，泄油口打开后，修正压力低于节气门压力，从而保证管路压力在节气门开度较大时的增长速率减小。

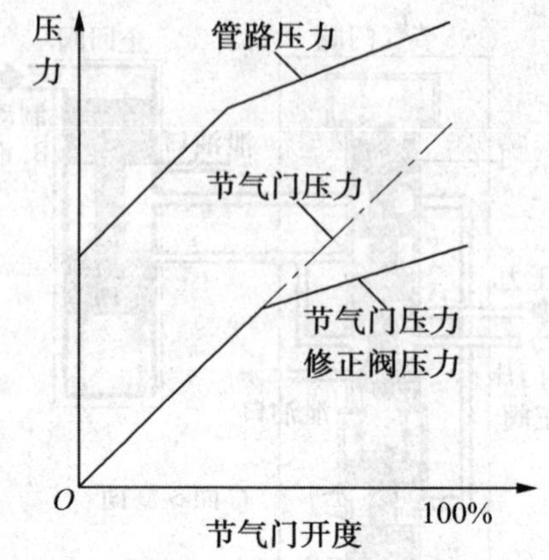

图 4-10　节气门开度—压力变化曲线

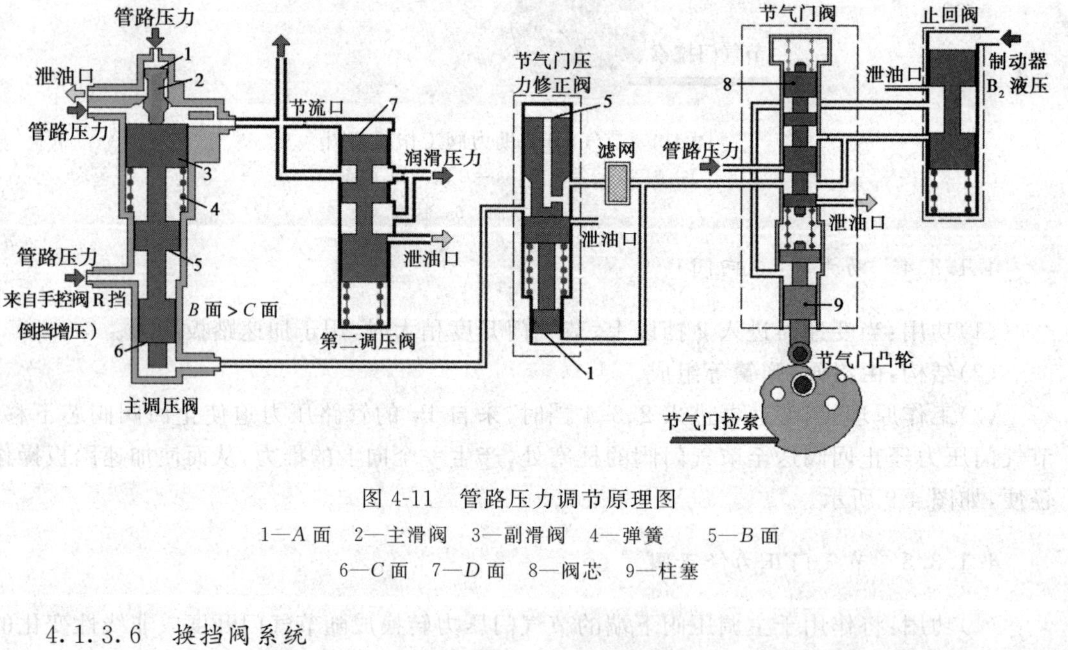

图 4-11　管路压力调节原理图

1—*A* 面　2—主滑阀　3—副滑阀　4—弹簧　5—*B* 面

6—*C* 面　7—*D* 面　8—阀芯　9—柱塞

4.1.3.6　换挡阀系统

换挡阀根据换挡信号系统提供的信号，控制自动变速器中液压操纵油路的方向，由此决定所处的不同挡位。换挡阀系统主要由手动阀、换挡阀组成。

(1)手动阀

手动阀是安装于控制系统阀板总成中的多路换向阀，由驾驶室内的自动变速器操纵手柄控制。操纵手柄的作用与普通手动变速器的换挡手柄不同。

手动变速器换挡手柄的工作位置就是变速器的挡位。变速器有几个挡位，手柄就有几个工作位置。而自动变速器操纵手柄的位置是自动变速器的工作方式，与挡位数并不对应。如手柄置于前进挡(D)位置时，对三挡自动变速器而言，变速器可根据换挡信号在1至3挡之间自动变换；对四挡自动变速器而言，变速器则可根据换挡信号在1至4挡之间自动换挡。当手柄置于前进低挡 2 位(或 S 位)时,自动变速器只能在 1 至 2 挡间自动变换。当手柄置于前进低挡 1 位(或 L 位)时,自动变速器被限制在 1 挡工作。手动阀还提供倒挡(R)、空挡(N)、停车挡(P)等功能。手动阀的结构简图如图 4-12 所示。

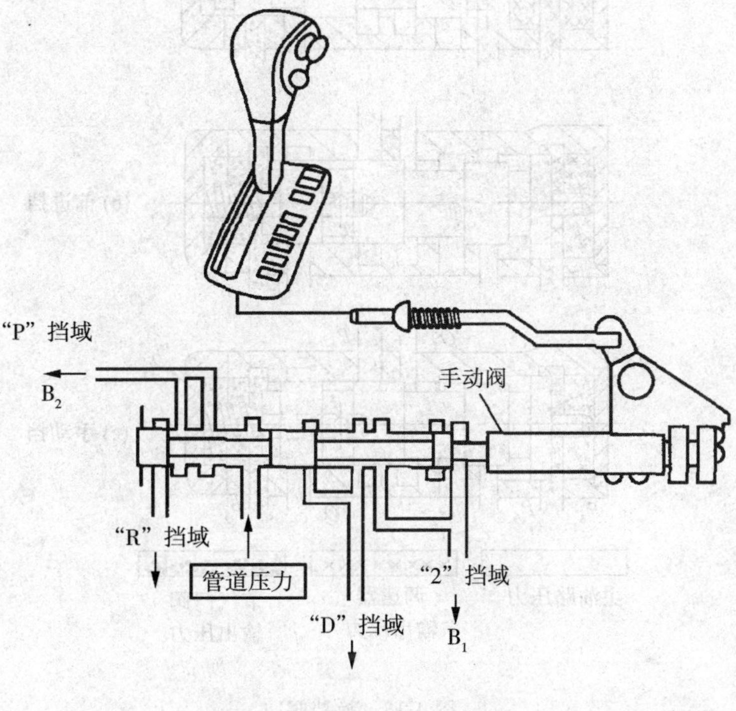

图 4-12　手动阀的结构简图

在阀体上有多条油路,一条进油道与液压泵主油路相连,其余为出油道,分别通至"D"、"2"、"P"、"L"和"R"挡位相应的滑阀或直接通往换挡执行元件。

(2)换挡阀

换挡阀是弹簧—液压作用式的方向控制阀,它有两个工作位置,可以实现升挡或降挡的自动变换。如图 4-13 所示为自动变速器换挡阀的结构示意图。

来自节气门阀的油压作用在换挡阀阀芯右部,连同弹簧作用力使阀芯向左;离心速控阀油压则作用在阀芯左部,其作用力使阀芯向右。

当车速较低而发动机节气门开度较大时,换挡阀阀芯右端的节气门阀油压较高,作用力大;左端的速控阀油压较小,作用力小,阀芯被推至左位,如图 4-13(b)所示,主油路油压只能通往低挡的执行元件,自动变速器在低挡工作。

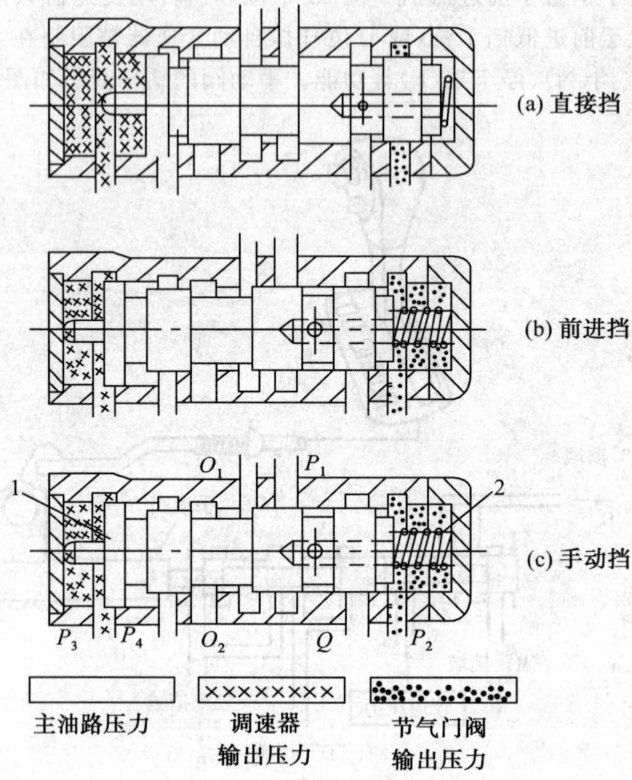

图 4-13　换挡阀

1—滑阀　2—弹簧

当车速增大时，阀芯左端的速控阀油压随之升高，作用力增大，当油压增到某一值时，阀芯被推至右位，如图 4-13(a)所示，主油路油压接通与高挡相应的执行元件，自动变速器自动换至高挡工作。如车速下降，离心速控阀油压也会降低，换挡阀阀芯在节气门阀油压和弹簧力作用下左移，自动变速器又回到低挡工作。即自动变速器的升挡和降挡完全是由节气门阀和速控阀产生的油压大小来控制的。

当节气门阀输出油压高(即发动机负荷大)而离心速控阀输出油压低(即车速低)时，自动变速器在低挡工作，而随着车速的增加，变速器逐渐自动升挡。因每个换挡阀只有两个工作位置，只能在两个挡之间变换，故对三挡自动变速器而言，要设置两个换挡阀，对四挡变速器而言，要有三个换挡阀。它们的工作原理完全一样，只是控制的挡位不同而已。下面以丰田 A43D 型四前进挡液压控制自动变速器为例叙述 2-3 挡换挡过程。如图 4-14 所示为辛普森式的行星排的自动变速器 2-3 挡换挡阀。

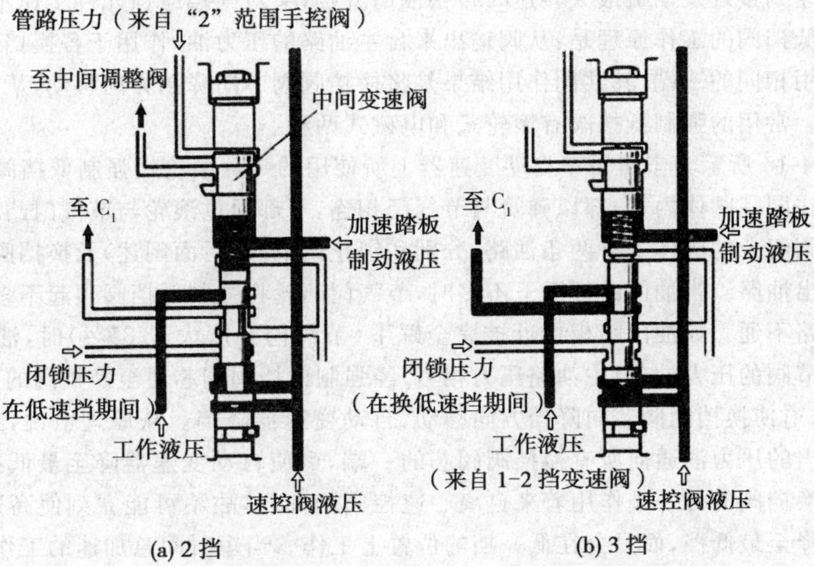

图 4-14　辛普森式的行星排的自动变速器 2-3 挡换挡阀

节气门阀油压和弹簧的作用力使得换挡阀阀芯向下；而作用于阀芯下部，来自离心调速的油压则使得换挡阀阀芯向上。由操纵元件与挡位关系可知，2 挡与 3 挡操纵元件的区别就是倒挡及高挡离合器（后离合器）C_1，离合器分离时，变速器挂 2 挡；而该离合器接合时，则挂上 3 挡。

当车速不高时，作用在换挡阀阀芯下部的离心速控阀压力低，阀芯在上部节气门阀油压和弹簧力的作用下处于下位，通往倒挡及高挡离合器 C_1 的油路被切断，自动变速器在 2 挡工作。而当车速增大时，离心速控阀输出油压增高，换挡阀阀芯被推至上位，主油路与离合器 C_1 相通，变速器自动换入 3 挡。由此也可看出，升挡时，作用在换挡阀阀芯上的离心调速的压力需克服节气门阀油压和弹簧力方能换挡；而降挡时，离心速控阀油压作用力只需小于弹簧力即可进行。所以 2 挡升到 3 挡和 3 挡降到 2 挡的车速是有差别的，即 2 挡升到 3 挡时的车速比 3 挡降至 2 挡时的车速要高，这被称为“换挡迟滞”。

迟滞的作用是：当车辆以在换挡阀动作点附近的车速行驶时，使升挡和降挡车速保持一定距离，避免由于换挡阀频繁动作造成自动变速器频繁换挡。

（3）强制低挡阀

通常，只有当车速降低到一定数值时，自动变速器才能正常地回低挡。但在绝大多数自动变速器中都装有强制低挡阀，其作用是：当汽车已在较高车速下行驶，而此时把发动机油门踩到底仍觉加速不够强烈，则将自动变速器瞬时强制性地降低一挡，即“强制低挡”。由于此时的车速较高，液压变矩器已在耦合器工况或者闭锁工况工作，变矩比为 1，无增矩作用，而发动机油门几乎已踩到底，则功率输出接近最大。若将自动变速器降低一挡，则由于传动比增加，输出转矩增大，在短暂的时间内能起到极其强烈的加速作用，这是在非常情况下迅速加速时所必需的。接合低一挡后，车速的下降可通过发动机转速的增加得到弥补，因此可用于短时的超车。当加速的要求得到满足后，应立即松开油门踏板；

否则在加速到接近发动机最大转速时再松油门升挡，会对高挡摩擦元件工作不利。

强制低挡阀的工作原理是：从阀输出来自主油路的压力油，作用于各换挡阀与节气门阀油压作用相同的一端，其共同作用结果是将换挡阀阀芯向降挡方向移动，从而使自动变速器降挡。常用的强制低挡阀有滚轮式和电磁式两种。

如图 4-15 所示为丰田轿车自动变速器上所使用的一种滚轮式强制低挡阀，它与节气门阀安装在同一阀体内，上部以弹簧与节气门相连，下部通过滚轮与节气门凸轮接触。与强制低挡阀配合的阀体上有两条油路，分别和锁止调节阀（后面阐述）及换挡阀相通，作为输入及输出油路。当油门踏板踩下不多时，节气门凸轮将强制低挡阀顶起不多，输入油路与输出油路不通。如油门踏板接近被完全踩下（节气门开度大于 85%）时，油路开启，来自锁止调节阀的压力油（与主油路压力相当）经强制低挡阀阀芯通至换挡阀的节气门阀油压作用端，迫使换挡阀阀芯向降挡方向移动，自动变速器降挡。从原理上说，经强制低挡阀阀芯输出的压力油通向所有换挡阀阀芯的一端，可使自动变速器降至最低挡。但实际上由于在换挡阀的另一端作用着来自离心速控阀的油压，故不可能立刻使高速行驶的汽车从高挡降至最低挡，而只会在低一挡的位置上工作。当短时间急加速的工作完成后，稍松开油门踏板，强制低挡阀油路关闭，自动变速器便会重新回到高挡位置。

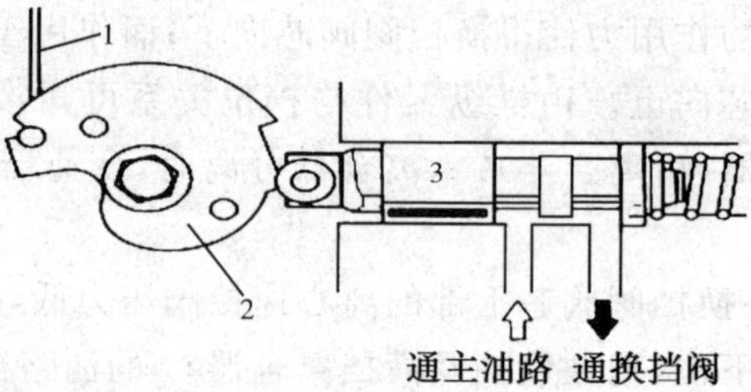

图 4-15 滚轮式强制低挡阀

1—节气门拉索 2—节气门阀凸轮 3—强制低挡

日产公司 L4N71B 型自动变速器采用的是一种电磁式强制低挡阀，如图 4-16 所示。

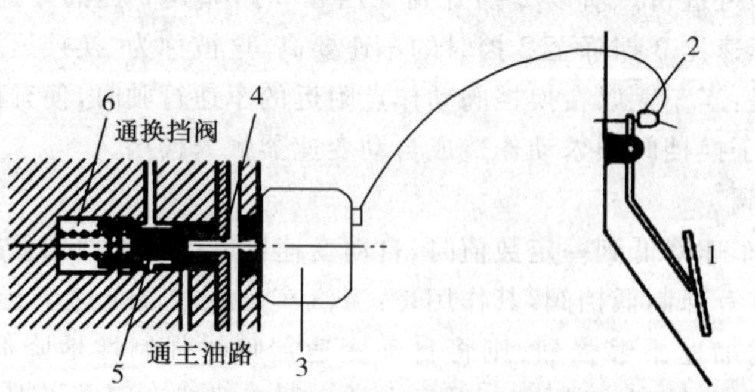

图 4-16 电磁式强制低挡阀

1—加速踏板 2—强制换挡开关 3—强制换挡电磁阀 4—阀杆 5—阀芯 6—弹簧

它由电磁阀、强制降挡开关等组成。强制降挡开关安装在节气门踏板下，当油门踏板快踩到底时，强制降挡开关闭合，电磁阀通电，阀芯在电磁力的作用下移动，打开油路，压力又由阀芯通至换挡阀的节气门阀油压作用端，使换挡阀阀芯向降挡方向移动，自动变速器在低一挡的位置上工作。

4.1.3.7　缓冲安全系统

为防止自动变速器在换挡时出现冲击，其上装有许多起缓冲和安全作用的液压阀和减振器，这类装置统称为缓冲安全系统。

(1)缓冲阀

下面以一个两挡的自动变速器为例说明缓冲阀的工作原理。该变速器在高挡时需接合离合器，松开制动器；而低挡时则制动器工作，离合器分离。

如图 4-17 所示为缓冲阀，它由滑阀、阀座及弹簧组成。离心速控阀的压力油经通道 P_3 作用在滑阀左端面上，自节气门阀来的压力油经通道 P_2 作用于滑阀的右端面上。在汽车以高挡行驶过程中，如欲强制挂上低速挡，为防止车速突然变化，希望低挡制动器动作的速度与车速成反比，即车速越高，低挡制动器起作用的速度就要越慢，反之就要快些，这就由缓冲阀来保证。强制挂低速挡时，通往低速制动器液压缸的油液包括两部分：一部分来自低挡阀，另一部分通过缓冲阀进出 P_1 与 Q_1 之间的通道。此通道面积取决于滑阀的位置，当车速高时则速控阀油压高，此时通道面积小，油液流速低；反之流速高。故可通过调节进入低挡制动器液压缸压力油的流速，改善换挡平稳性。

当驾驶员用松开加速踏板的方法由低速挡提前换高速挡时，为了保证换挡平稳，希望迅速松开低挡制动器并使高挡离合器接合，此要求也由缓冲阀满足。驾驶员突然松开加速踏板时，阀座右端节气门阀压力突然降低，阀座迅速右移，使 Q_1 与 Q_2 相通，对低挡制动器液压缸的压力油供给立即中断，而主油路压力油则通过缓冲阀很快流向高挡离合器接合高速挡。

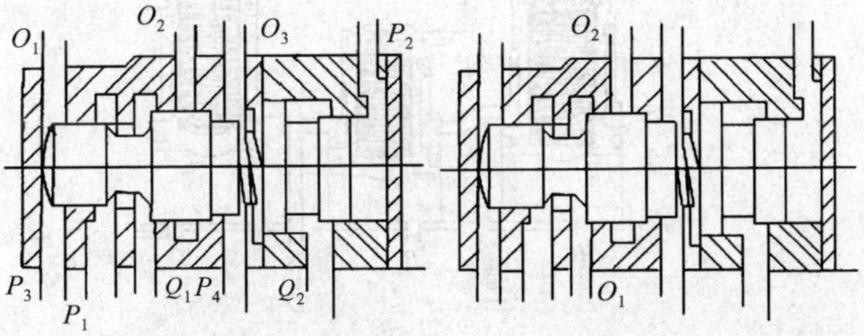

(a) 手控制阀在前进挡的位置　　(b) 抬起加速踏板直接挡时

图 4-17　缓冲阀

(2)蓄压减振器

自动变速器中也常用蓄压减振器来缓冲换挡冲击。蓄压减振器也称蓄能减振器或减振器，一般由减振活塞和弹簧组成，其工作原理如图 4-18 所示。

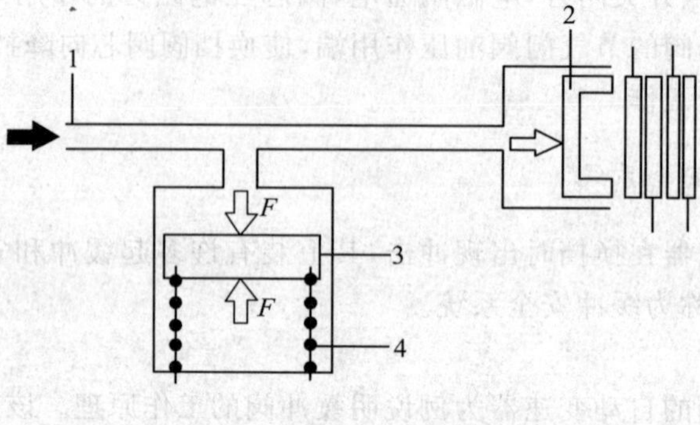

图 4-18　蓄压减振器工作原理

1—进、排液口　2—活塞 A　3—活塞 B　4—弹簧

蓄压减振器与离合器或制动器并联安装，压力在进入离合器或制动器活塞工作腔 A 的同时也进入减振器，将减振器活塞 B 压下，以此方式降低 A 腔的压力，防止离合器片或制动器片快速接合时引起的冲击。

如图 4-19 所示为一自动变速器中所备的 3 个蓄压减振器，它们分别与 3 个前进挡换挡执行元件的油路相通，对应于各挡动作时起作用。当变速器换挡时，主油路在进入离合器等换挡执行元件的同时也进入减振器的活塞下部。在压力油进入执行元件的初期，油压不是很高，主要作用是消除离合器、制动器这些执行元件摩擦片间的间隙，使其开始接合。此后，压力迅速增大，若没有减振器的话，摩擦片将在瞬间接合并被加载，从而造成较大的换挡冲击。有减振器以后，情况就不一样了。油压的升高使减振器活塞克服弹簧力上升，容积增大，油路中部分压力油进入减振器工作腔，延长了换挡执行元件液压缸的充油时间，油压的增长速度减缓，摩擦片逐渐接合，因而减小了换挡冲击。

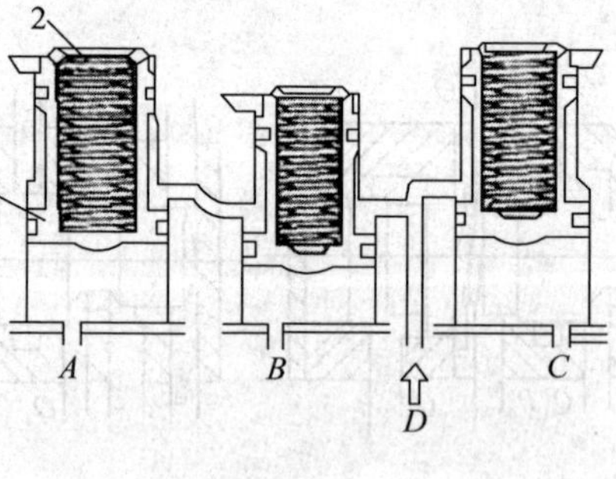

图 4-19　蓄压减振器工作过程

1—减振活塞　2—减振弹簧　A、B、C—通换挡执行元件　D—节气门油压

(3)倒挡离合器顺序阀

在一些自动变速器中装有倒挡离合器顺序阀，它用于自动变速器换倒挡时减小换挡冲击。

图 4-20 为一自动变速器在倒挡工作时需接合的倒挡离合器(后离合器)顺序阀。此时,变速器手动阀置于倒挡位置,主油路压力油经倒挡离合器顺序阀作用在后离合器的内活塞上,同时克服顺序阀的弹簧力,使阀芯左移,B 油口与通往离合器外活塞的管路 A 相通,即外活塞在内活塞工作后才开始工作,从而有助于减少换挡冲击。

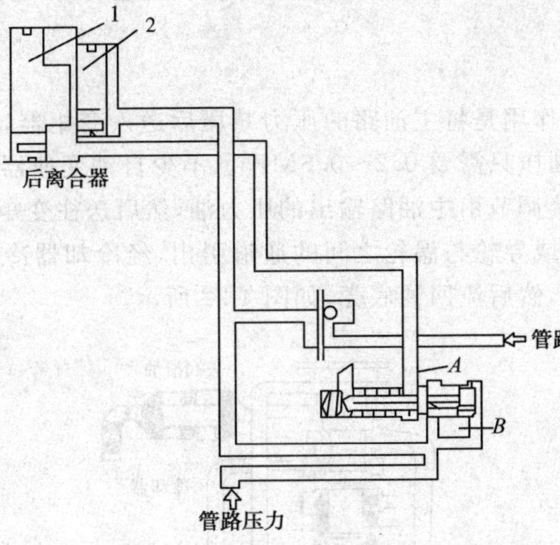

图 4-20　倒挡离合器顺序阀

1—外活塞　2—内活塞

(4)调整阀

换挡阀动作时,如主油路压力被立即加至执行元件,将会产生较大的冲击。为进行缓冲,油路中设置了一些调整阀,如中间调整阀、滑行调整阀等,其工作原理大体上相同,如图 4-21 所示。

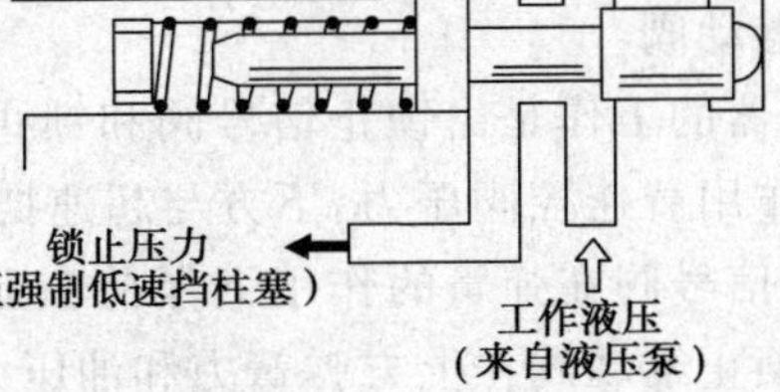

图 4-21　调整阀

强制低挡调整阀来自液压泵的压力油并不直接去强制低挡阀,而是先进入调整阀,待克服弹簧预紧力,将调整阀阀芯左移后,才打开去强制低挡阀的油路,从而起到缓冲作用。

4.1.3.8　液力变矩器控制装置

自动变速器在液力工况下工作时,其内部的工作油液要传递发动机的大部分功率,而由于液力变矩器效率不够高,损失的功率转化成热的形式,使得油液的温度升高,过高的油温会加速油液的老化变质,破坏密封,甚至产生沸腾,影响正常工作。另外,变矩器工作轮中有些区域,工作液体的流速高,压力低,往往出现气蚀,使得传递的转矩减小。因此,液力变矩器控制装置的作用就是把变矩器中的高温油引出加以冷却,然后加压送回到变矩器进行补偿,如果是闭锁式液力变矩器,控制装置则还要控制变矩器中的闭锁离合器。

液力变矩器控制装置由压力调节阀、锁止信号阀、锁止继动阀(也称锁止中继阀)等阀及相应的油路组成。

(1)压力调节阀

变矩器压力调节阀的作用是将主油路的压力减压后送入变矩器,因为油泵输出的油压较高,而变矩器的补偿油压只需要 0.2～0.5MPa。不少自动变速器的压力调节阀与主油路调压阀作为一体,直接调节由主油路输出的压力油,然后送往变矩器。液力变矩器内的热油从导轮与泵轮之间或导轮与涡轮之间的通道引出,经冷却器冷却后用于行星齿轮变速器齿轮和轴承的润滑,然后流回油底壳,如图 4-22 所示。

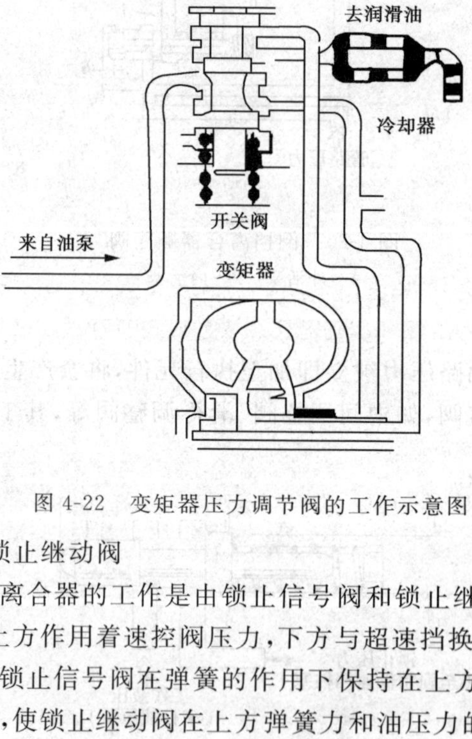

图 4-22　变矩器压力调节阀的工作示意图

(2)锁止信号阀及锁止继动阀

液力变矩器中闭锁离合器的工作是由锁止信号阀和锁止继动阀共同控制,如图 4-23 所示,锁止信号阀阀芯上方作用着速控阀压力,下方与超速挡换挡阀油路相通。当车速较低时,速控阀油压也低,锁止信号阀在弹簧的作用下保持在上方位置,从而将通往锁止继动阀下端的主油路切断,使锁止继动阀在上方弹簧力和油压力的作用下保持在下方位置,变矩器的闭锁离合器压盘左侧与变矩器阀进油道相通,闭锁离合器处于分离状态,自动变速器为液力传动工况,发动机动力全部经变矩器传递,如图 4-23(a)所示。

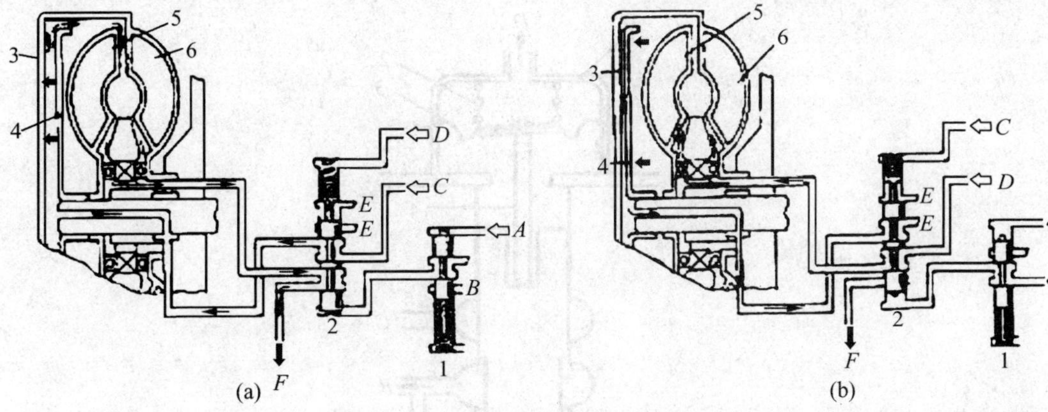

图 4-23　锁止信号阀和锁止继动阀

1—锁止信号阀　2—锁止继动阀　3—液力变矩器壳　4—锁止离合器　5—涡轮

6—泵轮　A—来自速控阀　B—来自超速挡阀　C—来自次调压阀　D—来自主油路

E—泄油口　F—至油底壳

当汽车以超速挡行驶，且达到一定的车速时，速控阀油压的作用力增大，将锁止信号阀推至下位，来自超速挡油路的压力油经锁止信号阀中部进入锁止继动阀下端，锁止继动阀阀芯升至上位，闭锁离合器左侧油腔与泄油口相通，离合器接合，自动变速器成为机械传动工况，发动机动力经闭锁离合器直接传至行星齿轮变速器输入轴，如图 4-23(b)所示。闭锁离合器闭锁时对应的车速，即称为锁止工作点。若自动变速器带有多功能开关，且功能开关未置于超速挡状态，则锁止继动阀保持在下方位置。

如车速下降，离心速控阀油压降低，锁止信号阀在其回位弹簧的作用下回到上位，锁止继动阀阀芯回到下位，闭锁离合器左侧油腔通压力油，离合器解锁，即又处于分离状态。

为防止闭锁离合器因车速在锁止点附近变化而出现反复的闭锁、解锁工作，必须使锁止点与解锁点的车速不同，即有一个滞后。滞后的实现过程为：锁止信号阀阀芯中段上部直径较下部小，设上部的面积为 A，下部面积为 B，则 $B>A$，作用在锁止信号阀的上端的速控阀油压大于弹簧力，锁止信号阀下降，闭锁离合器闭锁，由于此时锁止信号阀中部作用着来自超速挡换挡阀的油压，则作用力大小等于$(B-A)\times p_c$(p_c 为超速挡油压)，方向朝下。正因为有此油压力的作用，即使车速较锁止点略低，锁止信号阀的回位弹簧也不能使阀芯推至上位。只有当回位弹簧能克服其阀芯中部超速挡油压力和上端的速控阀油压力时，锁止信号阀才会在上位工作，此时的车速较锁止点低得多，从而避免了闭锁离合器频繁地闭锁和解锁。

4.1.3.9　换挡信号系统

给自动变速器提供换挡操纵的有两个换挡信号，即发动机负荷与转速。在液压控制系统中，这两个信号分别由节气门阀和速控阀提供。

(1)节气门阀

节气门阀反映节气门开度大小变化时的油压，根据输入方式的不同可分为机械式节气门阀和真空式节气门阀两种。此处主要介绍真空式节气门阀(见图 4-24)。

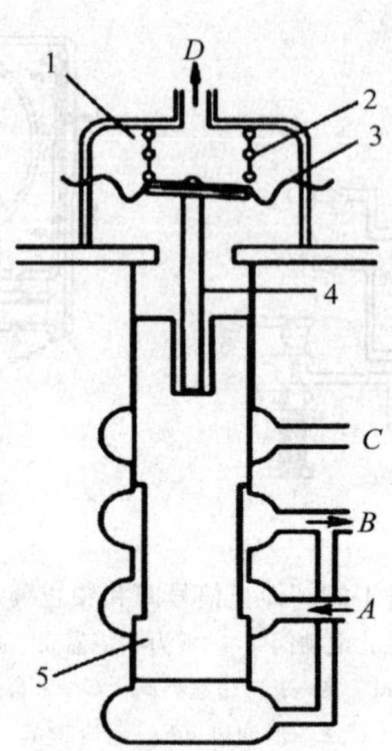

图 4-24　真空式节气门阀

1—真空膜片室　2—膜片弹簧　3—膜片　4—推杆　5—滑阀

A—主油路进油口　B—节气门油压出油口　C—泄油口　D—真空接口

真空式节气门阀由真空气室、推杆和滑阀等组成。

上部被膜片隔开的真空气室通过软管与发动机节气门后的进气管相通，与膜片相连的推杆则在膜片弹簧的作用力下将滑阀的阀芯往下推。阀上有三个油道：与主油路相通的进油道、输出油道、泄油道。从出油道引出的控制油流至底部，其油压使阀芯上移，与膜片弹簧力平衡。油从进油口 A 到出油口 B 或泄油口 C，均要经阀口的节流作用。

而当阀芯的油压小于膜片推力时，阀芯下移，A 通 B 的阀口加大，通泄油口 C 的阀口关小，节气门阀输出油压，阀芯下部的油压也随之增加使阀芯在新的位置平衡。

膜片作用在推杆的力既与膜片的弹簧力大小有关，也与真空度有关。

当节气门开度较小时，进气管真空度较大，真空气室膜片对阀芯的推力减小，节气门阀输出油压较低；当节气门开度较大时，进气管真空度小，真空气室膜片对阀芯推力变大，节气门阀输出油压较高。也就是说，真空节气门阀所产生的控制信号油压随负荷大小而变化。

(2)离心式速控阀

离心式速控阀也叫离心调速阀或离心调速器，其作用是为自动变速器换挡阀提供一个随车速变化的控制油压。由于该阀是利用轴旋转时重块所产生的离心力来控制滑阀阀芯的位置，故称离心式速控阀。

工作过程：如图 4-25 所示，当速控液压阀体旋转时，内重锤、外部重锤的离心力与弹簧张力使重锤向外张开，速控液压阀被内重锤杠杆向下推，而速控液压阀另一端则被速控力向上推。这两个作用力之差，即为当时车速的速控液压。当主动行星小齿轮转速提高到中、高速时，外重锤被阀体止动，内重锤的离心力和弹簧张力合起来将阀向下推，与作用于阀芯底部的液压相抵，这时液压的合力即为速控液压。这样，速控液压阀的运作就有两个阶段。在低速时，离心力包括内、外重锤的，因此速控油压上升较快(其工作性能如图 4-26 所示)，使低速换挡性能得以改善。

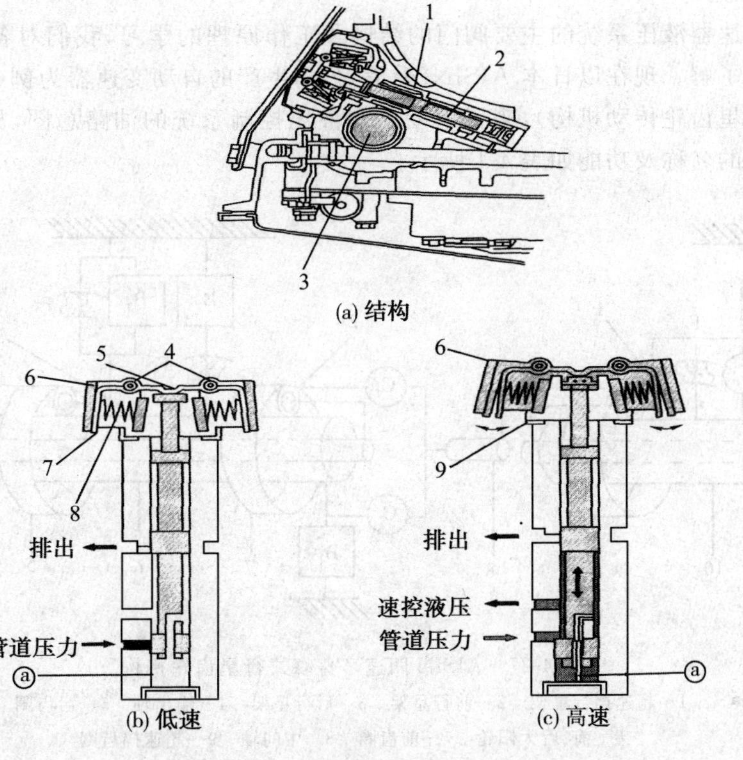

图 4-25　速控液压阀的结构及工作过程

1—速控液压阀被动齿轮　2—速控液压阀　3—差速器主动小齿轮
4—轴　5—杆　6—外重锤　7—内重锤　8—弹簧　9—止动器

图 4-26　调速油压性能

拓展阅读

1. 刘岩东主编. 汽车自动变速器构造与原理解析. 北京：机械工业出版社，2010
2. 罗新闻主编. 汽车自动变速器结构原理彩色图解. 北京：机械工业出版社，2008

4.2 液压控制自动换挡系统工作过程分析

通过变速器液压系统的主要阀门的结构及工作原理的学习，我们对各个元件的作用有了一定的了解。现在以日本 AISIN(爱信)公司生产的自动变速器为例(图 4-27 为四速辛普森式行星齿轮传动机构)，来了解变速器液压控制系统的油路总图，如图 4-28 所示。各工作元件的名称及功能如表 4-1 所示。

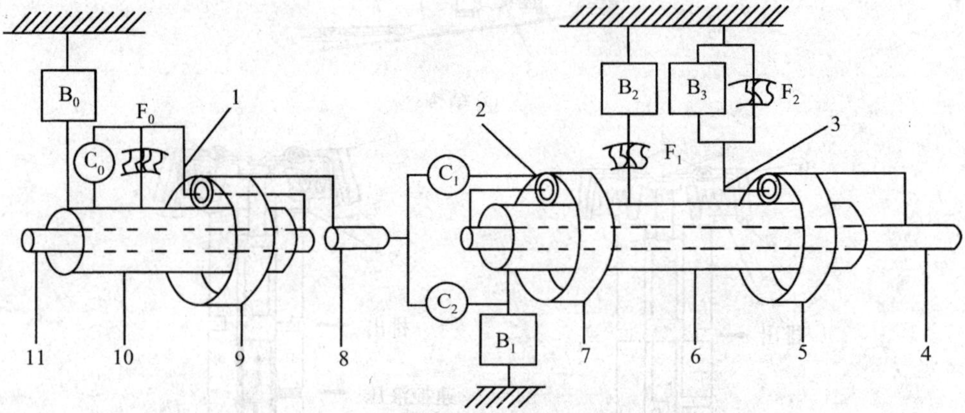

图 4-27　AISIN 四速辛普森式行星齿轮机构

1—超速挡行星架　2—前行星架　3—后行星架　4—输出轴　5—后齿圈　6—前、后太阳轮　7—前齿圈　8—中间轴　9—超速挡齿圈　10—超速挡太阳轮　11—输入轴

表 4-1　各元件的名称及功能

名称	功能
超速直接挡离合器(C_0)	连接超速挡行星架与太阳轮
前进挡离合器(C_1)	连接输入轴与前齿圈
直接挡离合器(C_2)	连接输入轴与前、后太阳轮
超速挡制动器(B_0)	锁定超速挡太阳轮，使之既不能顺时针转动也不能逆时针转动
第 2 挡滑行制动器(B_1)	锁定前、后太阳轮，使之既不能逆时针方向转动也不能顺时针方向转动
第 2 挡制动器(B_2)	锁定前、后太阳轮，使之在 F_1 动作的同时，不能逆时针方向转动
第 1 挡及倒挡制动器(B_3)	锁定后行星架，使之既不能逆时针方向转动也不能顺时针方向转动
超速挡单向离合器(F_0)	锁定超速挡行星架，使之不能绕太阳轮逆时针方向转动
1 号单向离合器(F_1)	在 B_2 动作时，锁定前、后太阳轮，使之不能逆时针方向转动
2 号单向离合器(F_2)	锁定后行星架，使之不能逆时针方向转动

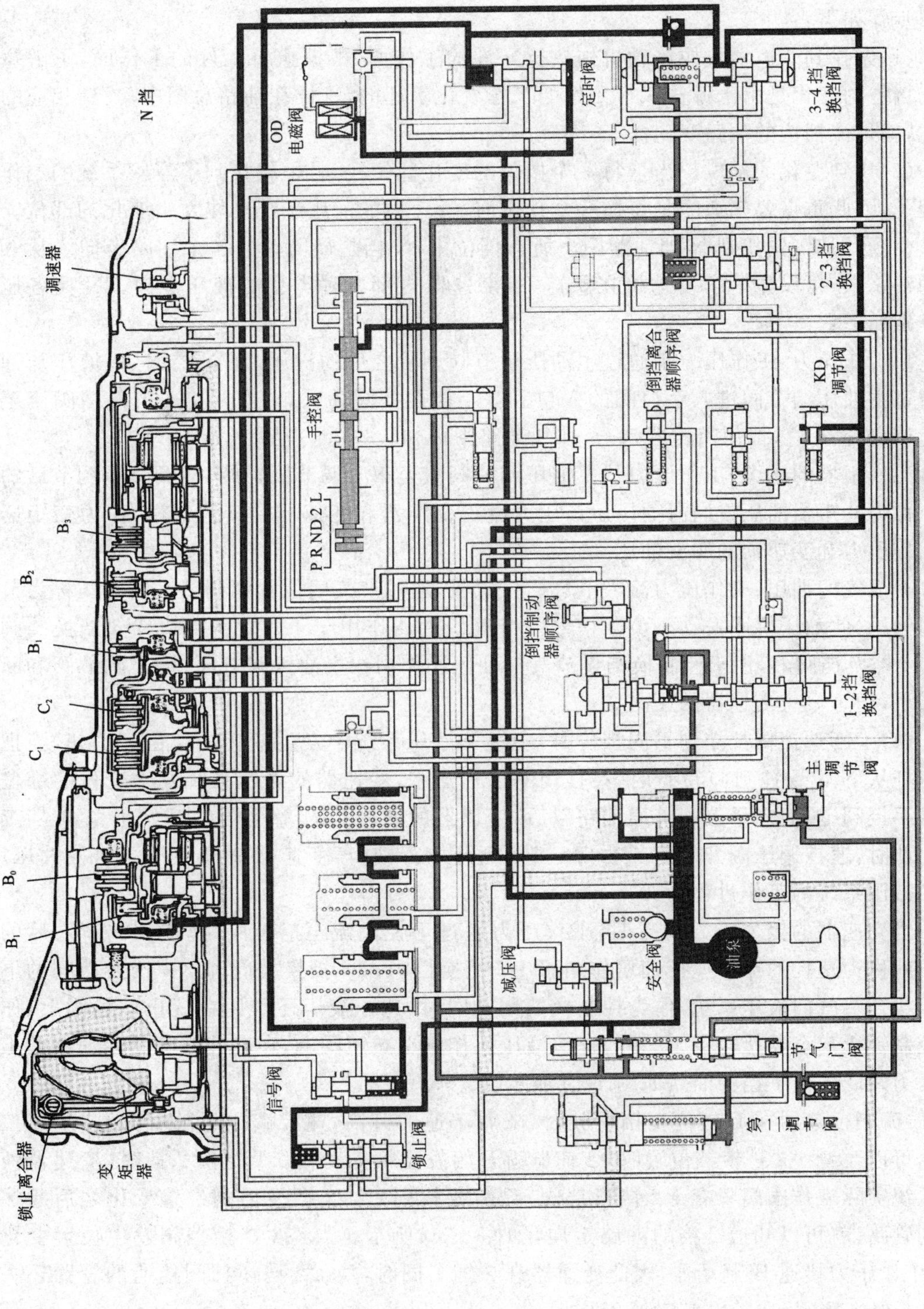

图 4-28　变速器液压控制系统的油路总图

4.2.1 丰田03-71L的油路总图

由图4-28可知，在全液压控制系统中，液压油路图都由各种阀门及管道组合而成，其看图步骤如下：

(1)先找到变速器机械传动机构执行元件的工作面，根据执行元件的工作面，了解每一个挡位的变化是由于哪些执行元件的工作变化引起的，这样在油路总图中，找到相应的变化，就是该挡位的油路变化。

(2)找到变化的部位。当把每一个挡位的变化部位找到，也就找到了液压系统的工作过程了，因此重点要知道的是每换一个挡位时，变速器的液压系统具体发生变化的部位。

(3)看图时，先找到N挡油路图。所有挡位中，N挡是最简单的一个油路走向。从N挡的油路中，可以先了解发动机在怠速下，变速器内部各种类型的液压走向。N挡各压力分别如下：

1)工作压力：工作压力是通过主油压调节阀调节之后的液压，在N挡时，该液压从油泵通过主油压调节阀进入手控阀的入口和3-4挡换挡阀的入口，并从3-4挡换挡阀流至超速挡离合器C_0，促使离合器啮合，即从油路中可知，C_0在N挡就开始工作了。

2)变矩器的压力：工作压力从主油压调节阀流至第二调节阀，经第二调节阀调节后的油压称为变矩器油压或润滑油压。该压力流入变矩器和变速器的其他部件，作为变矩器的工作压力和变速器的润滑油压。

3)节气门油压：工作压力流入节气门位置阀，通过节气门位置阀调节后的油压称为节气门油压，此油压说明发动机负载信号。节气门油压作用于1-2挡换挡阀、2-3挡换挡阀和3-4挡换挡阀上，用于控制换挡。节气门油压还作用在主油压调节阀、第二调节阀和断流阀上，用于修正变速器的压力。

(4)了解选挡杆挂挡到不同挡位时，变速器液压系统中发生变化的部位。例如，当把选挡杆从N位置挂到D位置时，在挂挡的过程当中，变速器的液压系统发生变化的部位只在手控阀上，而当手控阀接通油路以后，变速器的前进挡的离合器C_1开始工作，1挡工作。此时，速控调压阀开始有压力源，当车辆开始行驶时，变速器就开始建立速控油压。速控液压系统的工作过程为：

当变速器的挡位于D位置时，工作压力通过手控阀流至速控阀，速控阀调节之后的油压就称为速控油压。速控油压作用于1-2挡换挡阀、2-3挡换挡阀和3-4挡换挡阀的下端。接合节气门液压系统，作为控制换挡用。同时，速控液压还作用在锁止信号阀上，作为控制锁止离合器接合用。另外，速控液压还作用在减压阀上，在高速时降低变速器的工作压力。D挡位1挡的油路如图4-29所示。

(5)当变速器在D挡位1挡行驶时，随着车速的升高，速控液压也随着升高，当速控液压可以改变1-2挡换挡位置时，变速器就开始发生换挡动作。1挡换2挡时，变速器液压系统实际工作阀门只有1-2挡换挡阀，只需要找到当1-2挡换挡阀位置变化之后所接通的管路，就可以知道2挡的油路走向，如图4-30所示。当1-2挡换挡阀发生位置变化时，工作压力接通B_2制动器，因此变速器升2挡。同时，从1-2挡换挡阀接通的管路还去到2-3挡换挡阀，准备用来控制2-3挡。

(6)当变速器在D挡位2挡行驶时，随着车速的升高，速控液压也随着升高，当速控液压可以改变2-3挡换挡位置时，变速器就开始发生换挡动作，因此2挡换3挡时，变速器液压系统实际工作阀门只有2-3挡换挡阀，只需要找到当2-3挡换挡阀位置变化之后所接通的管路，就可以知道3挡的油路走向，如图4-31所示。当2-3挡换挡阀发生位置变化时，工作压力接通C_2离合器，因此变速器升上3挡。

(7)当变速器在D挡位3挡行驶时，随着车速的升高，速控液压也随着升高，当速控液压可以改变3-4挡换挡位置时，变速器就开始发生换挡动作。3挡换4挡时，变速器液压系统实际工作阀门只有3-4挡换挡阀，只需要找到3-4挡换挡阀位置变化之后所接通的管路，就可以知道4挡的油路走向，如图4-32所示。当3-4挡换挡阀发生位置变化时，工作压力接通C_0离合器，同时接通B_0制动器管路，因此变速器由3挡升到4挡。

(8)当变速器在D挡位4挡行驶时(见图4-32)，当车速达到60km/h以上时，速控液压可以改变锁止信号阀位置，锁止信号阀位置发生变化，接通锁止控制阀的油路。因此锁止控制阀位置发生变化，改变进入液力变矩器的油路，此时锁止离合器开始工作，如图4-33所示。

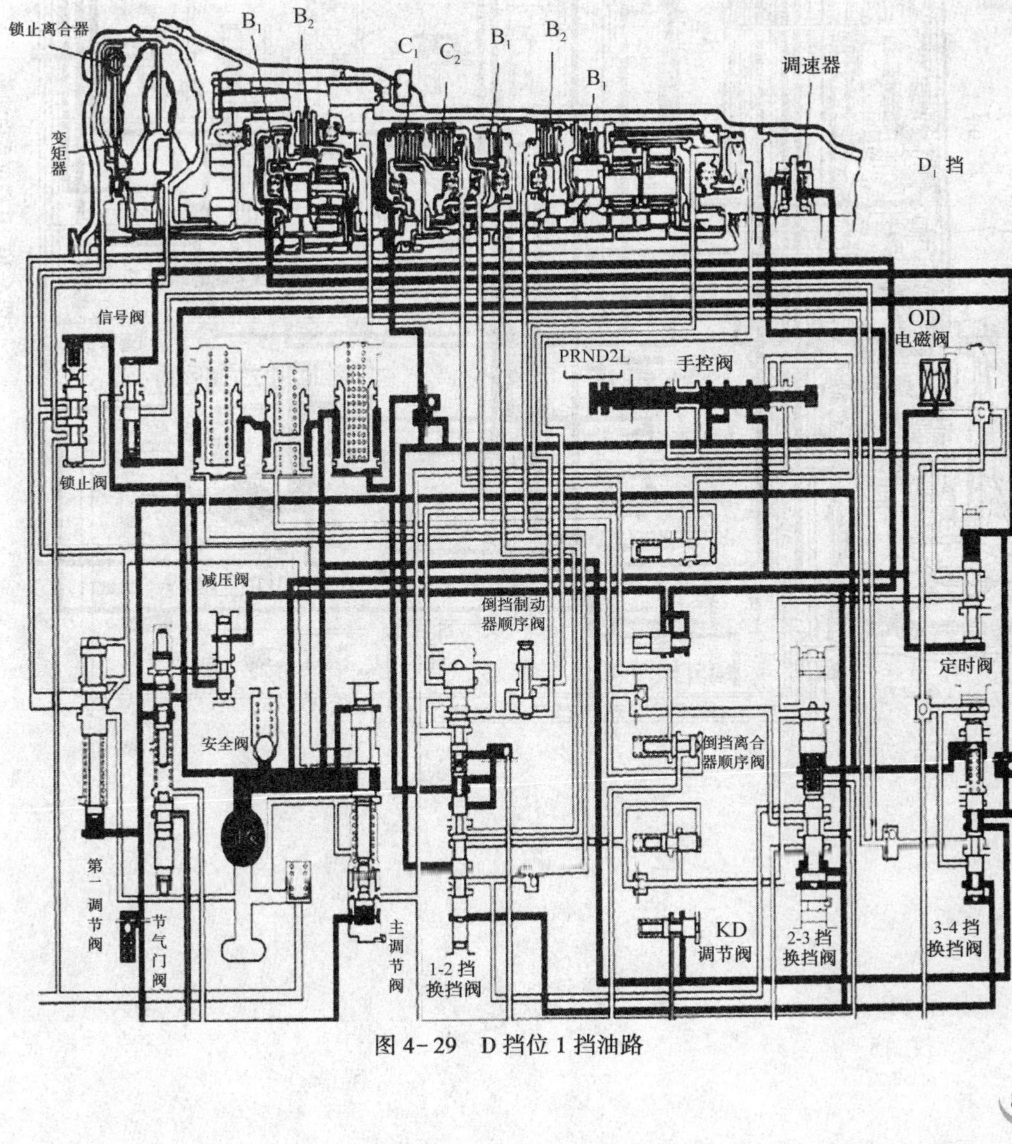

图4-29　D挡位1挡油路

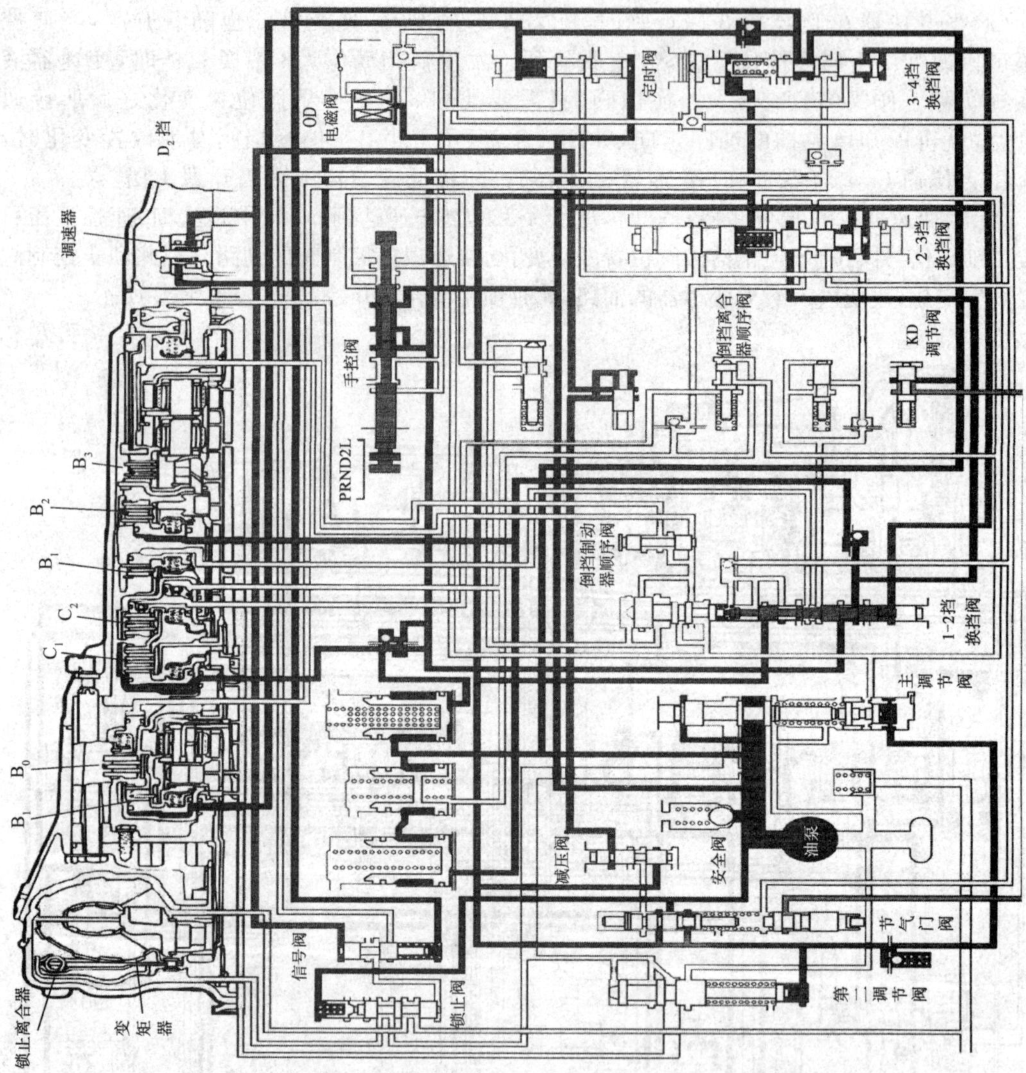

图 4-30　D 挡位 2 挡油路

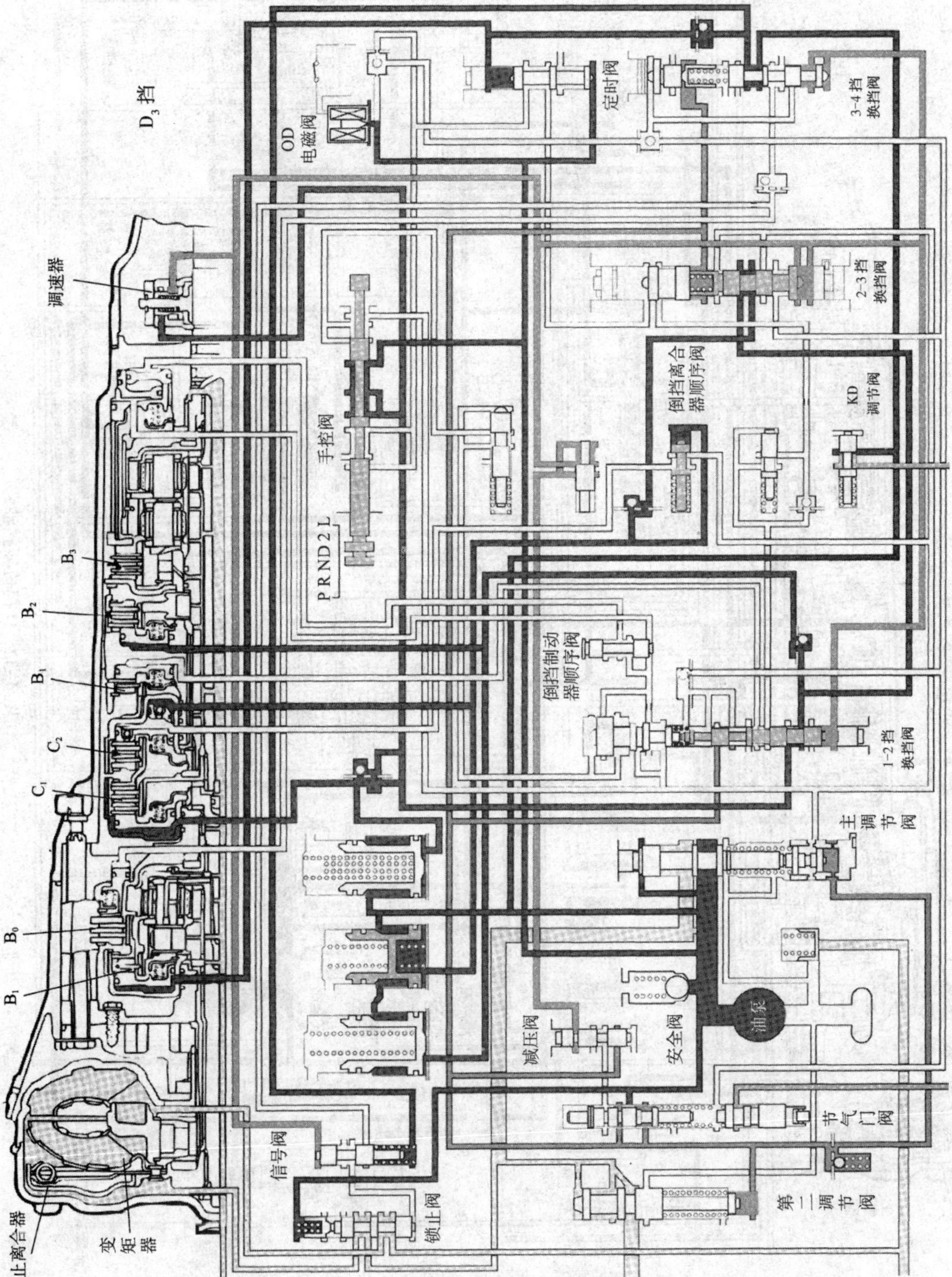

图 4-31　D 挡位 3 挡油路

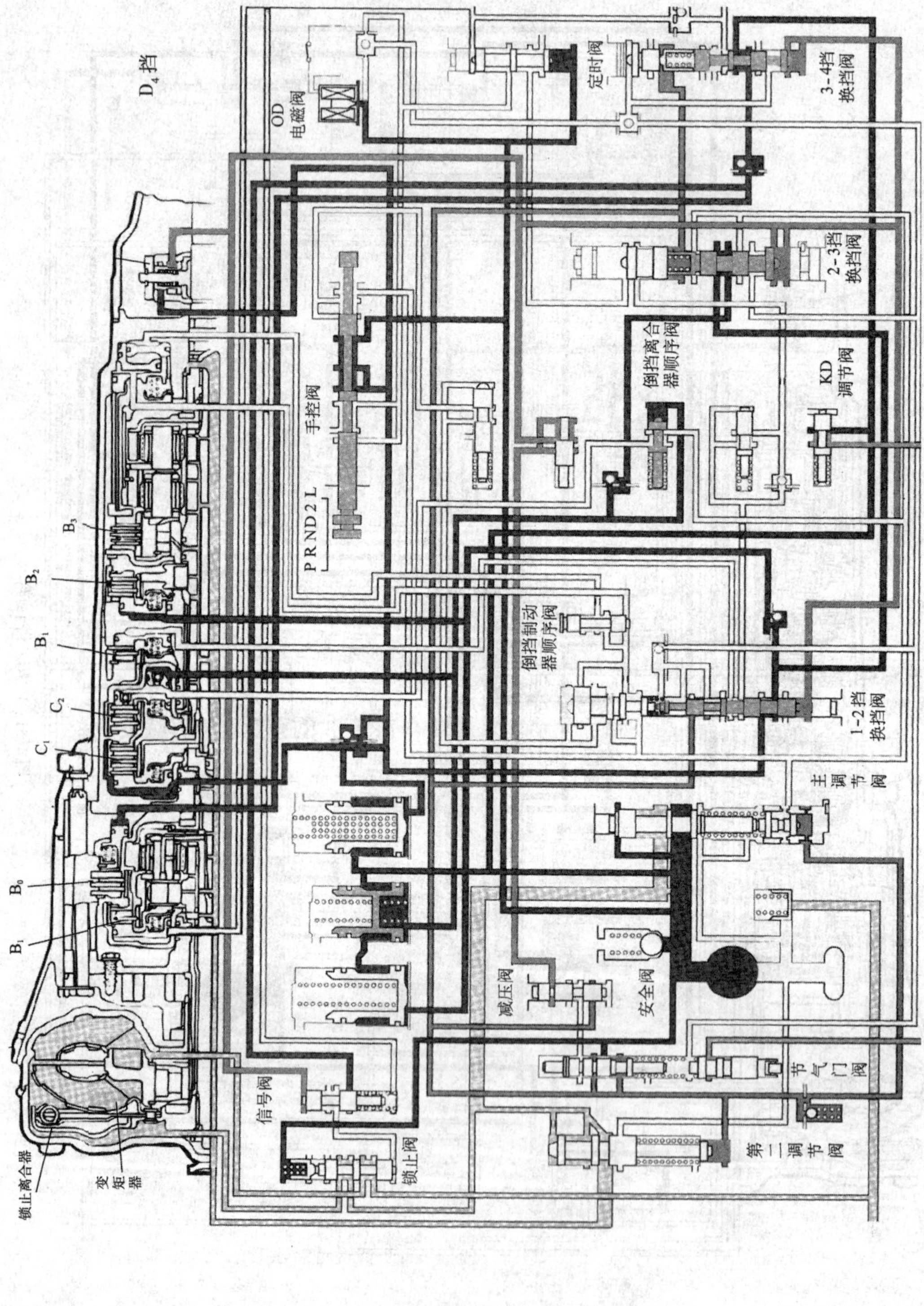

图 4-32　D 挡位 4 挡油路

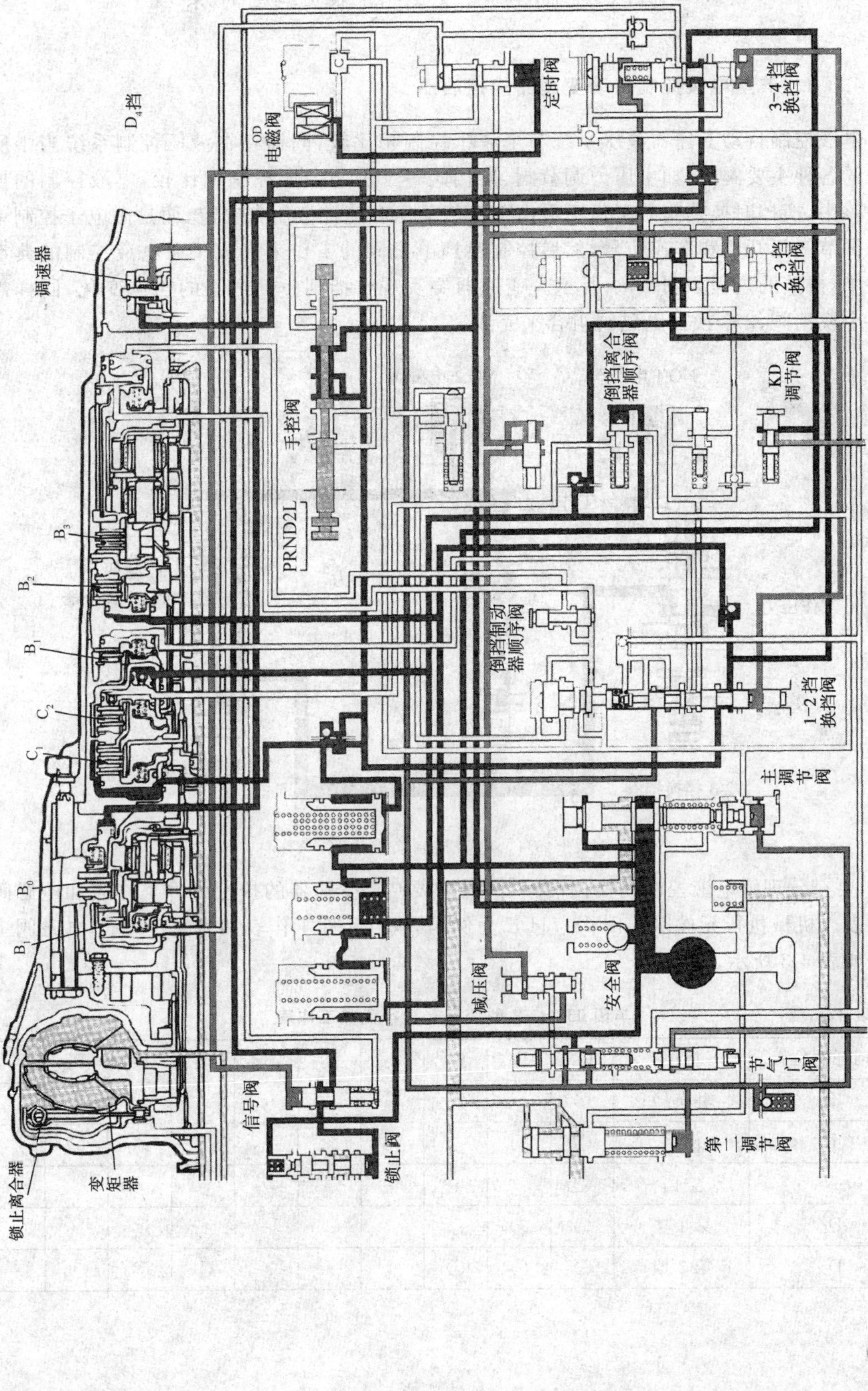

图 4-33　D 挡位 4 挡锁止离合器工作油路

4.3 电液控制自动变速器液压控制原理

4.3.1 典型电液控制自动变速器换挡油路

电液控制自动变速器液压系统与全液压控制相比较，同样存在液压控制系统当中所存在的各种主要阀门，如主压力调节阀、换挡阀等。但与液压控制相比较，电液控制的换挡油路中，换挡时换挡阀的工作不再由节气门液压和速控液压来决定，而是由电子控制单元根据节气门开度和车速信号，然后控制换挡电磁阀的工作来完成。在电液控制的典型油路中，换挡的过程如图 4-34 所示。变速器要实现 1 挡到 4 挡之间的挡位变化，同样需要 3 个换挡阀、2 个换挡电磁阀组合来完成。

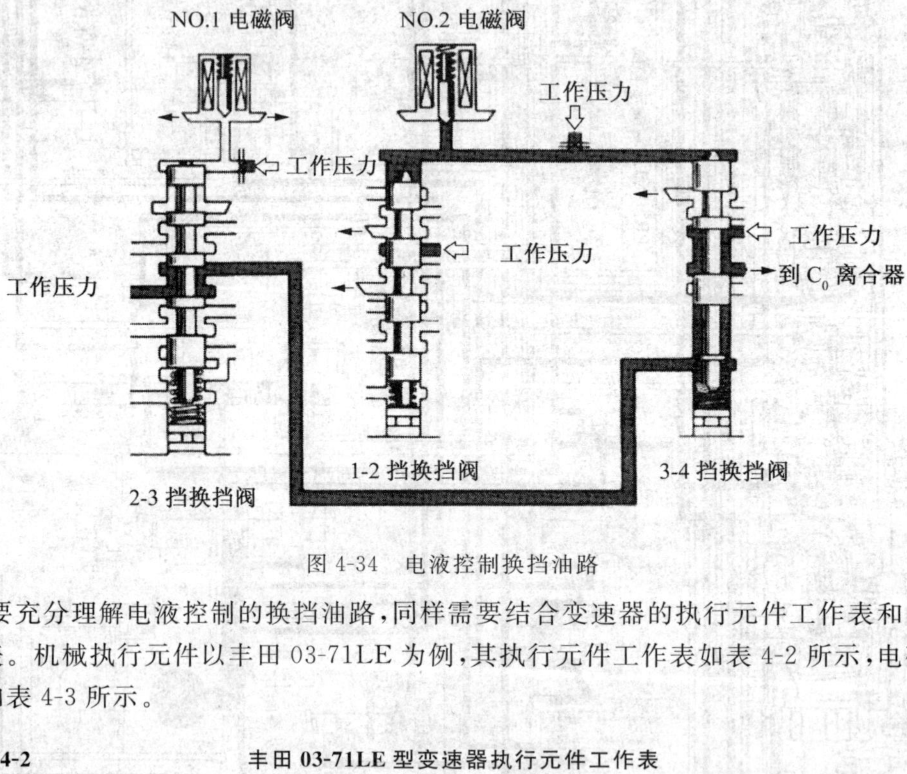

图 4-34 电液控制换挡油路

要充分理解电液控制的换挡油路，同样需要结合变速器的执行元件工作表和电磁阀工作表。机械执行元件以丰田 03-71LE 为例，其执行元件工作表如表 4-2 所示，电磁阀工作表如表 4-3 所示。

表 4-2 丰田 03-71LE 型变速器执行元件工作表

选挡杆的位置	挡位	C_0	F_0	C_1	C_2	B_0	B_1	B_2	F_1	B_3	F_2
P	驻车挡	○									
R	倒挡	○	○		○					○	
N	空挡	○									
D_1	第 1 挡	○	○	○							○
D_2	第 2 挡	○	○	○				○	○		

续表

选挡杆的位置	挡位	C_0	F_0	C_1	C_2	B_0	B_1	B_2	F_1	B_3	F_2
D_3	第 3 挡	○	○	○	○			○			
D_4	超速挡			○	○	○		○			
2	第 2 挡	○	○	○			○	○	○		
L	第 1 挡	○	○	○						○	○

表 4-3　　**丰田 03-71LE 型变速器电磁阀工作表**

挡位	NO. 1 电磁阀	NO. 2 电磁阀
1 挡	ON	OFF
2 挡	ON	ON
3 挡	OFF	ON
4 挡	OFF	OFF

如图 4-34 所示，NO. 1 电磁阀控制 2-3 挡换挡阀，NO. 2 电磁阀控制 1-2 挡和 3-4 挡换挡阀。而当挡位挂入 D 位置时，NO. 1 电磁阀处在通电状态，NO. 2 电磁阀处在断电状态，此时变速器的换挡阀如图 4-34 所示，挡位处在 1 挡位置。而当车辆启动之后，随着车速的升高，车速传感器的信号也随着升高，当电子控制单元认为该升上 2 挡时，就控制 NO. 2 电磁阀从“OFF”状态变成“ON”状态。此时，作用在 1-2 挡和 2-3 挡换挡阀上端的压力卸掉，1-2 挡换挡阀由于阀门下端弹簧的作用，阀门被向上推，于是接通 B_2 制动器的油路，因此，在 1 挡的状态下，加上 B_2 制动器工作，变速器器即升上 2 挡。换挡过程如图 4-35 所示。

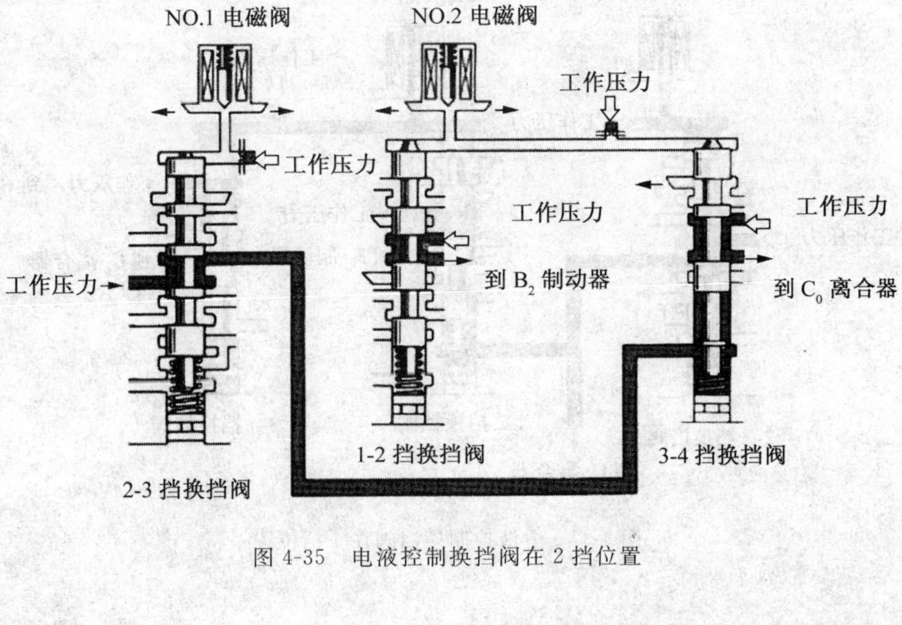

图 4-35　电液控制换挡阀在 2 挡位置

随着车速的继续升高，当电子控制单元认为应该升上3挡时，控制NO.1电磁阀由"ON"状态变成"OFF"状态，2-3挡换挡阀上端的压力建立，2-3挡换挡阀下移，接通到C_2离合器的管道，在2挡的基础上，加上C_2离合器工作，变速器升上3挡。换挡过程如图4-36所示。

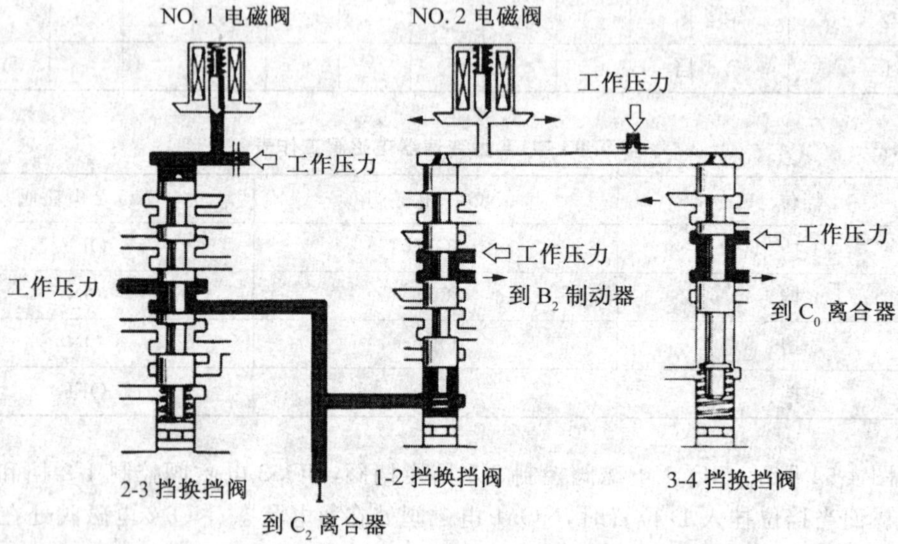

图4-36　电液控制换挡阀在3挡位置

随着车速的进一步升高，当电子控制单元认为该升上4挡时，控制NO.2电磁阀从"ON"再变成"OFF"，此时3-4换挡阀位置下移，把C_0离合器的管道切断，同时又接通到B_0制动器的管道，因此变速器从3挡升上4挡，如图4-37所示。

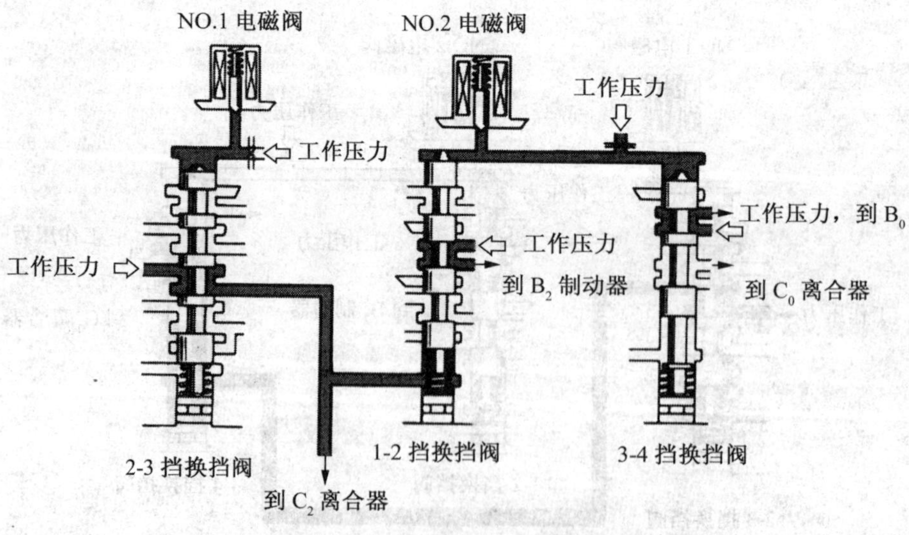

图4-37　电液控制换挡阀在4挡位置

从以上电液控制的自动变速器换挡油路中，可以知道电液控制的自动变速器比全液压控制的自动变速器的换挡过程更简单。

4.3.2　电子控制自动变速器换挡控制回路分析

电子控制自动变速器换挡控制回路以丰田 A140E 为例进行分析。

A140E 型电子控制自动变速器是一种前置、前驱动四速电子控制自动变速器，主要装在丰田 CAMRY SXY20 系列的轿车上，由变矩器、四挡辛普森式行星齿轮机构、电子控制系统、液力控制系统组成，如图 4-38 所示。

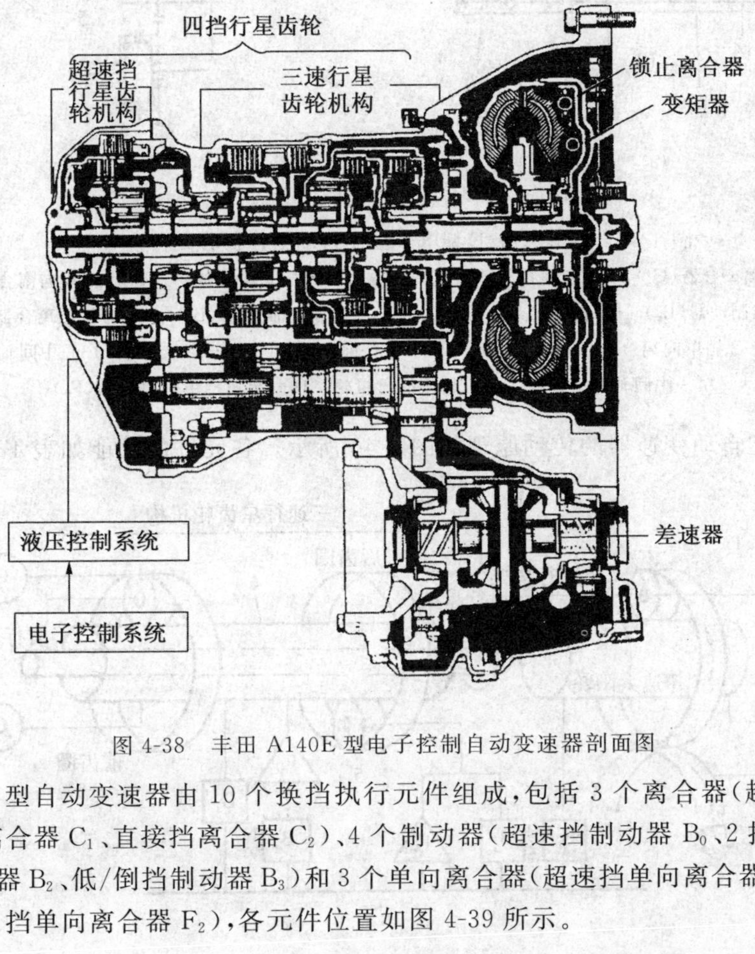

图 4-38　丰田 A140E 型电子控制自动变速器剖面图

A140E 型自动变速器由 10 个换挡执行元件组成，包括 3 个离合器（超速挡离合器 C_0、前进挡离合器 C_1、直接挡离合器 C_2）、4 个制动器（超速挡制动器 B_0、2 挡滑行制动器 B_1、2 挡制动器 B_2、低/倒挡制动器 B_3）和 3 个单向离合器（超速挡单向离合器 F_0、2 挡单向离合器 F_1、1 挡单向离合器 F_2），各元件位置如图 4-39 所示。

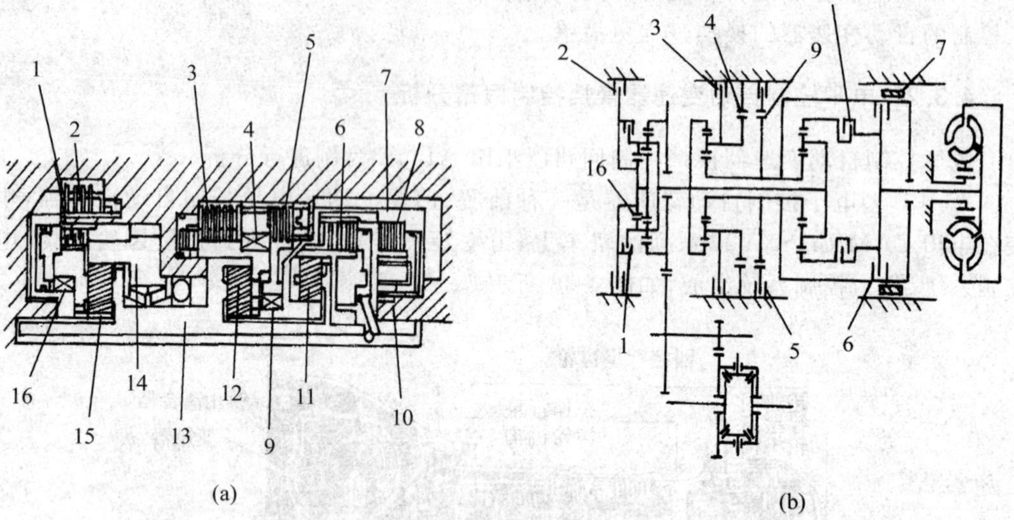

图 4-39　丰田 A140E 型电子控制自动变速器各元件位置图

1—超速挡离合器(C_0)　2—超速挡制动器(B_0)　3—低/倒挡制动器(B_3)　4—1 挡单向离合器(F_2)　5—2 挡制动器(B_2)　6—前进挡离合器(C_1)　7—2 挡滑行制动器(B_1)　8—直接挡离合器(C_2)　9—2 挡单向离合器(F_1)　10—输入轴　11—前行星轮　12—后行星轮　13—中间轴　14—中间轴驱动齿轮　15—超速挡行星轮　16—超速挡单向离合器(F_0)

A140E 型自动变速器的传动原理如图 4-40 所示。各元件的功能如表 4-4 所示。

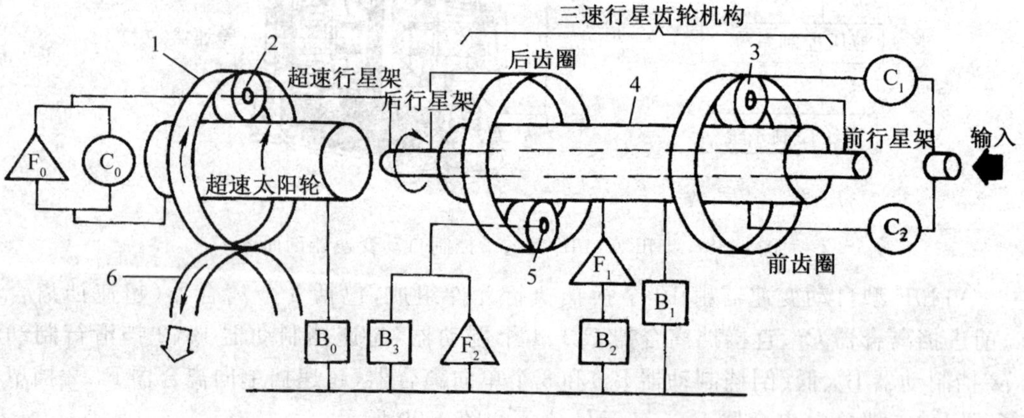

图 4-40　丰田 A140E 型电子控制自动变速器传动原理图

1—超速齿圈　2—超速挡行星齿轮　3—前行星轮　4—前、后太阳轮　5—后行星轮　6—中间轴从动齿轮

表 4-4　　　　　丰田 A140E 型电子控制自动变速器各元件功能

元件代号	名称	作用
C_0	超速挡离合器	可使动力从超速行星架传给太阳轮，直接挡时不工作
C_1	前进挡离合器	可使动力由输入轴传给前齿圈，在所有前进挡都不工作
C_2	直接(高/倒)挡离合器	可使动力由输入轴传给前、后太阳轮，在高速挡和倒挡时候工作
B_0	超速挡制动器	制动超速行星机构的太阳轮，仅在直接挡时工作
B_1	2 挡滑行制动器	制动前、后太阳轮，仅在 2 挡位时工作
B_2	2 挡制动器	锁止 F_1 的外圈，在 D_1 挡升入 D_2 挡时工作
B_3	低/倒挡制动器	锁止后排行星齿轮架，在倒挡、L 挡位置时工作
F_0	超速挡单向离合器	防止超速行星架相对超速太阳轮逆时针转动
F_1	2 挡单向离合器	在 B_2 起作用时，防止共用太阳轮逆时针转动
F_2	1 挡单向离合器	防止后排行星架逆时针转动

丰田 A140E 型自动变速器变速杆有 P、R、N、D、2、L 六个位置，在各个不同位置时，各元件工作状况如表 4-5 所示。

表 4-5　　　丰田 A140E 型电子控制自动变速器在不同挡位时各元件工作情况

变速杆位置	挡位	换挡执行元件工作情况									
		C_0	C_1	C_2	B_0	B_1	B_2	B_3	F_0	F_1	F_2
P		○									
R		○		○			○				
N		○									
D	1 挡	○	○						○		○
	2 挡	○	○				○		○	○	
	3 挡	○	○	○			○		○		
	4 挡		○	○	○		○				
2	1 挡	○	○						○		○
	2 挡	○	○			○	○		○	○	
	3 挡*	○	○	○			○		○		
L	1 挡	○	○					○	○		○
	2 挡*	○	○			○	○		○	○	

注：* 只能降挡，不能升挡。

丰田 A140E 型自动变速器油泵由液力变矩器驱动，只要发动机启动，油泵即进行工作，为液力变矩器和各润滑表面提供压力油，同时有部分压力油通往散热器进行冷却。液压控制系统的主油路压力、液力变矩器油压和润滑油压由主调节阀、辅助(副)调压阀进行调节，主油路压力油不经手控阀直接流经 3-4 挡换挡阀来控制超速挡离合器 C_0 或 B_0，除超速挡外，其他任何挡位超速挡离合器 C_0 都接合。ECT 的 ECU 接受挡位开关、节气门位置传感器、车速传感器等各种信号，视变速杆位置、节气门开度和车速不同，控制换挡电磁阀和锁止电磁阀的通、断电，使自动变速器在不同工况下工作。

4.3.2.1　P 位油路分析

变速杆(手动阀)置于 P 位时，汽车是停车位置，理论上不需要任何执行元件工作，但由于 P 挡后面就是 R 挡，而 R 挡需要 C_0、C_2、B_3 工作，为了避免三个液压元件同时动作引起换挡冲击和振动，在 P 挡便使 C_0 进入工作状态，当变速杆移至 R 位时，只需要对 C_2、B_3 进行控制即可。

P 位油路如图 4-41 所示，手动阀处于 P 位时，进油路为第三道(共六道，第一道为常通泄油，第三道为进油，其余为控制出油道)，无出油路。

P 位油路走向为：

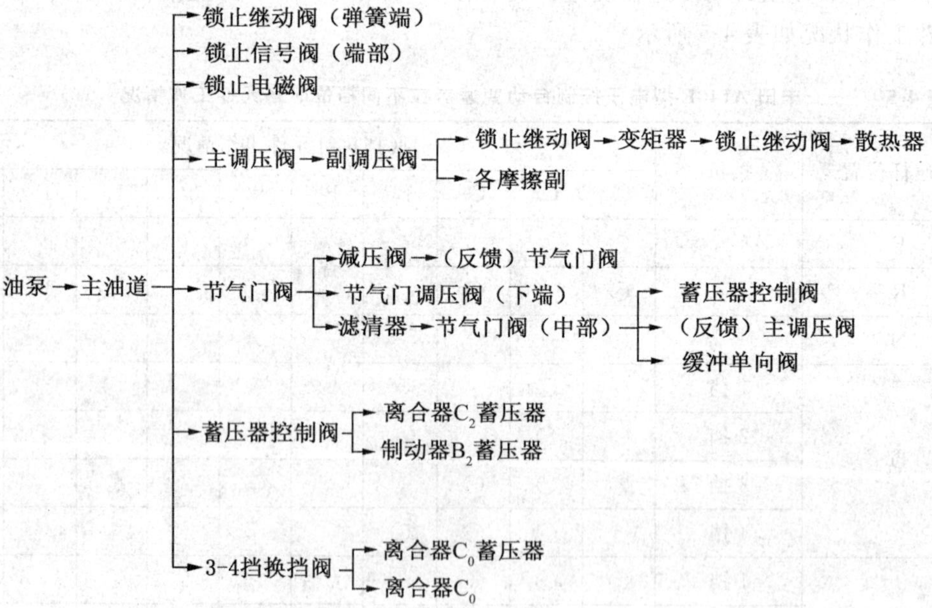

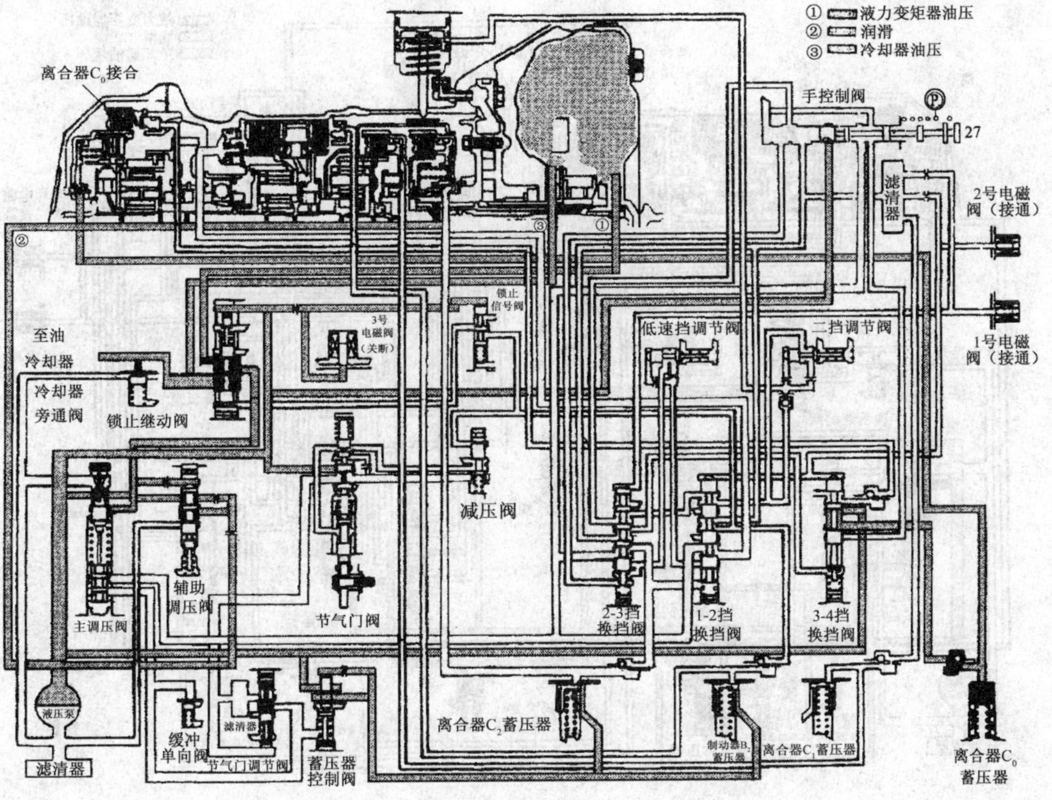

图 4-41　丰田 A140E 型电子控制自动变速器 P 位油路

4.3.2.2　R 位油路分析

变速杆置于 R 位时，手动阀第三道进油，第二道出油，与 P 挡位相比，增加了手控制阀第二道油路。由于手控制阀第四道油路未通，三个换挡阀上端都无压力油(因而不需要换挡电磁阀动作)，三个换挡阀在弹簧力作用下处于上端位置，超速挡离合器 C_0、直接挡离合器 C_2、低/倒挡离合器 B_3 工作，其油路如图 4-42(由于其他部分油路与 P 位相同，在此和下面的分析中只叙述不同部分)所示，油路走向为：

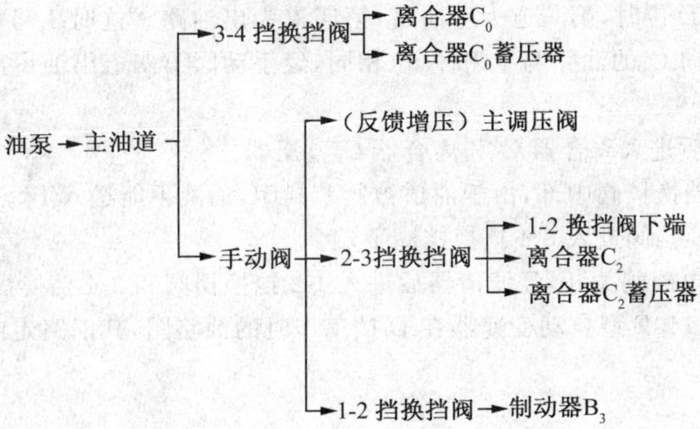

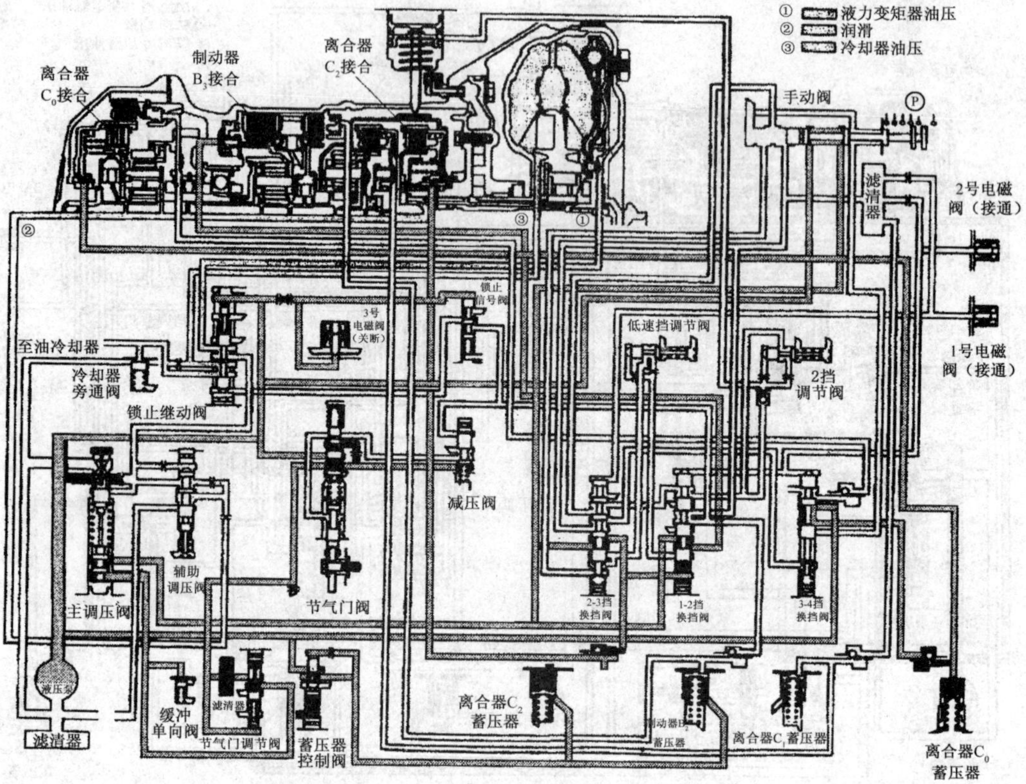

图 4-42　丰田 A140E 型电子控制自动变速器 R 位油路

4.3.2.3　N 位油路分析

变速杆置于 N 位时，手动阀第三道进油，无出油路，其油路与 P 位相同，在此不再叙述。

4.3.2.4　D 位油路分析

(1)D_1挡油路分析（此时 C_0、C_1工作）

手动阀处于 D 位时，第三道为进油路，第四道为出油路。这时 1 号电磁阀接通，2 号电磁阀关断。通向 C_0的油路与 P 和 N 位相同，经手动阀第四道出油口出油，油路可分为四路：

1)经滤清器后进入离合器 C_1和离合器 C_1蓄压器。

2)进入 1-2 挡换挡阀中部，由于油道被阀芯封闭，油液不能送入 B_2。

3)经 2-3 挡换挡阀进入 3-4 挡换挡阀下端。

4)由于 2 号电磁阀关断，经滤清器后进入 1-2 挡换挡阀和 3-4 挡换挡阀的上端。

图 4-43 为 A140E 型自动变速器在 D_1挡工作时的油路图，其油路走向为：

油泵→主油道
- →3-4挡换挡阀
  - →离合器C_0
  - →离合器C_0蓄压器
- →手动阀
  - →滤清器
    - →1号电磁阀接通
    - →2号电磁阀关断
    - →1-2挡换挡阀上端
    - →3-4挡换挡阀上端
    - →离合器C_1
    - →离合器C_1蓄压器
  - →2-3挡换挡阀中部→3-4挡换挡阀下端
  - →1-2挡换挡阀中部

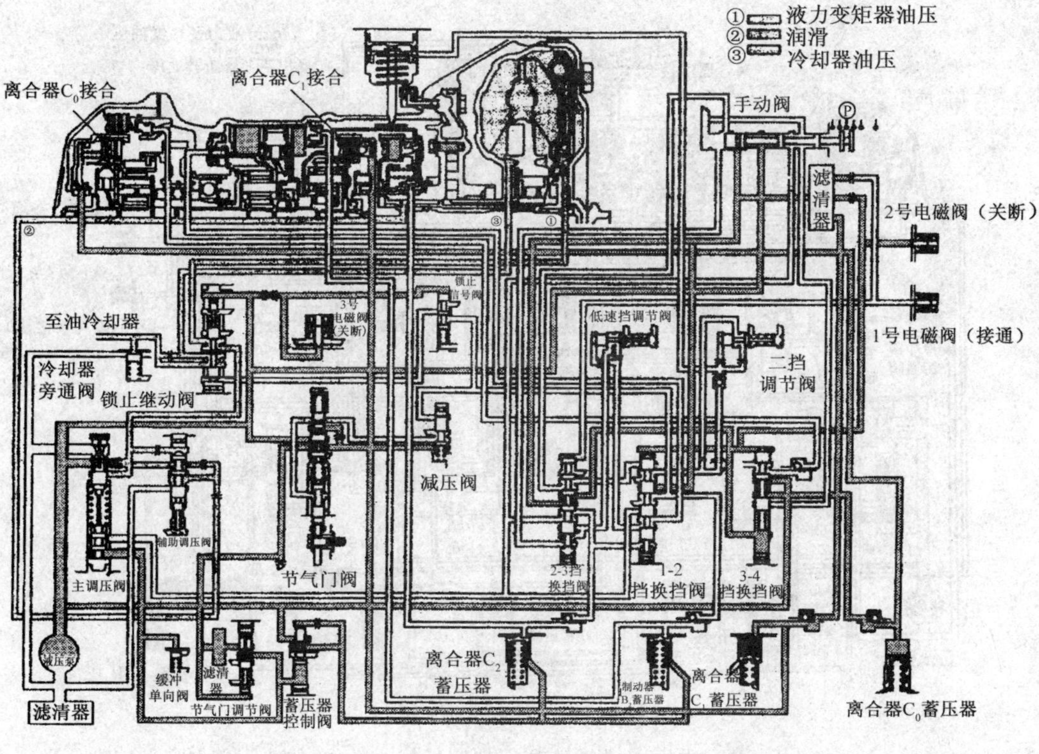

图 4-43　丰田 A140E 型电子控制自动变速器 D_1挡油路

(2)D_2挡油路分析(此时 C_0、C_1、B_2工作)

在 D_1 挡车速较低时,由于 2 号电磁阀处于关断状态,1-2 挡换挡阀的上方作用有主油道油压,使阀体处于下方,通往 B_2的油道被封闭(见图 4-43)。

随着车速的提高,车速传感器和节气门位置传感器将速度信号和节气门开度信号传给 ECT 的 ECU,经比较产生升挡信号。1 号电磁阀和 2 号电磁阀都接通,卸除 1-2 挡换挡阀上端的主油道油压,阀体上移,接通通往制动器 B_2的油路,自动变速器升入 D_2挡,同时接通减压阀和锁止信号阀油路,为自动变速器升入 D_3挡做必要准备。D_2挡工作时的油路如图 4-44 所示，其油路走向为：

- 油泵→主油道
  - →3-4挡换挡阀
    - →离合器C_0
    - →离合器C_0蓄压器
  - →手动阀
    - →滤清器
      - →1号电磁阀接通
      - →2号电磁阀接通
      - →离合器C_1
      - →离合器C_1蓄压器
    - →2-3挡换挡阀中部→3-4挡换挡阀下端
    - →1-2挡换挡阀中部
      - →制动器B_2
      - →制动器B_2蓄压器
      - →减压阀上端
      - →锁止信号阀中部

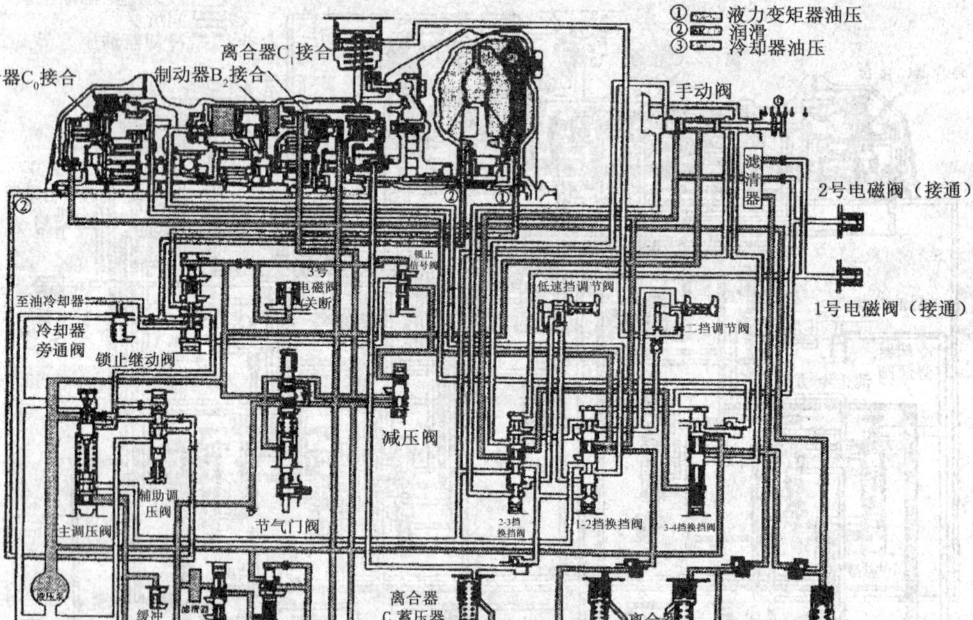

图 4-44 丰田 A140E 型电子控制自动变速器 D_2 挡油路

(3)D_3 挡油路分析（此时 C_0、C_1、C_2、B_2 工作）

在 D_2 挡车速较低时，由于 1 号电磁阀处于接通状态，2-3 挡换挡阀的上方无主油道油压作用，在弹簧作用下，2-3 挡换挡阀处于上端，通往 C_2 的油道被封闭（见图 4-44）。

随着车速的提高，1 号电磁阀关断，2 号电磁阀接通，主油道油压作用于 2-3 挡换挡阀上端，阀体上移，接通通往离合器 C_2 的油路，自动变速器升入 D_3 挡。D_3 挡工作时的油路如图 4-45 所示，其油路走向为：

- 油泵→主油道
  - 3-4挡换挡阀
    - 离合器C_0
    - 离合器C_0蓄压器
  - 手动阀
    - 滤清器
      - 1号电磁阀关断
      - 2号电磁阀接通
      - 2-3挡换挡阀上端
      - 离合器C_1
      - 离合器C_1蓄压器
    - 2-3挡换挡阀中部
      - 1-2挡换挡阀下端
      - 离合器C_2
      - 离合器C_2蓄压器
    - 1-2挡换挡阀中部
      - 制动器B_2
      - 制动器B_2蓄压器
      - 减压阀上端
      - 锁止信号阀中部

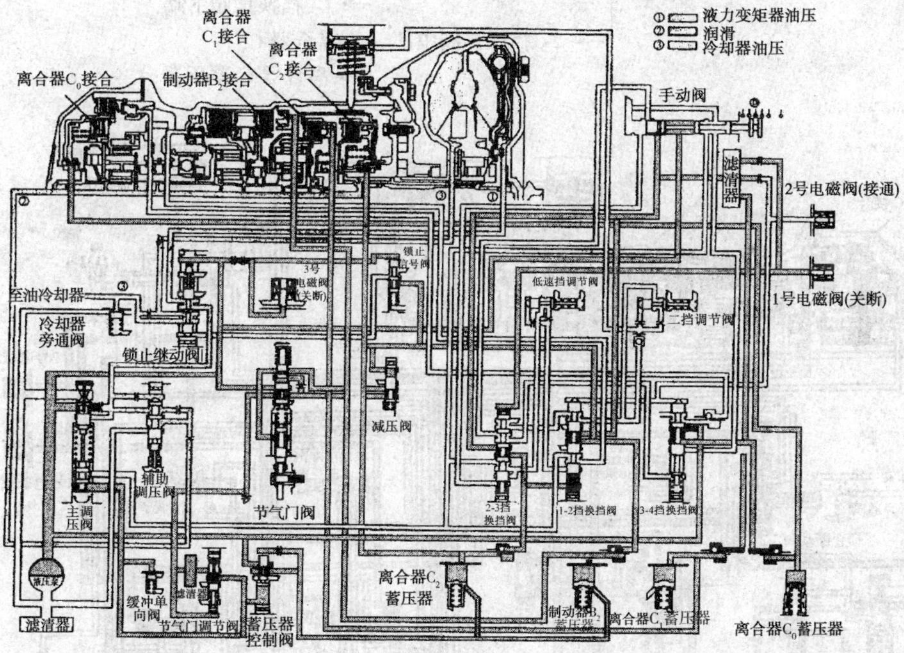

图 4-45　丰田 A140E 型电子控制自动变速器 D_3 挡油路

4. D_4 挡油路分析(此时 B_0、C_1、C_2、B_2 工作)

当车速继续提高时,自动变速器达到升入 4 挡要求时,1 号电磁阀和 2 号电磁阀都关断,这时 1-2 挡换挡阀、2-3 挡换挡阀、3-4 挡换挡阀上端都作用有主油道油压。由于 1 号电磁阀关断,2-3 挡换挡阀处于下端位置,切断了通往 3-4 挡换挡阀下方的油路而接通了 1-2 挡换挡阀下端的油路,因而 1-2 挡换挡阀处于上位,而 3-4 挡换挡阀处于下位,切断通往超速离合器 C_0 的油路,同时接通通往超速制动器 B_0 的油路,自动变速器升入超速挡。D_4 挡工作时的油路如图 4-46 所示。其油路走向为:

- 油泵 → 主油道
  - → 3-4挡换挡阀 → 制动器B_0
  - → 手动阀
    - → 滤清器
      - → 1号电磁阀关断
      - → 2号电磁阀关断
      - → 2-3挡换挡阀上端
      - → 1-2挡换挡阀上端
      - → 3-4挡换挡阀上端
      - → 离合器C_1
      - → 离合器C_1蓄压器
    - → 1-2挡换挡阀中部
      - → 制动器B_2
      - → 制动器B_2蓄压器
      - → 减压阀上端
      - → 锁止信号阀中部 → 锁止继动阀下端
    - → 2-3挡换挡阀中部
      - → 1-2挡换挡阀下端
      - → 离合器 C_2
      - → 离合器 C_2蓄压器

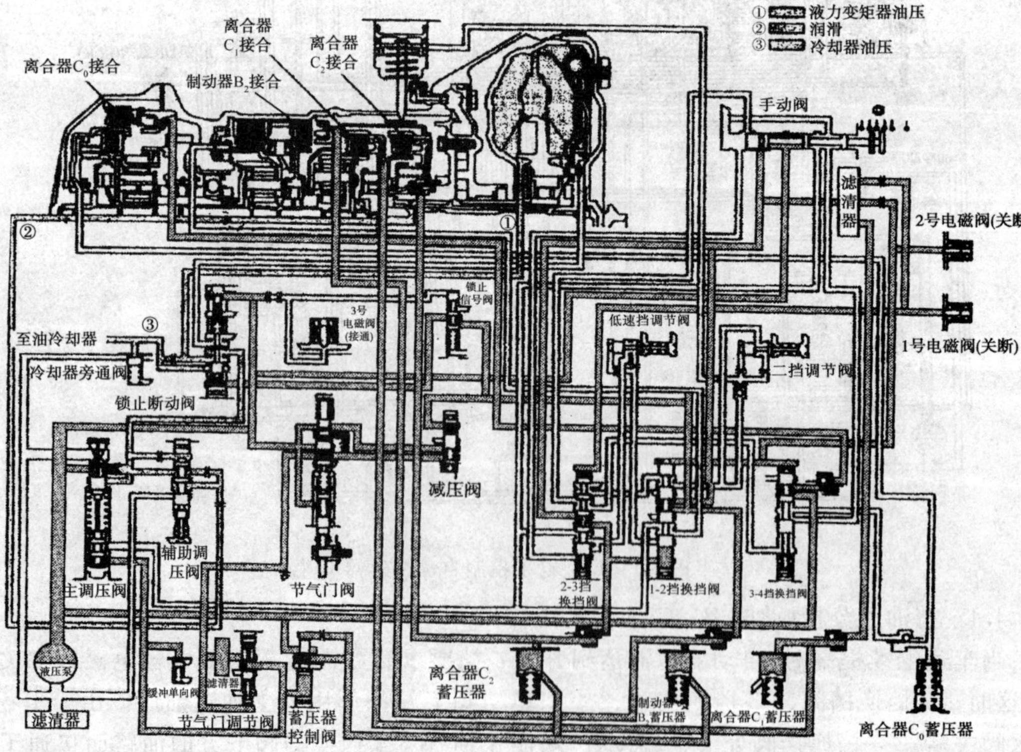

图 4-46 丰田 A140E 型电子控制自动变速器 D_4挡油路

当 ECT 的 ECU 根据各种信号判断需要锁止离合器时，3 号锁止电磁阀通电，卸除锁止信号阀、锁止继动阀上端的油压，改变了锁止信号阀和锁止继动阀的控制油路，使锁止离合器接合。锁止油路为：

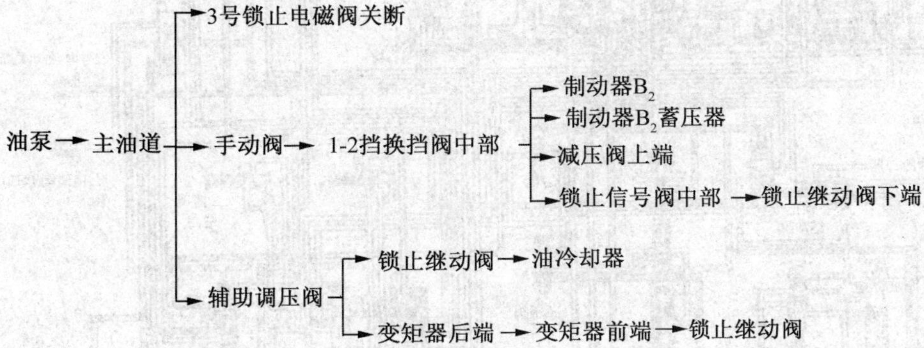

4.3.2.5　2 位油路分析

手动阀处于 2 位时，第三道为进油路，第四、五道为出油路。

(1)2_1 挡油路分析（此时 C_0、C_1 工作）

2 位 1 挡（2_1 挡）时，1 号电磁阀接通，2 号电磁阀关断，虽然多了第四道出油路，但通往换挡执行元件的油路与 D_1 挡完全相同，2_1 挡时无发动机制动效果。2_1 挡工作时的油路如图 4-47 所示，其油路走向为：

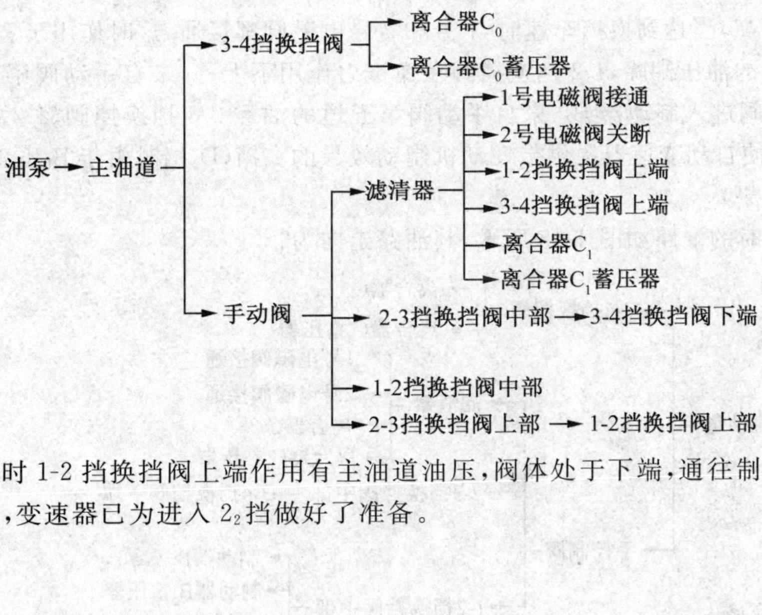

由于这时 1-2 挡换挡阀上端作用有主油道油压，阀体处于下端，通往制动器 B_1、B_2 的油路被封闭，变速器已为进入 2_2 挡做好了准备。

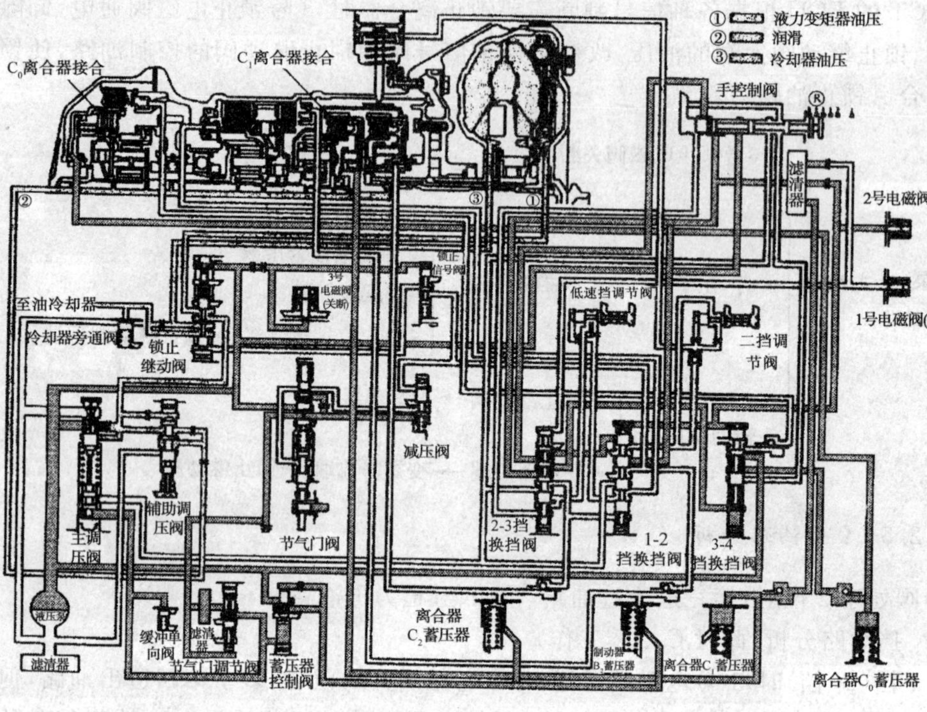

图 4-47 丰田 A140E 型电子控制自动变速器 2_1挡油路

(2)2_2挡油路分析(此时 C_0、C_1、B_1、B_2工作)

随车速升高,当达到换挡车速时,1 号和 2 号电磁阀都接通,这时作用于 1-2 挡换挡阀上端的主油道的油压卸除,1-2 挡换挡阀在弹簧力作用下上移,来自手动阀第四道的油通过 1-2 挡换挡阀进入制动器 B_2,来自手动阀第五道的油经 2-3 挡换挡阀、1-2 挡换挡阀进入制动器 B_1,使自动变速器提供带发动机制动效果的 2 挡(D_2挡时由于 B_1不工作,所以无发动机制动效果)。

2_2挡工作时的油路如图 4-48 所示,其油路走向为:

- 油泵→主油道
  - →3-4挡换挡阀
    - →离合器C_0
    - →离合器C_0蓄压器
  - →手控制阀
    - →滤清器
      - →1号电磁阀接通
      - →2号电磁阀接通
      - →离合器C_1
      - →离合器C_1蓄压器
    - →2-3挡换挡阀中部→3-4挡换挡阀下端
    - →1-2挡换挡阀中部
      - →制动器B_2
      - →制动器B_2蓄压器
      - →锁止信号阀中部
      - →减压阀上端
    - →2-3挡换挡阀上部→1-2挡换挡阀上部
      - →二挡调节阀
      - →制动器B_1

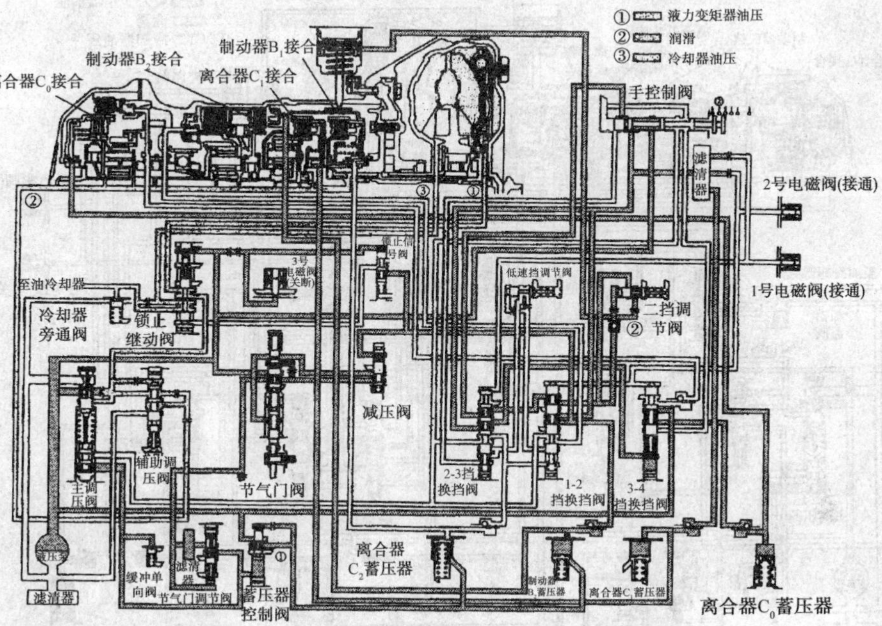

图 4-48　丰田 A140E 型电子控制自动变速器 2_2挡油路

(3)2_3挡油路分析(此时 C_0、C_1、C_2、B_2工作)

车速继续升高,达到换挡车速时,1 号电磁阀关断,2 号电磁阀接通,这时 1-2 挡换挡阀、3-4 挡换挡阀仍处于上端位置。由于 2-3 挡换挡阀上部作用主油道油压,2-3 挡换挡阀下移,切断了通往制动器 B_1的油路而接通了通往 C_2的油路,使自动变速器升入 2_3挡,2_3挡油路与 D_3挡油路的区别在于 2_3挡时从手动阀第五道出来的压力油经 2-3 挡换挡阀后作用在 3-4 挡换挡阀的下端,使 3-4 挡换挡阀不能上移,因此自动变速器在 2_3挡时不能升入 4 挡。

2_3挡工作时的油路如图 4-49 所示,其油路走向为:

油泵→主油道
- →3-4挡换挡阀
  - →离合器C_0
  - →离合器C_0蓄压器
- →手动阀
  - →滤清器
    - →1号电磁阀关断
    - →2号电磁阀接通
    - →2-3挡换挡阀上端
    - →离合器C_1
    - →离合器C_1蓄压器
  - →2-3挡换挡阀上部→3-4挡换挡阀下端
  - →1-2挡换挡阀中部
    - →制动器B_2
    - →制动器B_2蓄压器
    - →锁止信号阀中部
    - →减压阀上端
  - →2-3挡换挡阀上部
    - →1-2挡换挡阀下端
    - →离合器C_2
    - →离合器C_2蓄压器

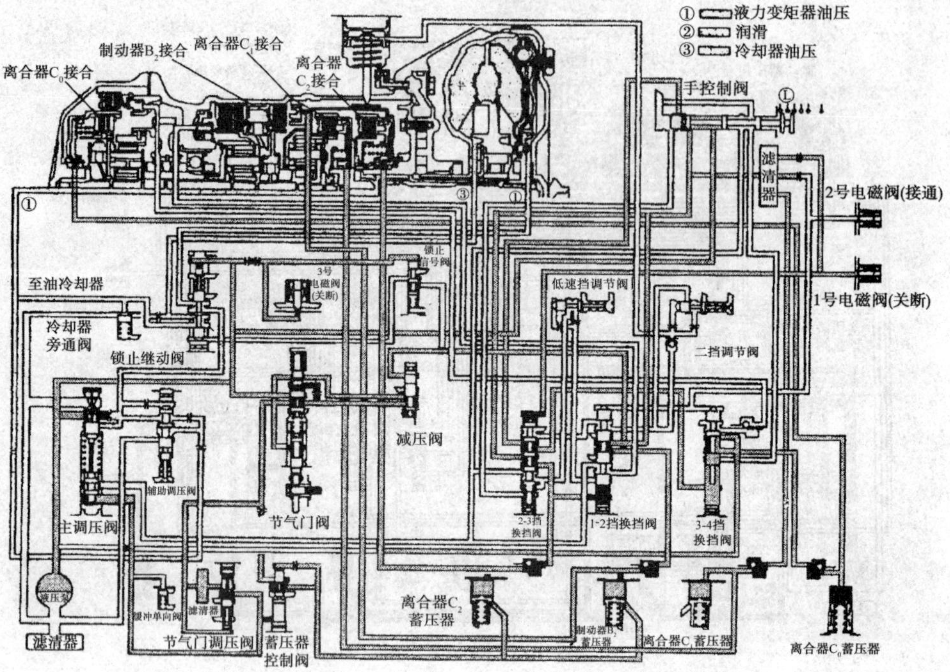

图 4-49　丰田 A140E 型电子控制自动变速器 2_3 挡油路

4.3.2.6　L 位油路分析

变速杆置于 L 位时，手控制阀第三道进油，第四、五、六道同时出油。

(1)L_1 挡油路分析(此时 C_0、C_1、B_3 工作)

L_1 挡时，1 号电磁阀接通，2 号电磁阀关断，这时 2-3 挡换挡阀处于上端位置，1-2 挡换挡阀处于下端位置，3-4 挡换挡阀由于上端作用主油道油压、下端同时作用主油道油压和弹簧力，因此阀体处于上端位置。

来自手动阀第六道出油路的压力油经 2-3 挡换挡阀下端、低速挡调节阀、1-2 挡换挡阀下部通往制动器 B_3，使自动变速器提供带发动机制动效果的 1 挡(在 D_1、2_1 挡时由于 B_3 不工作，因此无发动机制动效果)。L_1 挡工作时的油路如图 4-50 所示，其油路走向为：

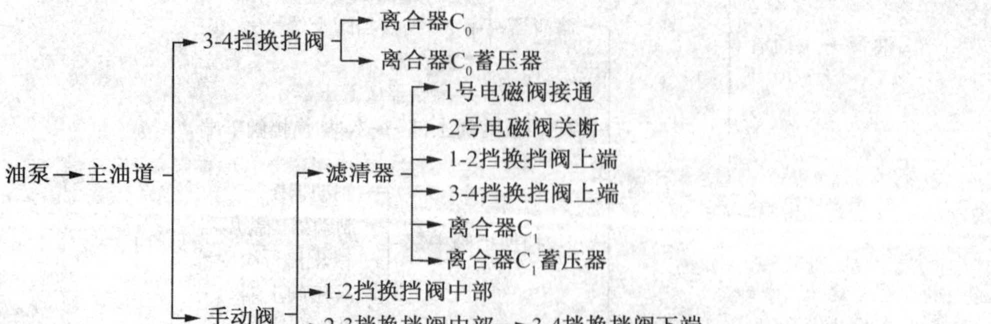

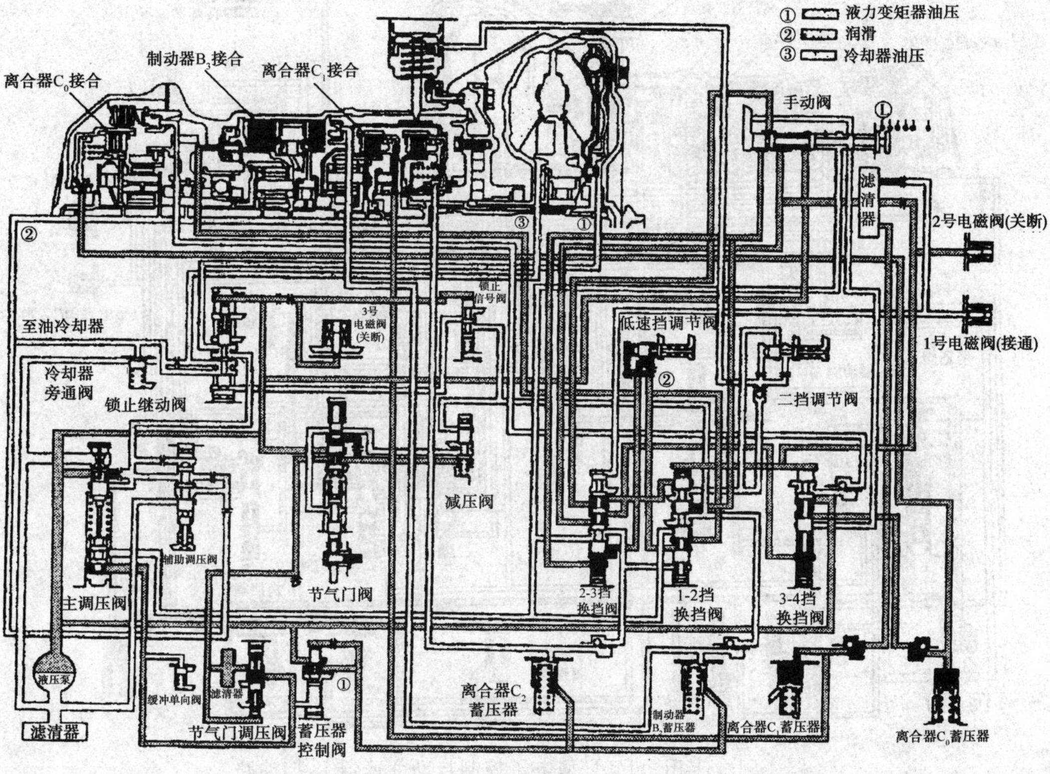

图 4-50　丰田 A140E 型电子控制自动变速器 L_1挡油路

(2)L_2挡油路分析(此时 C_0、C_1、B_1、B_2工作)

随着车速的升高,自动变速器升入 L_2挡,L_2挡时,1 号电磁阀接通,2 号电磁阀接通,由于此时 1-2 挡换挡阀上的油压卸除,阀体上移,切断了从低速调节阀经 1-2 挡换挡阀到制动器 B_3的油路,接通了从手动阀第四道经 1-2 挡换挡阀至制动器 B_2的油路,也接通了从手动阀第五道经 2-3 挡换挡阀、1-2 挡换挡阀至制动器 B_1的油路,使自动变速器提供有发动机制动效果的 2 挡。L_2挡工作时的油路如图 4-51 所示,其油路走向为:

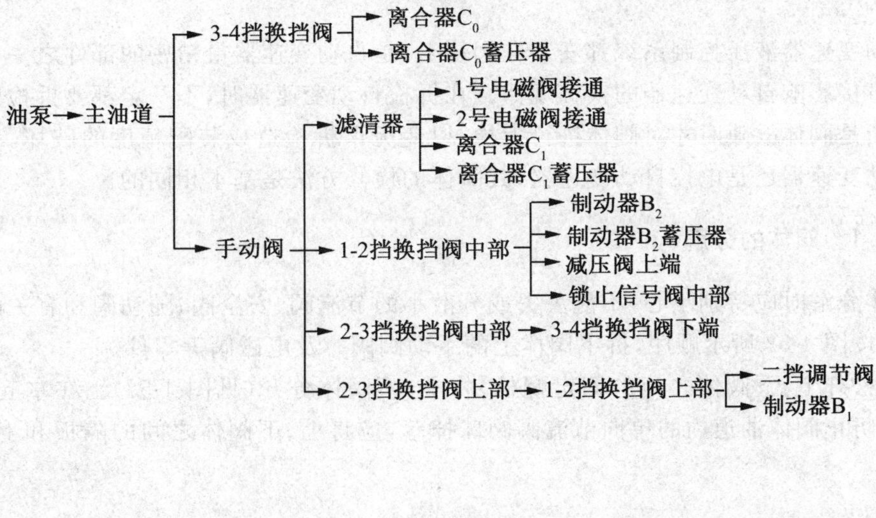

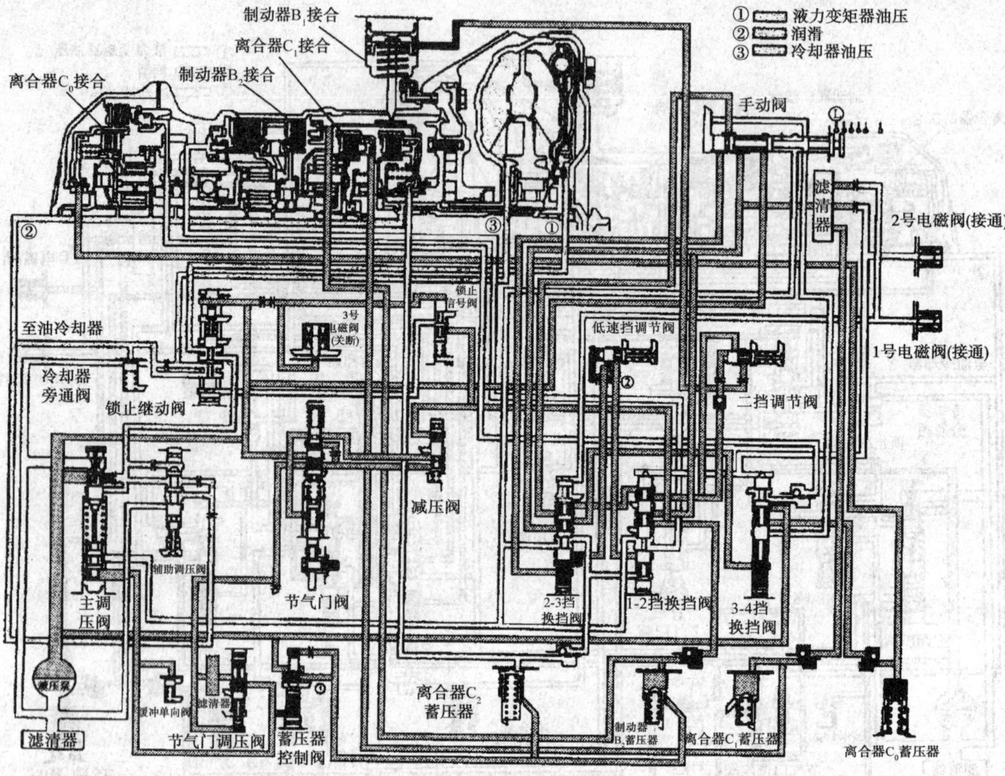

图 4-51　丰田 A140E 型电子控制自动变速器 L_2 挡油路

拓展阅读

1. 黄林彬主编. 汽车自动变速器构造与检修. 上海：同济大学出版社，2010
2. 胡光辉主编. 汽车自动变速器原理与检修. 北京：机械工业出版社，2006
3. 罗新闻主编. 汽车自动变速器结构原理彩色图解. 北京：机械工业出版社，2008

4.4　液压控制系统的检修

自动变速器液压控制系统都安装在阀体上，是自动变速器最精密的部件之一，其性能的好坏直接影响自动变速器的换挡规律。在拆检自动变速器时，不一定都要拆检阀体，只有在判断是阀体故障时才对阀体进行拆检，以免无谓拆检造成装配精度的破坏。不论是液控自动变速器还是电控自动变速器，其阀体的检修方法是基本相同的。

4.4.1　阀体的分解

阀体分解时应特别小心，不能丢失或分散小的节流阀、安全阀、随动阀和有关的弹簧。

(1)按图 4-52 所示顺序，拆下阀体上的手动阀阀芯及电磁阀等零件。

(2)松开上、下阀体之间的固定螺栓，将上、下阀体分开(见图 4-53)。在拿起上阀体时，为了防止阀体油道内的单向节流阀阀球掉落，应将上、下阀体之间的隔板和上阀体一同拿起[见图 4-53(b)],并将上阀体油道一面朝上放置后再取下隔板。特别是在没有详细技术资料的情况下检修自动变速器时,更要注意。如果阀体油道内的某个阀或其他小零件掉出,由于阀体油道的形状十分复杂,往往因找不到这些小零件的原有位置而不能正确安装,导致修理后的自动变速器工作异常。

(3)从上阀体一侧取下隔板,取出上阀体油道内的所有单向阀阀球。

(4)如图 4-54 所示,顺序拆出上阀体中的控制阀。在拆出每个控制阀时,应先取出锁销和挡塞,再让阀芯和弹簧从阀孔中自由落出。若阀芯在阀孔中有卡滞,不能自由落出,则可用木槌或橡胶锤敲击阀体将阀芯振出。不要用铁丝或钳子伸入阀孔去取阀芯,以免损坏阀孔内表面或阀芯。

(5)按图 4-55 所示顺序拆出下阀体上所有的控制阀。

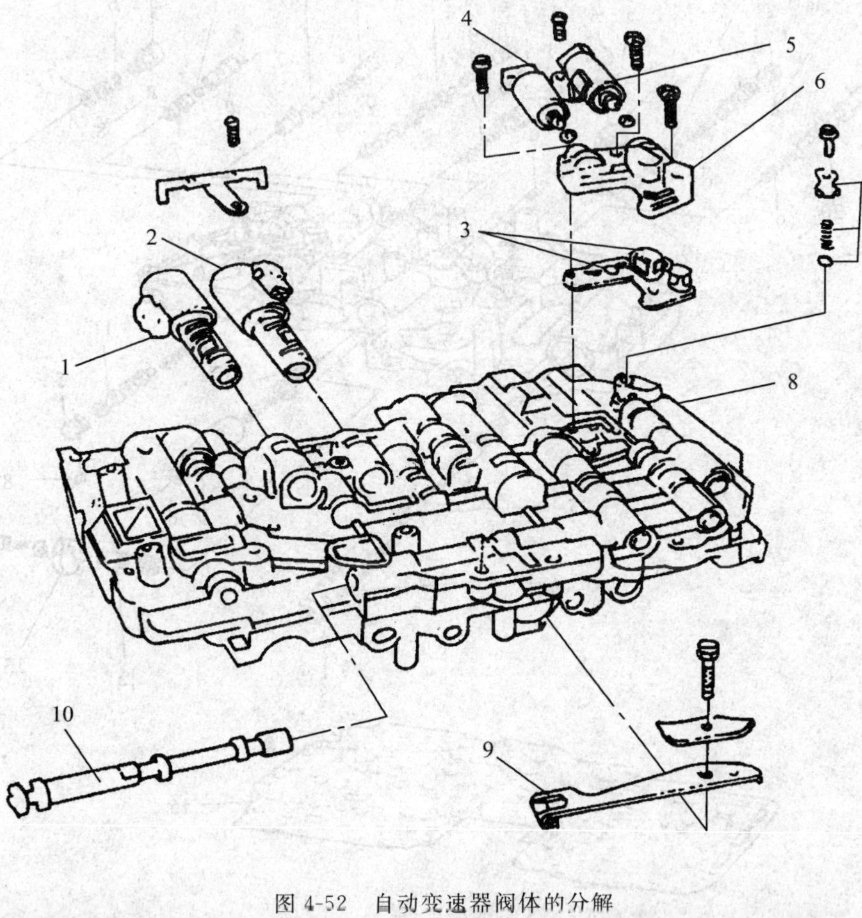

图 4-52　自动变速器阀体的分解

1—锁止电磁阀　2—油压电磁阀　3—换挡电磁阀滤网　4—换挡电磁阀　5—换挡电磁阀　6—换挡电磁阀底座　7—卸压阀　8—阀板　9—手动阀摇臂定位弹簧　10—电动阀

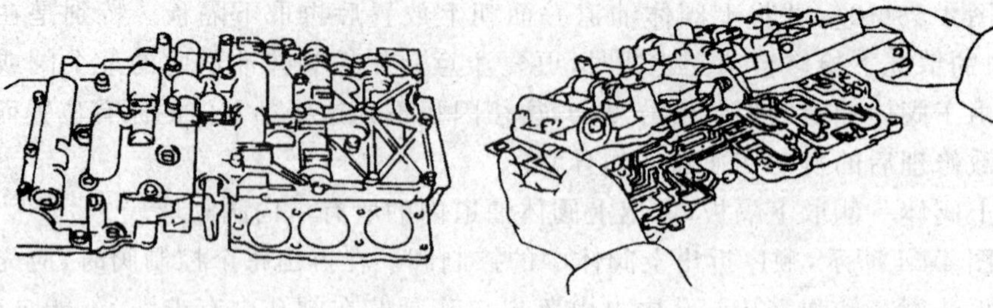

(a) (b)

图 4-53　上、下阀体的分解

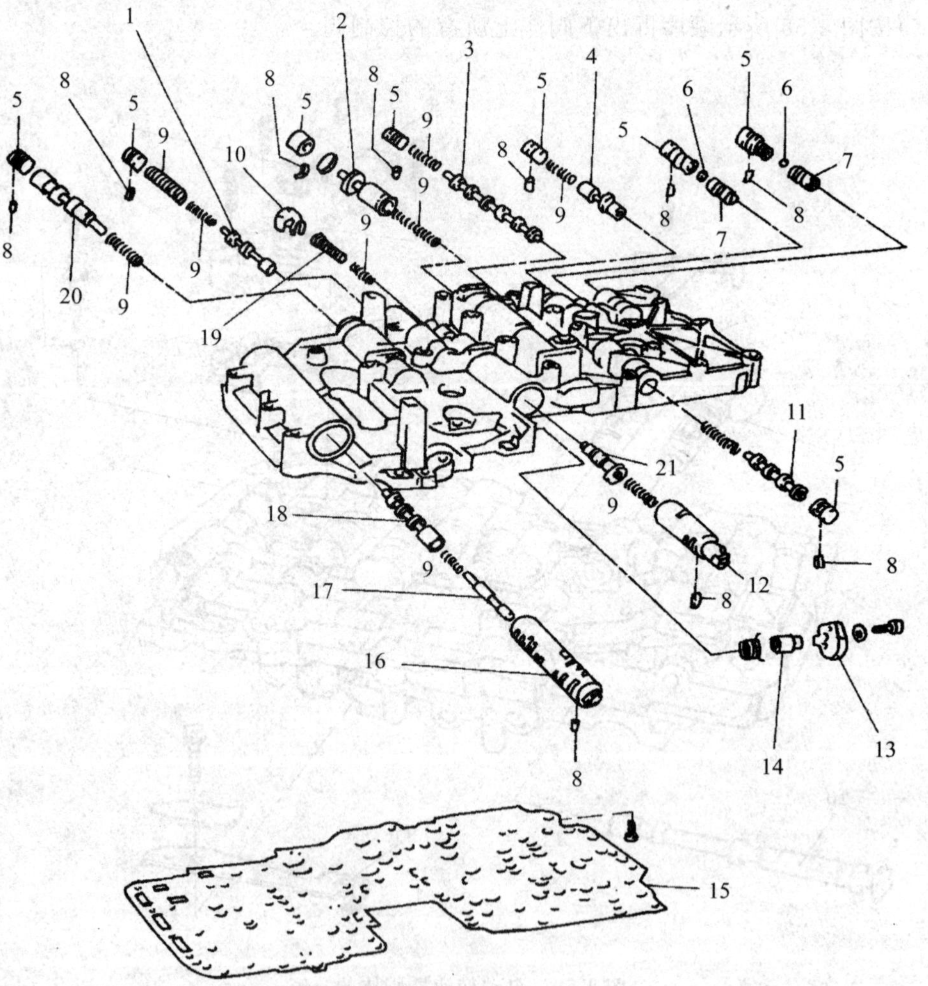

图 4-54　上阀体的分解

1—前进挡蓄压器节流阀　2—前进挡蓄压器活塞　3—2-3 挡换挡阀　4—倒挡控制阀　5—挡塞
6—止回阀阀球　7—止回阀　8—锁销　9—弹簧　10—锁片　11—3-4 挡换挡阀　12—强制降挡阀
13—节气门阀凸轮　14—锁套　15—隔板和衬垫　16—锁止控制阀阀套　17—锁止控制阀
18—锁止继动阀　19—节气门阀调节螺钉　20—副调压阀

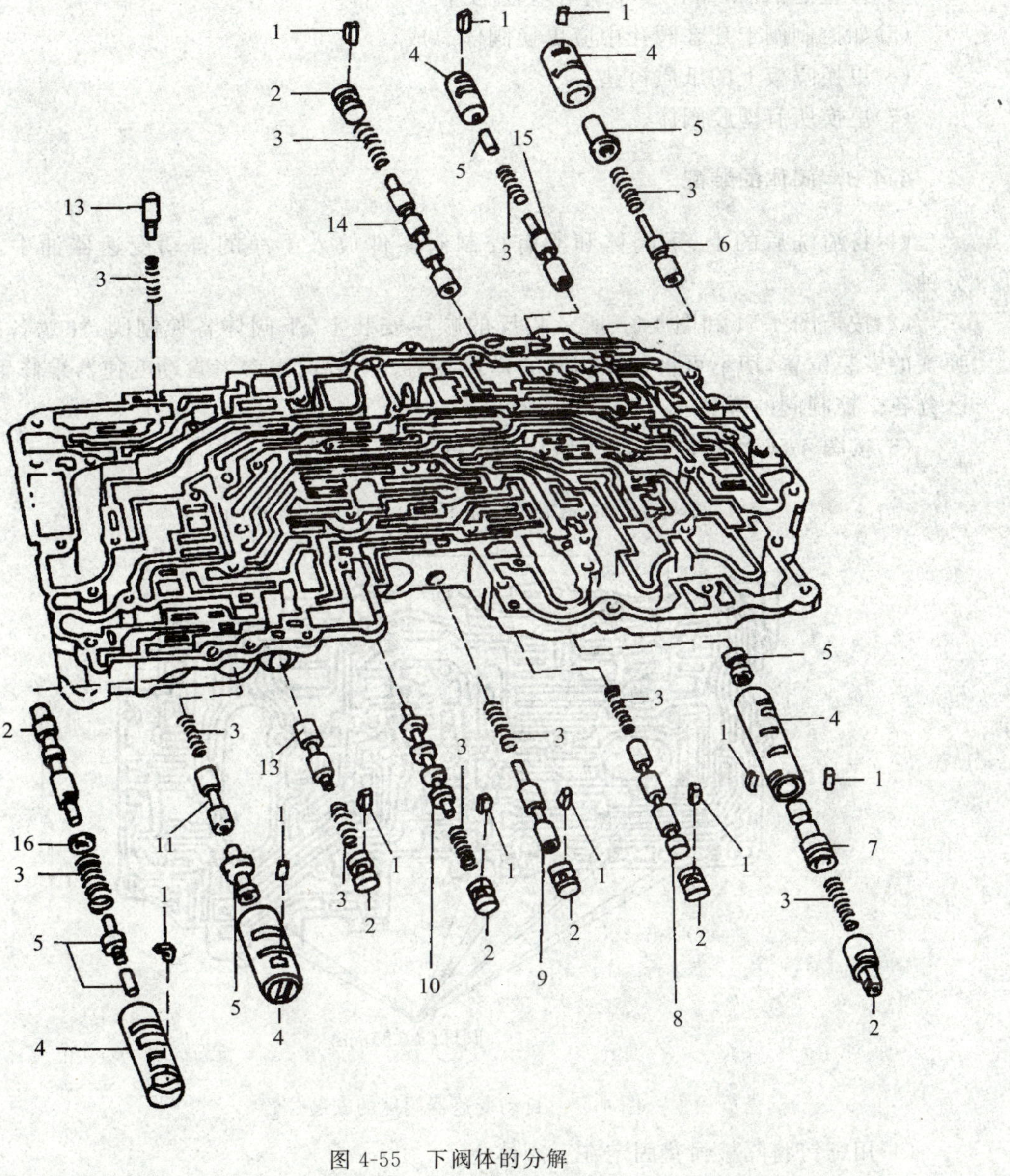

图 4-55　下阀体的分解

1—锁销　2—挡塞　3—弹簧　4—阀套　5—阀杆　6—滑行调节阀　7—蓄压器控制阀　8—截止阀

9—电磁调节阀　10—电磁转换阀　11—锁止控制阀　12—主油路调压阀　13—止回阀

14—1-2 挡换挡阀　15—滑行调节阀　16—垫圈

4.4.2　阀体零件检修

(1)将上、下阀体和所有控制阀的零件用清洁的煤油清洗干净。

(2)检查控制阀阀芯表面,如有轻微刮伤痕迹可用金相砂纸抛光。

(3)检查各阀弹簧有无损坏,测量弹簧长度,应符合自动变速器维修手册的要求,如不符合,应更换。

(4)检查滤油器,如有损坏或堵塞,应更换。

(5)如控制阀卡死在阀孔中应更换阀体总成。

(6)更换隔板上的纸质衬垫。

(7)更换所有塑胶阀体。

4.4.3 阀体的装配

(1)将清洗后的上、下阀体和所有控制阀零件放入干净的自动变速器油中浸泡几分钟。

(2)按与图 4-54 和图 4-55 所示相反的顺序安装上、下阀体各控制阀,注意各控制阀弹簧的安装位置,切不可将各控制阀的弹簧装错。必要时可参考自动变速器维修手册,以区分各个控制阀的弹簧。

(3)按图 4-56 所示位置,将上阀体油道内的阀球装入。

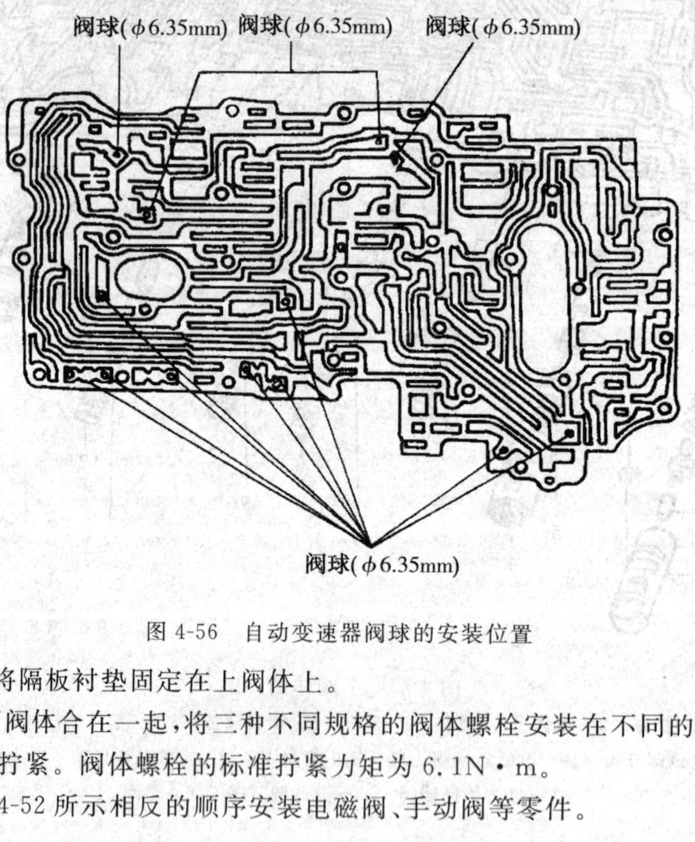

图 4-56　自动变速器阀球的安装位置

(4)用螺钉将隔板衬垫固定在上阀体上。

(5)将上、下阀体合在一起,将三种不同规格的阀体螺栓安装在不同的位置上,分 2～3 次将所有螺栓拧紧。阀体螺栓的标准拧紧力矩为 6.1N·m。

(6)按与图 4-52 所示相反的顺序安装电磁阀、手动阀等零件。

4.4.4 检修阀体时的注意事项

(1)检修阀体时,切不可让阀芯等重要零件掉落。不要将铁丝、旋具等硬物伸入阀孔中,以免损伤阀芯和阀孔的精密配合表面。

(2)阀体分解后的所有零件在清洗后,可用压缩空气吹干。不允许用棉布擦拭,以免沾上细小的纤维丝,造成控制阀卡滞。

(3)装配阀体时应检查各控制阀阀芯是否能在阀孔中活动自如。如有卡滞应拆下，经清洗后重新安装。

(4)不要在阀体衬垫及控制阀的任何零件上使用密封胶或黏合剂。

(5)在更换隔板衬垫时要将新旧件进行对比，确认无误后再装入，以防止因零件规格不符而影响自动变速器的正常工作。有些自动变速器的修理包中没有阀体的隔板衬垫，在维修中如果旧衬垫破损，可用青稞纸(即电工用绝缘纸)自制，方法是将旧衬垫的形状画在青稞纸上，用割纸刀和圆冲照原样刻出。

(6)在分解、装配阀体时，要有详细的技术资料(如阀体的分解图)，以作为对照。如果在检修时没有这些资料可作参考，可以在分解之前先画出阀体的外形简图，然后每拆一个控制阀，就在阀体简图的相应位置上画下该控制阀零件的形状和排列顺序，同时测量并记下各个弹簧的外径、自由长度和圈数，以此作为装配时的参考。拆下的各个控制阀零件要按顺序排放，以便重装。

另外，在分开上、下阀体时，要特别注意不要使阀体油道中的阀球、滤网等小零件掉出。在拿起上面的阀体时，要将隔板连同阀体一同拿起，待翻转阀体使油道一面朝上后再拿开阀体。认清上、下阀体油道中所有阀球等零件的位置，并画在简图上，同时测量并记下不同直径的阀球的位置，然后才能取出阀球等零件，做进一步分解及阀体清洗工作。如果阀球脱落，安装时记不住阀球的安装位置，可仔细看阀体上的印痕，从而确认阀球安装位置。

4.4.5　自动变速器壳体的检修

(1)检查自动变速器壳体，如壳体变形或裂纹，应更换。

(2)油底壳接合平面的平面度超差应用锉刀修整。

(3)清除所有密封平面上残留的密封衬垫或密封胶。

(4)用煤油将自动变速器壳体清洗干净，用压缩空气将所有油道吹净。

(5)更换壳体上的所有 O 形密封圈。

拓展阅读

胡光辉主编. 汽车自动变速器原理与检修. 北京：机械工业出版社，2006

复习思考题

4-1　在装有自动变速器的汽车上，为什么不能采用拖车方式移动车辆？

4-2　为什么在液力自动变速器主油路系统中必须设置主油路调压阀？

4-3　在液压控制系统中有哪些主要元件？并简述其作用和工作过程。

4-4　自动变速器为什么要设置强制低挡阀？简述其工作原理。

4-5　全液力控制换挡和电液控制换挡在控制上有什么区别？

4-6　拆装阀体时要注意什么？

第 5 章　电子控制装置

学习目标

1. 掌握电控系统的组成及功用。
2. 掌握电控系统的工作原理。
3. 学会电控系统及主要部件的检测方法。

考核标准

知识要求：电控系统的组成及功用，电控系统的工作原理。

技能要求：电控系统及主要部件的检测方法。

教学建议

教具：自动变速器台架、万用表、汽车综合诊断仪、汽车故障诊断仪、测电笔。

建议：电控系统的组成和功用及工作原理这两部分内容建议以教师讲解和示范为主，并结合多媒体课件或录像组织教学。电控系统及主要部件的检测方法这部分内容建议安排在实验室进行。

5.1　电控系统的作用及组成

5.1.1　电控系统的组成

电子控制自动变速器的控制系统由输入装置、控制装置、执行装置三部分组成，如图5-1所示。图5-2为电子控制自动变速器的组成部件。

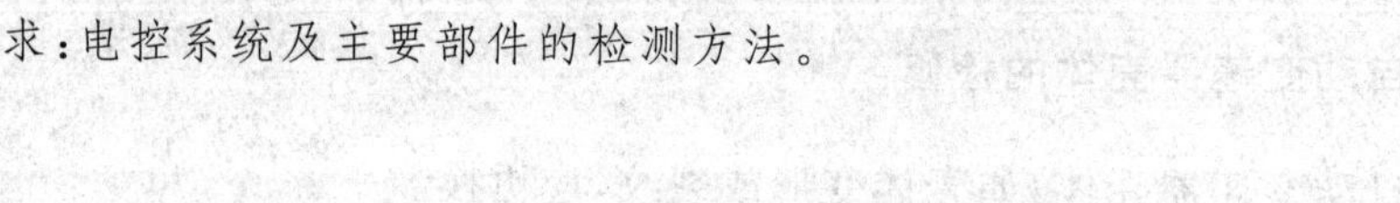

图 5-1　电控系统的组成部件

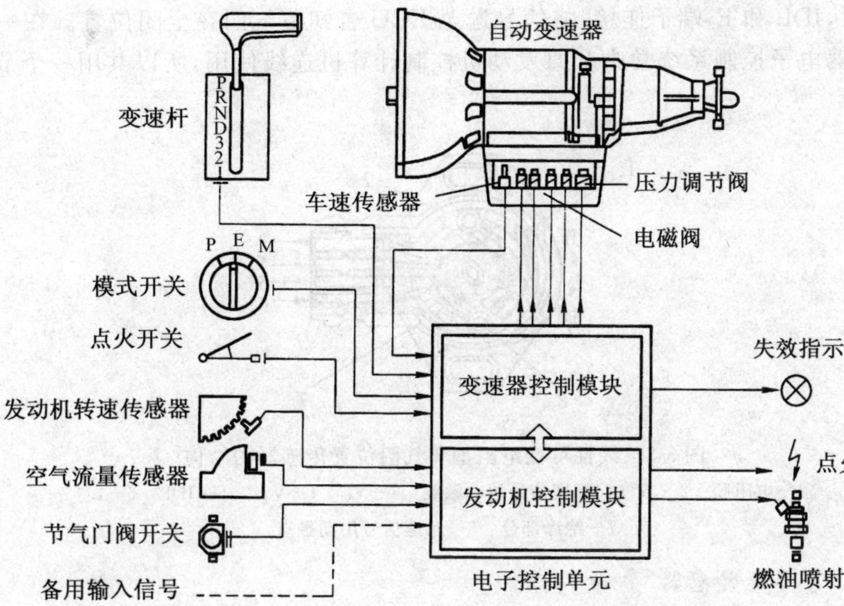

图 5-2　自动变速器电控系统的组成部件

5.1.1.1　输入装置

输入装置包括各种开关和传感器,可感知车辆速度、节气门开度等情况,并且将这些信号送至 ECU 判读。

5.1.1.2　控制装置

控制装置主要是自动变速器的电子控制单元。ECU 接受传感器的信号,决定换挡时机及液力变矩器锁定时间,并控制液压控制组件电磁阀的动作。

5.1.1.3　执行装置

执行装置主要是电磁阀,电磁阀根据电子控制单元所发出的指令开启或闭合,相应地接通或切断回路油道,从而控制换挡和锁止时机。

5.1.2　输入装置及功能

5.1.2.1　节气门位置传感器

节气门位置传感器(TPS)是取代液控液压式自动变速器中的节流阀。电脑通过节气门位置传感器,可以获得对应于节气门由全闭到全开的所有开启角度成连续变化的模拟信号,及节气门开度的变化速率,以此作为在不同行驶条件下控制换挡的主要依据之一。

此传感器装在节气门上,将节气门开度转换成电压信号,结构如图 5-3 所示。其工作原理是:节气门开度变化,触点跟着滑动,V_{TA}端子输出电压,形成线性的电压改变。当节气门全闭时，IDL 和 E_2 端子连接，将信号送至 ECU 告知节气门在全闭位置。在一些制造厂中，变速器电子控制系统常常和原发动机控制计算机连线使用，所以共用一个节气门位置传感器。

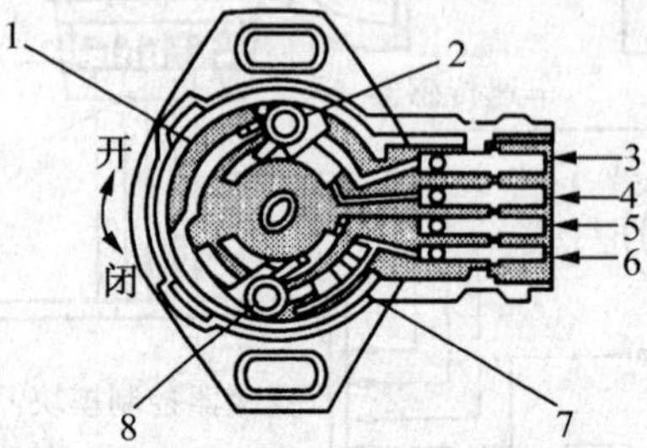

图 5-3　线性可变电阻型节气门位置传感器的结构

1—电阻膜　2—节气门开度信号用动触点　3—V_C　4—V_{TA}　5—IDL　6—E_2　7—绝缘部分　8—怠速信号用动触点

5.1.2.2　车速传感器

车速传感器是取代液控式自动变速器中的调速阀。车速传感器配合节气门位置传感器(TPS)可以精确地使 ECU 来决定换挡时机，此两种传感器的信号是电子控制自动变速器最主要的输入信号。

车速传感器主要是由永久磁铁和电磁感应线圈两部分组成，其结构如图 5-4 所示。工作原理是：当输出轴转动时，驻车锁止齿轮或感应转子的凸轮不断地靠近和离开车速传感器，使感应线圈的磁通量发生变化，从而产生交流感应电压。车速越高，输出轴转速就越高，感应电压的脉冲频率也就越高。电脑则按照单位时间内感应出的电压脉冲频率数，计算出输出轴转速，然后换算成车速。

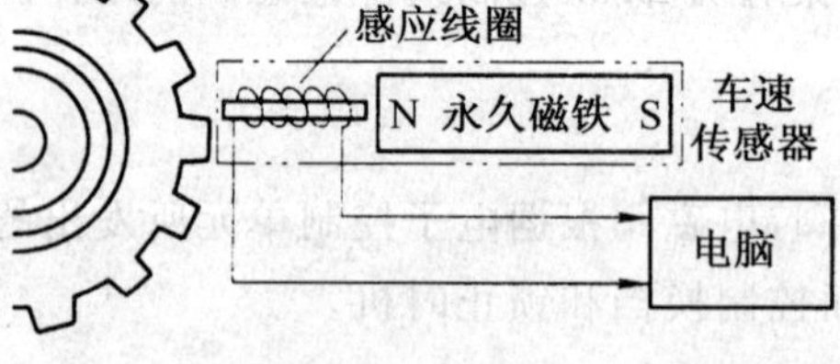

图 5-4　电磁感应式车速传感器的结构

5.1.2.3　冷却液温度传感器

用于自动变速器控制的温度传感器有两个：一个是发动机冷却液温度传感器；另一个是变速器油温传感器。

发动机冷却液温度传感器一般安装在发动机的缸盖或出水口的附近，用于检测发动机的工作温度，并将其温度转变为电信号传送给发动机 ECU，发动机 ECU 再将该信号传给变速器 ECU，变速器 ECU 根据该信号确定换挡时刻。当发动机温度低时，换挡延迟使发动机以高怠速运转，以便尽快地暖机升温，并保持启动动力性。变速器 ECU 还根据该温度传感器信号控制锁止离合器的接合，即当发动机温度低于某规定值时（视车型而定，一般为 60℃～70℃），锁止离合器不接合。发动机温度信号是发动机 ECU 检测并通过专线或数据总线传给变速器 ECU 的。冷却液温度传感器的线路连接如图 5-5 所示。

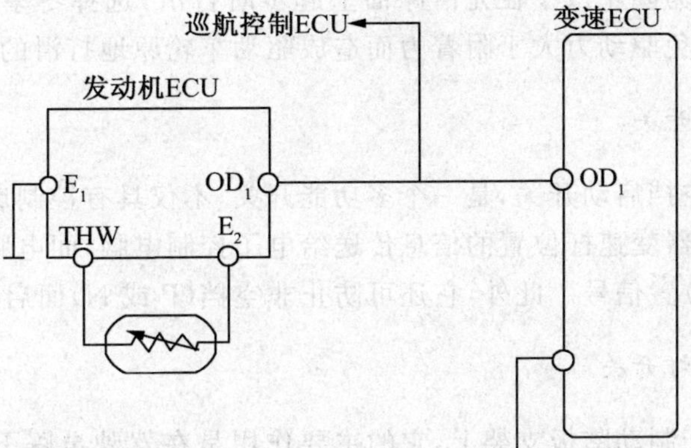

图 5-5 冷却液温度传感器的线路

5.1.2.4 转速传感器

转速传感器分为输入轴转速和输出轴转速传感器。输入轴转速传感器安装在变速器的输入轴或与输入轴连接的离合器附近的壳体上，用来检测变速器的输入轴转速；输出轴转速传感器安装在输出轴或与输出轴连接的离合器鼓附近的壳体上，用来检测输出轴转速。输入轴和输出轴转速传感器的结构、工作原理与车速传感器相同。变速器 ECU 接收的输入轴和输出轴转速传感器的信号主要用来监控变速器的机械传动机构的工作状态，根据信号修正变速器的工作压力，并且在信号超出范围时电脑会执行失效保护模式。同时变速器 ECU 还根据来自发动机 ECU 的发动机转速信号，计算出发动机的输入转矩，并结合变速器的输入轴转速信号，计算出变矩器的传动比，使油路压力控制过程和锁止离合器的控制过程得到进一步的优化，以改善换挡感觉，提高汽车的行驶性能。

5.1.2.5 行驶模式选择开关

行驶模式选择开关位于仪表板或变速杆附近。行驶模式主要有五种。

(1)经济行驶模式(Economy Mode，简称“E”或“ECO”)

选择经济行驶模式就是选择了节油工况，电子控制单元按照省油的原则自动升(降)挡。

(2)运动模式(Sport Mode，简称“S”)

选择了该模式就恢复了自动变速器在 D 位上的正常工作。

(3)动力行驶模式(Power Mode)

选择动力行驶模式，电控单元将推迟升挡时间，即只有在发动机转速较高和节气门开度较大的情况下才能升挡。同时，自动变速器降挡时间提前。当汽车在山区路段行驶或带有拖车时，适于选用这种模式。

(4)正常驾驶模式(Normal Mode)

选择了该模式就恢复了自动变速器在D位上的正常工作。

(5)冬季驾驶模式(Winter Mode)

在冰雪道路上，为防止汽车在光滑路面上起步时打滑，选择冬季驾驶模式，汽车在3挡起步，这样可以避免驱动力大于附着力而造成驱动车轮原地打滑的现象。

5.1.2.6 挡位开关

挡位开关也称空挡启动开关，是一个多功能开关，不仅具有控制启动继电器线圈电路的功能，还可将变速器变速杆位置的信息传送给电子控制电脑，而电脑则可判断空挡启动开关输入的变速杆位置信号。此外，它还可防止非空挡(P或N)而启动发动机。

5.1.2.7 制动灯开关

制动灯开关位于制动踏板支架上，它的主要作用是在驾驶员踩下制动踏板后自动接通制动灯，同时将制动信号传送给电子控制单元，即解除锁止离合器的信号，松开变矩器锁止离合器，防止当驱动轮抱死时，发动机突然熄火。

5.1.2.8 强制降挡开关

强制降挡开关位于加速踏板下边，控制从4挡强制降到3挡，超车时使用。超车时前车让位不减速，迅速踩下加速踏板(接通强制降挡开关)，汽车强制从4挡降到3挡，原有的惯性力还在，降挡又增加了转矩，牵引力大于行驶阻力，使汽车加速前进。某些车型已取消了强制降挡开关(如别克4T65E型自动变速器)而使用节气门位置传感器的信号来作为强制降挡信号。

5.1.2.9 超速挡开关(O/D开关)

超速挡开关一般设在变速杆手柄上，超速挡切断指示灯安装在组合仪表板上，其电路如图5-6所示。当超速挡开关接通时，触点断开，此时从蓄电池来的12V电压信号经超速挡切断指示灯送入电子控制单元，电子控制单元获得正确的输入信号电压(12V)时，才允许变速器升入超速挡。当超速挡开关断开时，触点闭合，此时从蓄电池来的电流经超速挡切断指示灯和闭合的触点构成回路，超速挡切断指示灯，并将0V电压信号送给电子控制单元，即不允许升入超速挡，在D位最高挡为3挡。

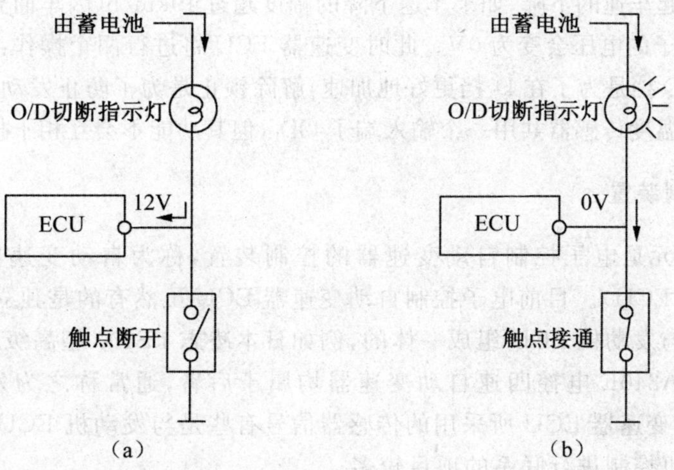

图 5-6 超速挡开关电路

5.1.2.10 手控换挡开关

手控换挡开关用在手动和自动混合控制的变速器上(MAT),开关一般安装在变速杆的下面。不同的车型对手控换挡开关的命名不同,如 BMW 称为 Steptronic 开关,AUDI 称为 Tiptronic 开关,BENZ 称为 Touch shift 开关。本书为了方便阐述,统称为手控换挡开关。当自动变速器选择用手控操纵换挡模式时,手控换挡开关首先给出电脑挡位的确认信号,然后通过操纵变速杆,变速器 ECU 根据手控换挡开关的信号"+"控制升挡,"—"控制降挡。当手控换挡开关失效时,电脑不再根据变速杆的操作控制升挡和降挡。

5.1.2.11 巡航控制信号

有些车辆设有巡航控制系统,在交通情况较好的情况下启动巡航控制系统可以减轻驾驶员的劳动强度。巡航控制系统与自动变速器 ECU 的连接情况如图 5-7 所示。

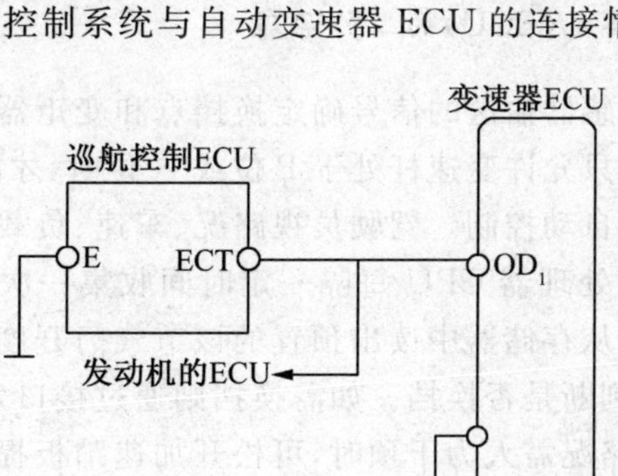

图 5-7 巡航控制线路

如果车辆原来在动力(PWR)模式下行驶,在巡航控制系统启动后自动变速器 ECU 自动将行驶模式转变为常规(NOR)模式。在车辆行驶正常时,ECU OD_1 端子的电压为 12V。

车辆上坡时会引起车速的下降，如果车速下降的幅度超过 10km/h(因车而异，高档车此值较小)，ECU OD_1 端子的电压会变为 0V。此时变速器 ECU 将进行两个操作：解除 OD 挡和解除锁止。解除 OD 挡是为了在 D_3 挡更好地加速，解除锁止是为了防止发动机熄火。巡航控制电脑与冷却液温度传感器共用一个输入端子 OD_1，但其功能不会互相干扰。

5.1.3 控制装置

电子控制单元是电子控制自动变速器的控制装置，称为自动变速器 ECU(变速器 ECU 或 ECT 的 ECU)。目前电子控制自动变速器 ECU 虽然有的是独立的，但相当多的变速器 ECU 是与发动机 ECU 组成一体的，例如日本凌志 LS400 型高级轿车车用电控自动变速器、丰田 A340E 电控四速自动变速器均属于后者，通常称之为发动机和变速器 ECU。这是因为变速器 ECU 所采用的传感器信号有些是与发动机 ECU 通用的，且变速器 ECU 与发动机控制进行联系的项目较多。

5.1.3.1 电子控制单元(ECU)的特点

与发动机电子控制单元类似，变速器 ECU 由电源、输入电路、输出电路、信号转换器和计算机等组成。其中计算机(亦称微处理器)主要由中央处理器 CPU、存储器和输入/输出接口(I/O)等几部分组成。

计算机是电子控制器的核心部件，它能完成比全液压控制式自动变速器更复杂的自动控制，能进行逻辑运算、程序控制及数据处理。更重要的是，它可用数字处理办法，将全部换挡程序和锁止变矩器程序持久地储存于变速器 ECU 存储器中。变速器 ECU 存储器可存储多种控制参数，实现动态多参数控制，从而获得最佳的动力性和燃料经济性，这是全液压控制式自动变速器难以做到的。它可以只靠改变输入信号及程序来适应不同传动和不同换挡规律的需要，而不必改变机械加工工艺设备，使一种操纵装置适用于各种传动。

5.1.3.2 电子控制单元(ECU)的工作原理

电子控制单元根据传感器输送的信号确定换挡点和变矩器锁止时机，并控制相应电磁阀工作。电子控制单元只允许变速杆处于 P 位或 N 位时，才能启动发动机。启动后换入前进挡位后系统便进入自动控制。驾驶员视路况、车速、负载等，通过模式选择开关选择适宜的规律行驶。中央处理器 CPU 每隔一定时间收集一次输入信号，处理这些信息(车速、节气门开度等)，并从存储器中读出预置的该节气门开度下的最佳换挡点速度，与当时采样的车速比较后，判断是否换挡。如需换挡则通过接口发出换挡指令给换挡电磁阀，实现升挡或降挡。当路况需人为干预时，可松开加速踏板提前换高挡，踩加速踏板提前换入低挡，或将变速杆置于低挡，系统则退出自动控制。

5.1.3.3 电子控制单元(ECU)的功能

电子控制单元(ECU)接收各种监测汽车行驶状况和发动机工况的传感器信号，可精确地控制换挡时间、变矩器锁止离合器的锁止时机和换挡时的发动机转矩。它还具有自诊断功能，可自动监测和识别电子控制元件的故障，并通过超速挡切断指示灯故障码的形式将自诊断信息输出。此外，电子控制单元（ECU）在电路发生故障和电磁阀失效时，还具有失效安全保护功能，能保证车辆继续行驶。

5.1.3.4　电子控制单元（ECU）的控制内容

(1)换挡正时控制

换挡正时控制即换挡点（变速点）控制，它是变速器 ECU 最基本的控制功能。在 ECT 中，挡位（速比）自动进行切换的点称为换挡点，换挡点由节气门开度和车速决定。换挡（升挡或降挡）车速与节气门开度的关系通常称为换挡规律。图 5-8 为变速杆处于 D 位、模式选择开关处于 N 或 P 位时的换挡规律图。

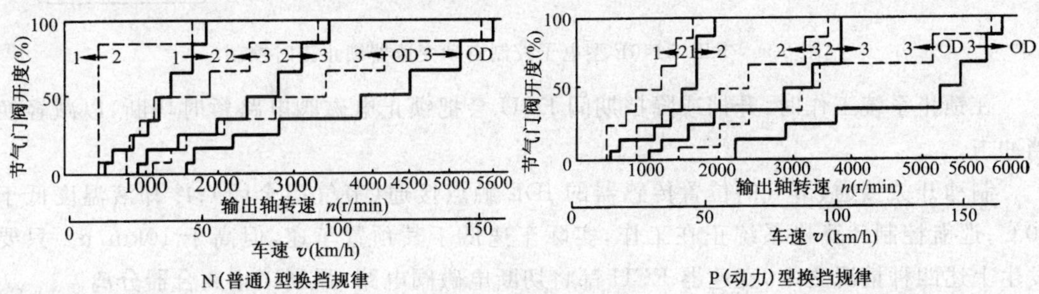

图 5-8　换挡规律图

当变速杆在前进挡位 D 且节气门开度相同时，动力型换挡规律的各挡升挡车速以及降挡车速都要比经济型换挡规律的升挡及降挡车速高，这样升挡车速越高，加速动力性越好，降挡时亦然；反之，升挡车速越低，则燃油经济性就越好。

在选定挡位模式后，变速器 ECU 按照换挡模式的程序，根据速度传感器输入的车速信号和节气门位置传感器输入的节气门开度信号控制 1、2 号电磁阀线圈电流的通断，即控制着两个电磁阀的接通或断开。用这两种方法，ECU 即可控制换挡阀，使其切换行星齿轮装置中的离合器、制动器的油路，实现升挡或降挡。

(2)变矩器离合器锁止正时控制

在发动机和变速器 ECU 存储器中，已存入每种行驶方式（不同挡位、不同换挡模式）下锁止离合器的工作程序，依照这种程序，变速器 ECU 可根据车速信号和节气门开度信号使锁止电磁阀接通或断开，从而控制锁止时间。

根据锁止电磁阀的接通或断开，锁止信号阀（或锁止控制阀、锁止继电器阀）变换作用于变矩器上的液压油路，使锁止离合器接合或分离。丰田 A140E 型电子控制变速器的锁止正时控制如图 5-9 所示。

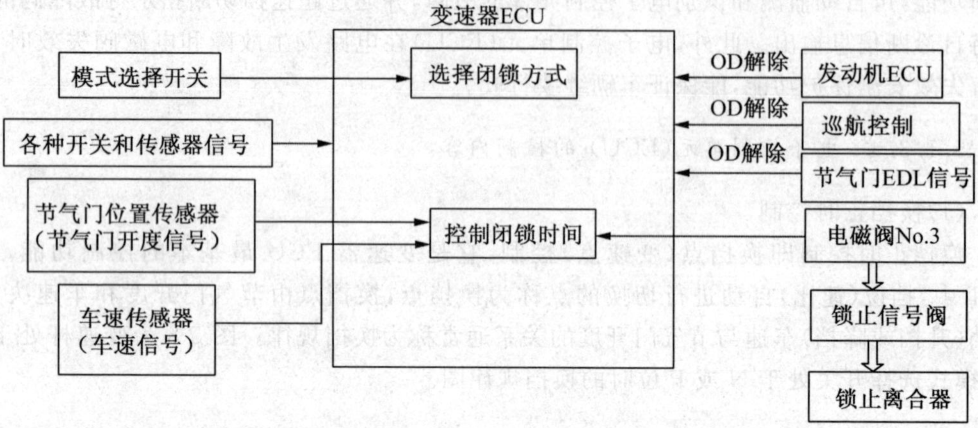

图 5-9　丰田 A140E 型电子控制自动变速器锁止正时控制

在锁止系统工作时，升挡或降挡期间 ECU 会把锁止电磁阀电路暂时切断，以减轻换挡冲击。

制动开关接通；节气门位置传感器的 IDL 触点接通（节气门全闭）；冷却液温度低于 70℃；巡航控制计算机系统正在工作，实际车速低于其预置车速，但高于 10km/h。只要发生上述四种情况之一，变速器 ECU 都将切断电磁阀电路，强制锁止离合器分离。

变速器 ECU 不仅可以利用锁止电磁阀来控制锁止正时，还可利用电磁阀来调节锁止离合器液压，从而使锁止离合器顺利地接合和分离。

(3)超速行驶控制

当超速挡开关接通，并且变速杆置于 D 位时，汽车才有可能以超速挡行驶。由于超速挡的转速比较小，在平坦的柏油路上小负荷行驶时发动机转速与直接挡相比几乎下降 1/3，不但降低了油耗，而且使发动机噪声及磨损明显下降。所以，4 个前进挡的电子控制自动变速器中第 4 挡为超速挡。

使用超速挡是有条件的，对于丰田 A140E 型自动变速器，若冷却液温度低于 70℃或巡航控制计算机系统工作实际车速低于预置车速但高于 10km/h 时，发动机 ECU 和巡航控制 ECU 将给变速器 ECU 发送一个超速解除信号，变速器 ECU 将不会使 ECT 升速至超速挡。

(4)发动机转矩控制

当发动机和变速器 ECU 根据接收的各种信号判定变速器需要换挡变速时，会暂时使发动机点火时间滞后，使发动机转矩下降以使离合器接合平缓，换挡平顺。

(5)自诊断功能

当速度传感器、电磁阀等发生故障时，ECU 通过 O/D 指示灯的闪烁输出故障码，以指示故障发生的部位。

当变速器 ECU 监测和识别出上述元件有故障时，便将相应的故障码存储在存储器中，由于有备用电源，即使发动机熄火也不会消失。所以，在故障排除后要通过消除故障码中的专门程序才能将故障码从存储器中抹掉。

(6)失效安全保护功能

电控系统的电磁阀和车速传感器都具有备用功能,在电控系统出现故障的情况下配合手动换挡机构使车辆继续行驶。有的自动变速器,当其电控系统出现故障后,电控单元自动切断电子控制回路,汽车被限制在一定车速范围内行驶,不能升/降挡。当1号或2号电磁阀失灵时,变速器 ECU 将继续控制正常电磁阀工作,使一些换挡仍能进行,车辆能继续行驶。当1、2号电磁阀都失灵时,可通过变速杆换挡。当变速杆移到前进挡低(L)位、2(S)位和D位时,变速器将分别在1挡、3挡和超速(OD)挡工作。

5.1.4　执行装置

电子控制自动变速器中的执行器就是电磁阀。

5.1.4.1　电磁阀的作用

电磁阀可根据变速器 ECU 的命令接通或切断液压回路,实现换挡和锁止离合器锁止、分离,以及主油压和发动机制动等的控制。

5.1.4.2　电磁阀的类型

(1)按电磁阀控制形式分类

1)间接控制方式

间接控制方式的电磁阀装在控制阀上,由电磁阀控制机械滑阀的动作,再由机械滑阀控制执行元件的油路。绝大部分自动变速器采用这种方式。

2)直接控制方式

电磁阀位于行星齿轮变速系统执行机构的油路中,直接控制通向执行元件的自动变速器油。只有少数几种自动变速器采用这种方式,如本田车和后轮驱动的日产车。

(2)按电磁阀作用分类

1)换挡电磁阀

自动变速器控制单元根据车速传感器、节气门位置传感器(升入超速挡时还需参考发动机冷却液温度传感器和自动变速器油温度传感器的信号)的基本信号接通或断开,执行油压便经换挡电磁阀作用在换挡阀上,进而接通换挡阀的油路,使离合器和制动器分离和接合,从而完成换挡工作。

2)调压电磁阀

在一些电子控制自动变速器中,主油路油压可由此种电磁阀控制。

3)锁止电磁阀

锁止电磁阀是对执行油压进行控制,以提高乘坐的舒适性。锁止电磁阀被变速器 ECU 接通负极后,通断频率可达到50Hz,通过对锁止离合器的控制,即通过对锁止电磁阀通断频率的控制,达到变矩器锁止油压的目的。

当变速器 ECU 接通锁止电磁阀的搭铁回路时,锁止离合器活塞与变矩器壳体之间的自动变速器油被排出。来自第二调压阀的锁止离合器接合,压紧锁止离合器活塞,与变速器壳体接触,锁止电磁阀通过对锁止过程中通断频率的控制,和第二调压阀及锁止离合器的其他阀的控制，提高锁止离合器接合的平稳性。

(3)按电磁阀的工作方式分类

1)脉冲式电磁阀

脉冲式电磁阀在电控自动变速器中的应用越来越多，主要用于油压调节和锁止离合器的接合与分离、换挡过程控制等。变速器ECU向脉冲式电磁阀提供一定频率但不同占空比的脉冲。通过调整脉冲宽度，也就调整了电磁阀的平均电流，从而调整了主油压。占空比是指正脉冲的持续时间与脉冲总周期的比值，图5-10即为占空比波形图，T为调节器输出脉冲信号的周期，其高电平脉冲宽度为T_1，则占空比$d=T_1/T\times100\%$，占空比的变化范围为0～100%。图5-11为4T65E型自动变速器主油压与油压控制电磁阀平均电流之间的关系曲线。从图中可以看出，占空比增大时，通过电磁阀线圈的平均电流增大，主油压降低；反之，主油压升高。当电磁阀本身或其线路出现故障时，电磁阀断电，变速器的主油压升高，变速器以应急状态行驶。

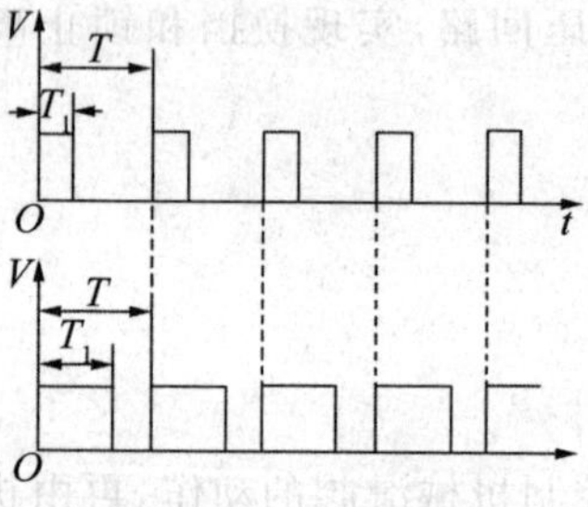

图5-10 占空比波形图

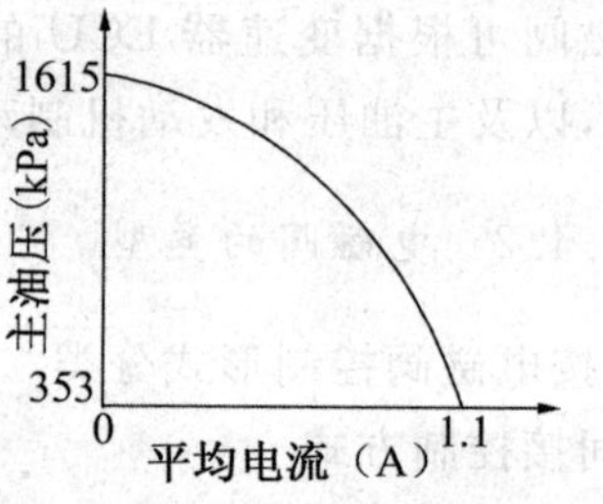

图5-11 占空比油压控制曲线

脉冲式电磁阀的结构如图5-12所示，其中，图5-12(a)是普通脉冲式电磁阀，图5-12(b)是滑阀式脉冲式电磁阀，它们的工作原理基本相同，只是结构上有区别，但都由电磁线圈、衔铁、阀芯或滑阀等组成。

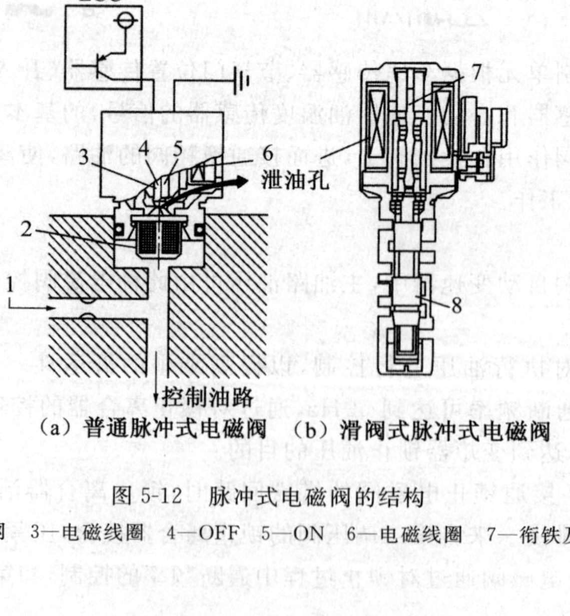

图5-12 脉冲式电磁阀的结构

1—主油道 2—滤网 3—电磁线圈 4—OFF 5—ON 6—电磁线圈 7—衔铁及铁芯 8—滑阀

占空比增大时，电磁阀通电时间相对增加，经泄油孔排出的液压油就增多，油路中的油压就会相应下降。自动变速器 ECU 就是通过输出占空比不同的脉冲信号来控制电磁阀的动作，使油路中的油压稳定、下降、上升。

2)开关式电磁阀

由于该电磁阀有接通和断开两种状态，故称为开关式电磁阀。其功用是开启或关闭电控自动变速器的油路，以控制换挡阀及变矩器锁止离合器的锁止信号阀与锁止继动阀。

开关式电磁阀按通断形式分类，即根据变速器 ECU 发出指令前(接通负极)电磁阀是否保持畅通，分为常开式和常闭式两种。常闭式电磁阀在没接上负极前应保证完全密封，接上负极时，电磁阀柱塞离开阀座，打开泄油孔，主油路油压降低；常开式电磁阀在没接上负极前，即电磁阀没有动作时，柱塞离开阀座，打开泄油孔，主油路压力降低，电磁阀接上负极时，柱塞关闭泄油孔，应保证完全密封。

开关式电磁阀的结构与工作原理如图 5-13 所示，它由电磁线圈、衔铁、回位弹簧、阀芯或阀球等组成。它有两种工作方式：一种是让某一条油路保持油压或泄空，如图 5-13(a)所示，即当电磁阀线圈不通电时，阀芯被油压推开，打开泄油孔，该油路的液压油经电磁阀泄空，油路中压力为 0，当电磁线圈通电时，电磁力使阀芯下移，关闭泄油孔，使油路压力上升；另一种是开启或关闭某一条油路，即当电磁线圈不通电时，油压将衔铁推开，阀球在油压的作用下关闭泄油孔，打开进油孔，使主油路压力油进入控制油道，如图 5-13(b)所示，当电磁线圈通电时，电磁力使衔铁下移，推动阀球关闭进油孔，打开泄油孔，控制油路内的压力油泄空，如图 5-13(c)所示。

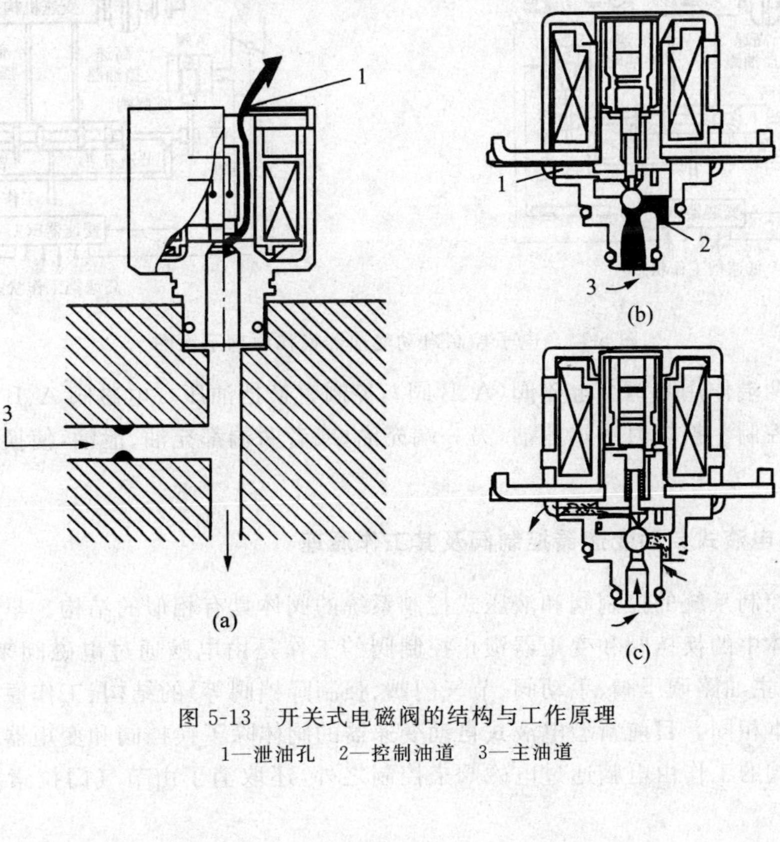

图 5-13　开关式电磁阀的结构与工作原理

1—泄油孔　2—控制油道　3—主油道

5.2 电控系统的工作原理

5.2.1 换挡控制原理

电子控制自动变速器的换挡原理如图 5-14 所示。通过各种开关和传感器检测汽车和发动机的运行状态，接受驾驶员的指令，将汽车车速、发动机转速及工作温度、节气门位置、歧管真空度、选挡位置等信号输入 ECU。ECU 接到信号后，根据即时变速杆的位置，对照参数计算选择最佳换挡点和变矩器锁止时刻，发出控制信号驱动电磁阀，改变液压，各换挡阀根据液压信号，控制离合器、制动器动作，从而实现自动换挡。

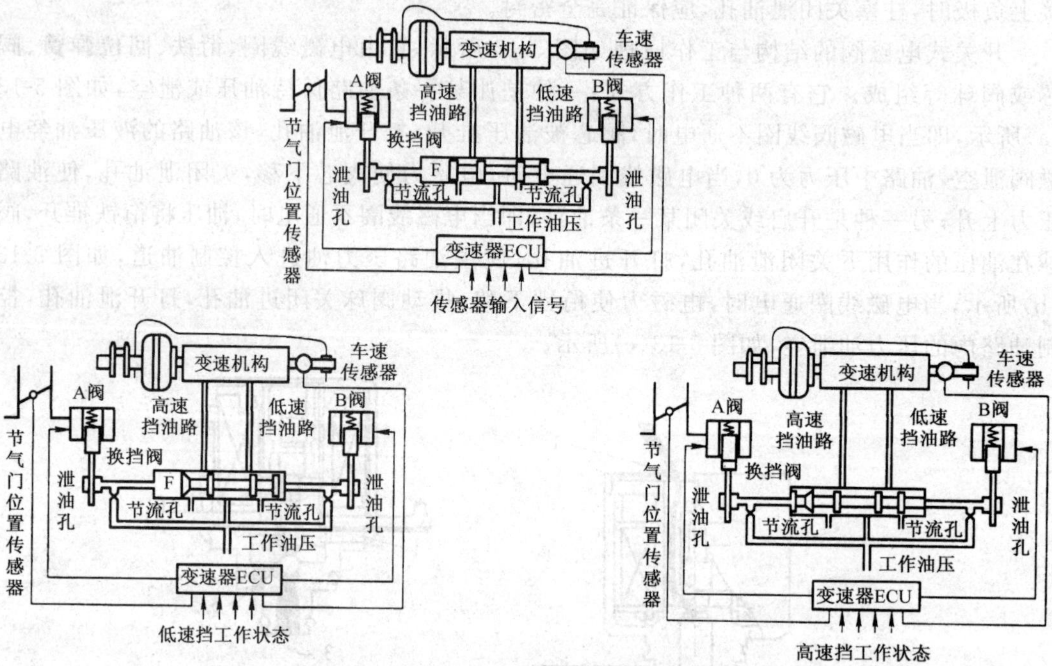

图 5-14　电子控制自动变速器换挡原理示意图

换挡阀两端作用着两个电磁阀(A、B 阀)，控制着换挡油压。电磁阀 A、B 由自动变速器电控单元控制。换挡时一端泄油，另一端充油；或者两端都充油、泄油，使换挡阀产生位移而换挡。

5.2.2 电液式自动变速器控制阀及其工作原理

电液式控制系统的控制阀和液压式控制系统的阀体具有相似的结构。早期的电液式控制系统阀体中的换挡阀和变矩器锁止控制阀的工作是由电脑通过电磁阀来控制，其余的控制阀(如主油路调压阀、手动阀、节气门阀、强制降挡阀等)的结构、工作原理与液压式控制系统基本相同。目前新型电液式自动变速器的阀体除了换挡阀和变矩器锁止离合器的锁止控制阀的工作由电脑通过电磁阀来控制之外，还取消了由节气门拉索操纵的节气门阀，而使用由电脑控制的油压电磁阀来产生节气门油压，并让主油路调压阀的工作受控于油压电磁阀。

5.2.2.1　换挡阀

电液式控制系统换挡阀的工作完全由换挡电磁阀控制，其控制方式有两种：一种是加压控制，即通过开启或关闭换挡阀控制油路的进油孔来控制换挡阀的工作；另一种是卸压控制，即通过开启或关闭换挡阀控制油路的泄油孔来控制换挡阀的工作。加压控制方式的工作原理如图 5-15 所示。当电磁阀关闭时，没有油压作用在换挡阀左端，换挡阀在右端弹簧力作用下移向左端；当电磁阀开启时，压力油作用在换挡阀左端，使换挡阀克服弹簧力右移，从而改变油路，实现挡位变换。有四个前进挡的自动变速器通常有三个换挡阀。这三个换挡阀可以分别由三个换挡电磁阀来控制，也可以只用两个电磁阀来控制，并通过三个换挡阀之间油路的互锁作用实现四个挡位的变换。目前大部分电子控制自动变速器采用由两个电磁阀操纵三个换挡阀的控制方式。

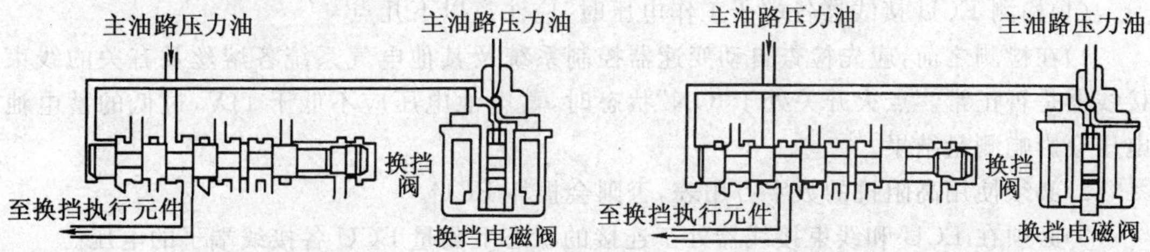

图 5-15　电液控制系统换挡阀的工作原理

5.2.2.2　锁止离合器的控制阀

电控式自动变速器的锁止电磁阀常采用开关式电磁阀，主油路压力油经节流孔作用在锁止离合器控制阀的右端，如图 5-16 所示，锁止离合器控制阀的左端作用着弹簧力。

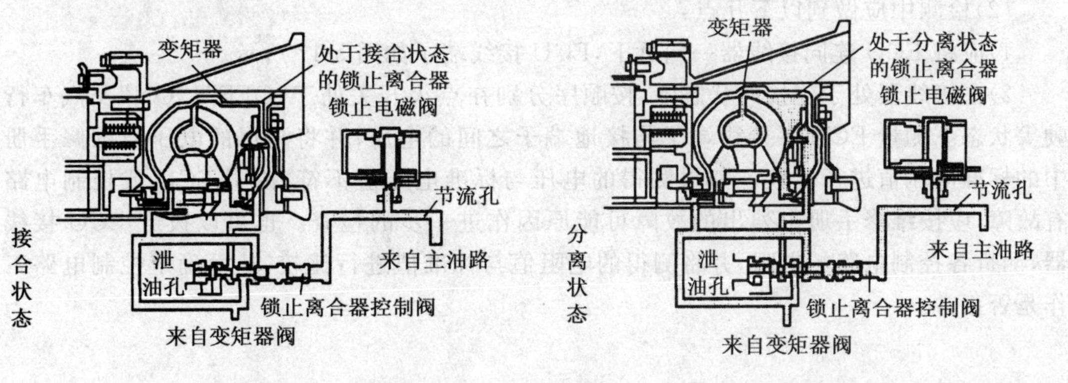

图 5-16　电控系统锁止离合器控制阀工作原理(开关式电磁阀)

(1)接合状态

当车速、节气门开度等因素满足锁止条件时，电脑向锁止电磁阀发出信号，电磁阀排油孔关闭，作用在锁止离合器控制阀右端的控制油压上升，阀芯在右端控制油压的作用下左移，此时锁止离合器活塞右侧的自动变速器油经锁止离合器控制阀同时作用在变矩器锁止离合器活塞两侧，从而使锁止离合器处于接合状态。

(2)分离状态

当车速、节气门开度等因素未达到锁止条件时，锁止电磁阀不通电，电磁阀的排油孔开启，作用在锁止离合器控制阀右端的控制油压下降，使阀芯在弹簧的作用下处于右位，来自变矩器阀的压力油经锁止离合器控制阀同时作用在变矩器内锁止离合器活塞两侧，从而使锁止离合器处于分离状态。

5.3 电控系统及主要部件的检测

5.3.1 电控系统的检测

ECU及其控制电路的故障可以用该车型的电脑检测仪或通用于各种车型的汽车电脑解码器来检测。

(1)检测ECU接线器各端子工作电压时，应注意以下几点：

1)在检测之前，应先检查自动变速器控制系统及其他电气系统各熔丝及有关的线束接线器是否正常。点火开关处于“ON”状态时，蓄电池电压应不低于11V，过低的蓄电池电压会影响测量结果。

2)必须使用高阻抗的数字万用表，否则会损坏ECU。

3)必须在ECU和线束接线器处于连接的状态下测量ECU各接线端子的电压。

4)应从线束接线器的电线一侧插入测笔来测量接线端子的电压。ECU接线器拔下时，不可以直接测量ECU各接线端子的电阻，否则会损坏ECU。

5)应可靠地连接ECU接线器，否则会损坏ECU内集成电路等电子元件。

6)若要拔下ECU接线器测量各控制线路，应先拆下蓄电池接地线。不可在蓄电池连接完好的状态下拔下ECU接线器，否则会损坏ECU。

(2)检测中应做到以下几点：

1)应将ECU连同接线器一同拆下，ECU接线端子如图5-17所示。

2)在接线器处于连接的状态下，按顺序分别在点火开关处于“OFF”、“ON”及汽车行驶等状态下测量ECU各接线端子与接地端子之间的电压，并将测得的电压与维修手册中的标准电压值进行比较。如果测得的电压与标准电压值不符，说明ECU或控制电路有故障，应按维修手册中列出的故障可能原因作进一步的检查。也可以拔下ECU接线器，测量各控制电路的电阻，并将测得的电阻值与标准值进行比较，从而确定控制电路工作是否正常。

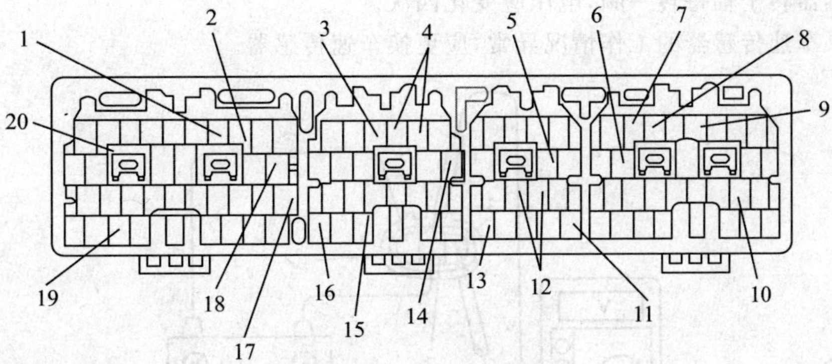

图 5-17　ECU 接线端子

1—锁止电磁阀　2—油压电磁阀　3—车速传感器　4—输入轴转速传感器　5—挡位开关　6—车速表　7—巡航控制 ECU　8—超速挡开关和超速挡指示灯　9—模式开关和模式指示灯　10—强制降挡开关　11—自动变速器油温传感器　12—挡位开关　13—接地　14—节气门位置传感器　15—车速传感器　16—接地　17—换挡电磁阀 B　18—换挡电磁阀 A　19—节气门位置传感器　20—点火开关

5.3.2　主要部件的检测

本节以丰田佳美 A140E 型自动变速器电子控制系统主要部件的检测为例进行介绍。

5.3.2.1　车速传感器的检测

车速传感器转子轴每转一圈，车速传感器便输出四个脉冲。通过组合仪表内的波形电路，将这种信号变成更加精确的矩形波，然后传输给发动机与 ECT ECU。发动机与 ECT ECU 根据这些脉冲信号的频率确定车速。车速信号电路如图 5-18 所示。

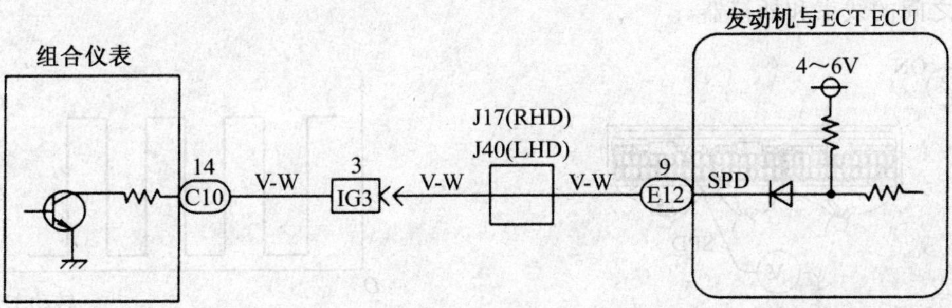

图 5-18　车速信号电路

(1)车速传感器工作情况的检测

驾驶汽车，并检查仪表板内的车速表工作是否正常。如果车速表指示正常，则车速传感器正常，应进入下一步检测程序；如果车速传感器指示不正常，应检测车速传感器插接器端子，如图 5-19 所示。

1)将蓄电池正极引线接 1 号端子，负极引线接 2 号端子。

2)将电压表的正极引线接 3 号端子，负极引线接 2 号端子。

3)转动车速传感器转子轴，检查电压是否从约 0V 变为 11V 或 11V 以上。

4)传感器转子轴每转一圈,电压应变化四次。

5)如果车速传感器的工作情况异常,应更换车速传感器。

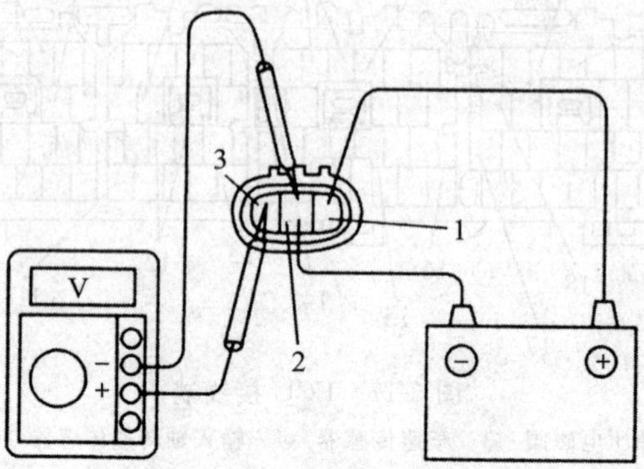

图 5-19　检测车速传感器插接器端子

1—1 号端子　2—2 号端子　3—3 号端子

(2)发动机与 ECT ECU 插接器的 SPD 端子与车身搭铁之间电压的检测

1)点火开关转至“OFF”位。

2)从发动机与 ECT ECU 上拔下插接器。

3)点火开关转至“ON”位。

4)慢慢转动车轮,用电压表测量发动机与 ECT ECU 插接器的 SPD 端子与车身搭铁之间的电压,如图 5-20 所示。

5)如果电压表测得的电压波形如图 5-21 所示,表示电压正常。如果电压正常,应检查或更换发动机与 ECT ECU;如果电压不正常,应检查和修理组合仪表和发动机与 ECT ECU 之间的线束和插接器。

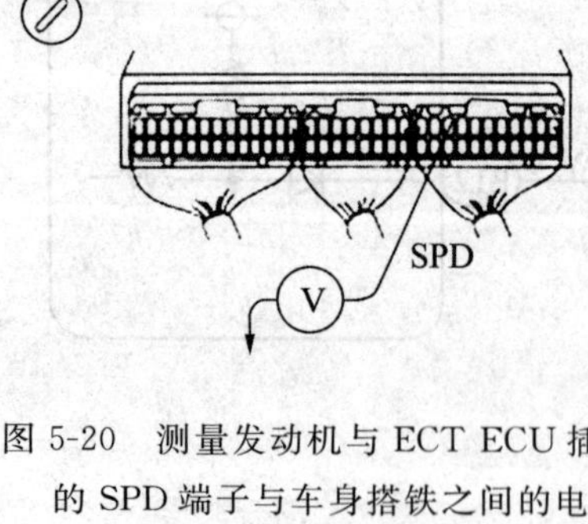

图 5-20　测量发动机与 ECT ECU 插接器的 SPD 端子与车身搭铁之间的电压

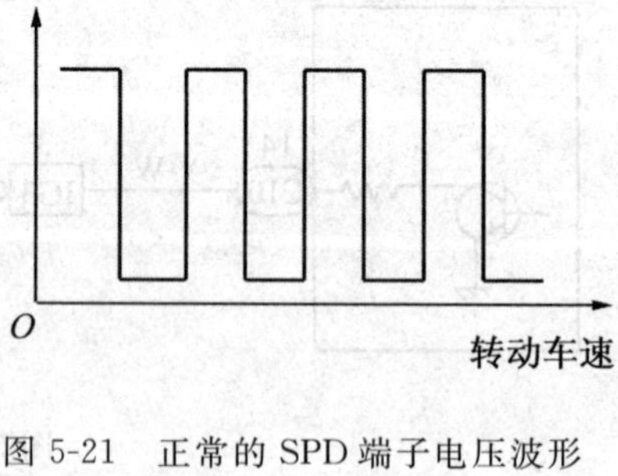

图 5-21　正常的 SPD 端子电压波形

5.3.2.2　NO.1 和 NO.2 电磁阀的检测

从 1 挡到 O/D 挡的变换中,NO.1 和 NO.2 电磁阀的接通(ON)和断开(OFF)受发动机与 ECT ECU 的控制,电磁阀控制电路如图 5-22 所示。

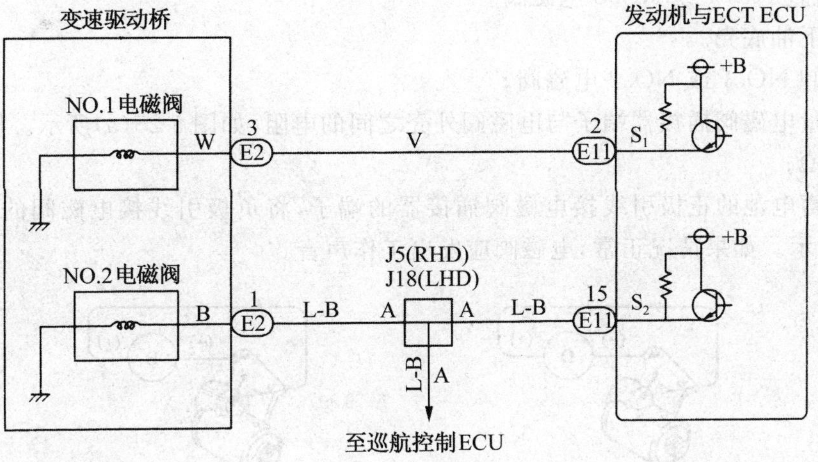

图 5-22　电磁阀控制电路

(1)测量发动机与 ECT ECU 的 S_1 和 S_2 端子与车身搭铁之间的电阻

1)点火开关转至“OFF”位。

2)从发动机与 ECT ECU 上拔下插接器。

3)用欧姆表测量发动机与 ECT ECU 插接器的 S_1 和 S_2 端子与车身搭铁之间的电阻，如图 5-23 所示。

4)电阻标准值为 11～15Ω。如果电阻值正常，应检查和更换发动机与 ECT ECU；否则，应进入下一步检查程序。

(2)检查发动机与 ECT ECU 与电磁阀插接器之间的线束。

1)将点火开关转至“OFF”位。

2)从变速驱动桥上拔下电磁阀插接器。

3)用欧姆表检查发动机与 ECT ECU 插接器的 S_1 和 S_2 端子与电磁阀插接器的 S_1 与 S_2 端子之间的线束，如图 5-24 所示。

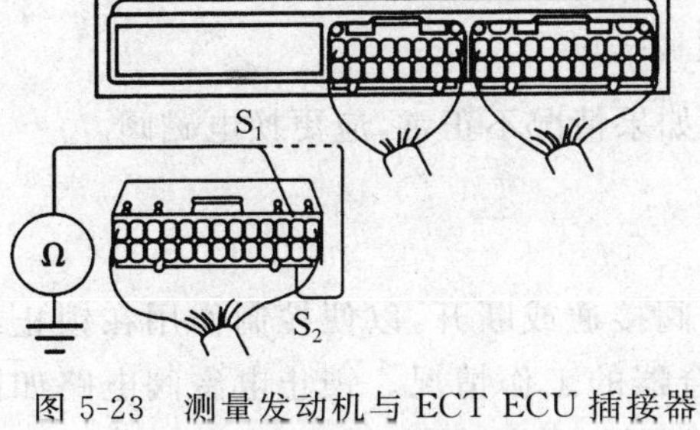

图 5-23　测量发动机与 ECT ECU 插接器的 S_1 和 S_2 端子与车身搭铁之间的电阻

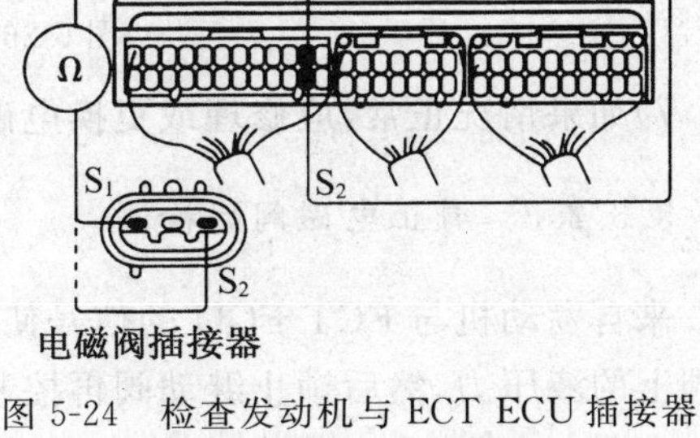

图 5-24　检查发动机与 ECT ECU 插接器的 S_1 和 S_2 端子与电磁阀插接器的 S_1 和 S_2 端子之间的线束

4)正常情况下应无短路或断路。如果测量结果正常，应进入下一步检查程序；否则，应修理或更换线束或插接器。

(3)检查 NO.1 或 NO.2 电磁阀

1)拆下油底壳。

2)拆卸 NO.1 或 NO.2 电磁阀。

3)测量电磁阀插接器端子与电磁阀外壳之间的电阻,如图 5-25(a)所示。标准电阻值为 11~15Ω。

4)将蓄电池的正极引线接电磁阀插接器的端子,将负极引线接电磁阀的外壳,如图 5-25(b)所示。如果情况正常,电磁阀应发出工作声音。

(a) 电阻检查　　(b) 工作情况检查

图 5-25　电磁阀电阻和工作情况检查

5)如图 5-26(a)所示,给电磁阀加压力为 490kPa 的压缩空气,检查电磁阀是否漏气。

6)如图 5-26(b)所示,再给电磁阀插接器端子加蓄电池正极电压,检查电磁阀是否打开。

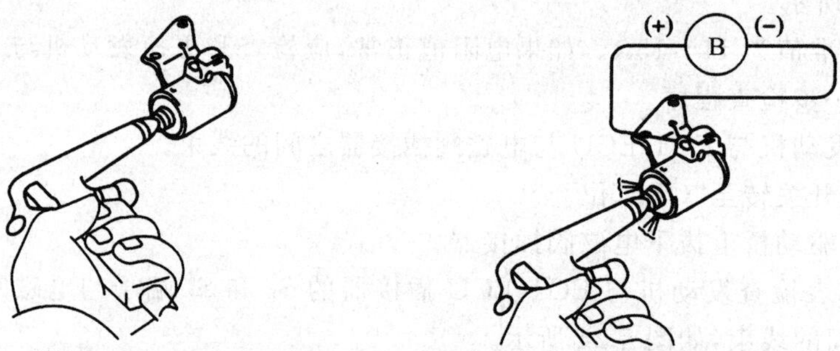

(a) 检查是否漏气　　(b) 检查是否打开

图 5-26　电磁阀机械检查

7)如果情况正常,应修理或更换电磁阀线束;如果情况不正常,应更换电磁阀。

5.3.2.3　锁止电磁阀的检测

来自发动机与 ECT ECU 的信号使锁止电磁阀接通或断开,以便控制作用在锁止继动阀上的液压力,然后锁止继动阀再控制锁止离合器的工作情况。锁止电磁阀电路如图 5-27 所示,如果这个电路出现故障,发动机与 ECT ECU 将切断锁止电磁阀。

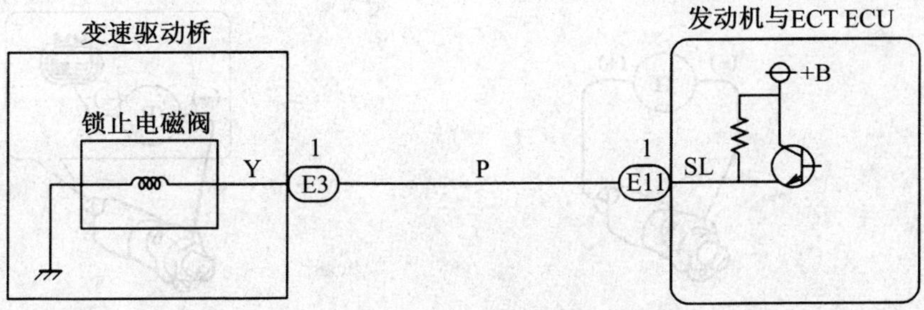

图 5-27　锁止电磁阀电路

(1)测量发动机与 ECT ECU 的 SL 端子与车身搭铁之间的电阻

1)将点火开关转至“OFF”位。

2)从发动机与 ECT ECU 上拔下插接器。

3)如图 5-28 所示,测量发动机与 ECT ECU 的 SL 端子与车身搭铁之间的电阻。

4)标准电阻值为 11～15Ω。如果测量结果正常,应检查或更换发动机与 ECT ECU;否则,应进入下一步检查程序。

(2)检查发动机与 ECT ECU 与电磁阀插接器之间的线束

1)将点火开关转至“OFF”位。

2)从变速桥上拔下电磁阀插接器。

3)如图 5-29 所示,检查发动机与 ECT ECU 的 SL 端子与电磁阀插接器的 SL 端子之间的线束,检查有无断路或短路。

4)正常情况下应无断路或短路。如果情况正常,应进入下一步检查程序;否则,应修理或更换线束或插接器。

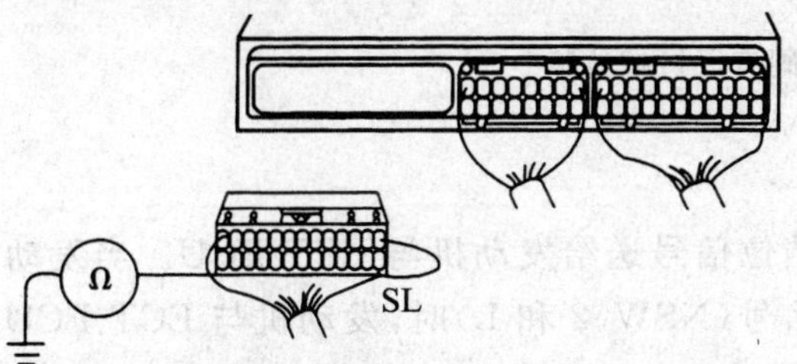

图 5-28　测量发动机与 ECT ECU 的 SL 端子与车身搭铁之间的电阻

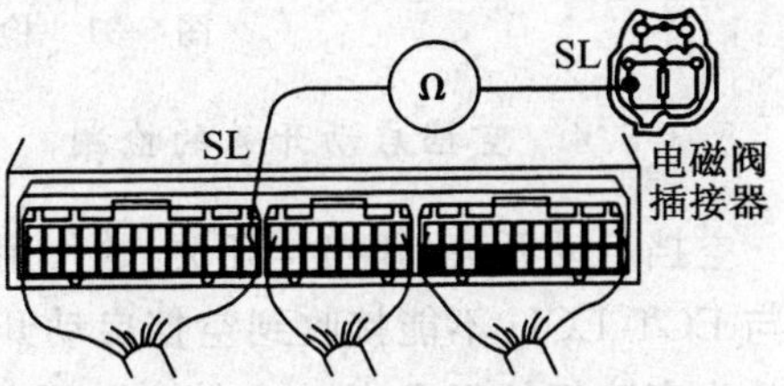

图 5-29　检查发动机与 ECT ECU 的 SL 端子与电磁阀插接器的 SL 端子之间的线束

(3)检查锁止电磁阀

1)拆下油底壳。

2)拆下锁止电磁阀。

3)测量电磁阀插接器与电磁阀外壳之间的电阻,如图 5-30(a)所示。标准电阻值为 11～15Ω。

4)将蓄电池的正极引线接电磁阀插接器端子,将负极引线接电磁阀外壳,如图 5-30(b)所示。如果情况正常,电磁阀应发出工作响声。

(a) 测量电磁阀插接器与电磁阀外壳之间的电阻　　(b) 检查电磁阀工作情况

图 5-30　测量电磁阀插接器与电磁阀外壳之间的电阻和工作情况

5)如图 5-31(a)所示,给电磁阀加压力为 490kPa 的压缩空气,检查电磁阀是否漏气。

6)如图 5-31(b)所示,给电磁阀插接器端子加蓄电池正极电压,检查电磁阀是否打开。

7)如果情况正常,应修理或更换电磁阀线束;如果情况不正常,应更换电磁阀。

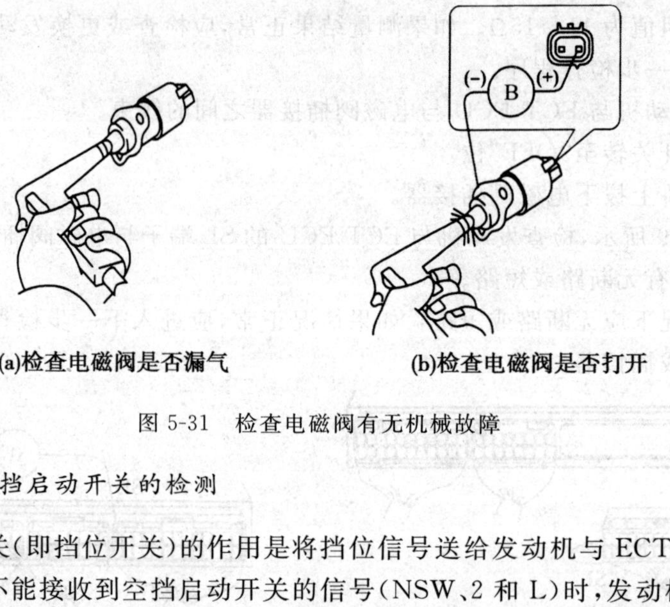

(a)检查电磁阀是否漏气　　(b)检查电磁阀是否打开

图 5-31　检查电磁阀有无机械故障

5.3.2.4　空挡启动开关的检测

空挡启动开关(即挡位开关)的作用是将挡位信号送给发动机与 ECT ECU。当发动机与 ECT ECU 不能接收到空挡启动开关的信号(NSW、2 和 L)时,发动机与 ECT ECU 就认为变速杆处于 D 位。空挡启动开关电路如图 5-32 所示。

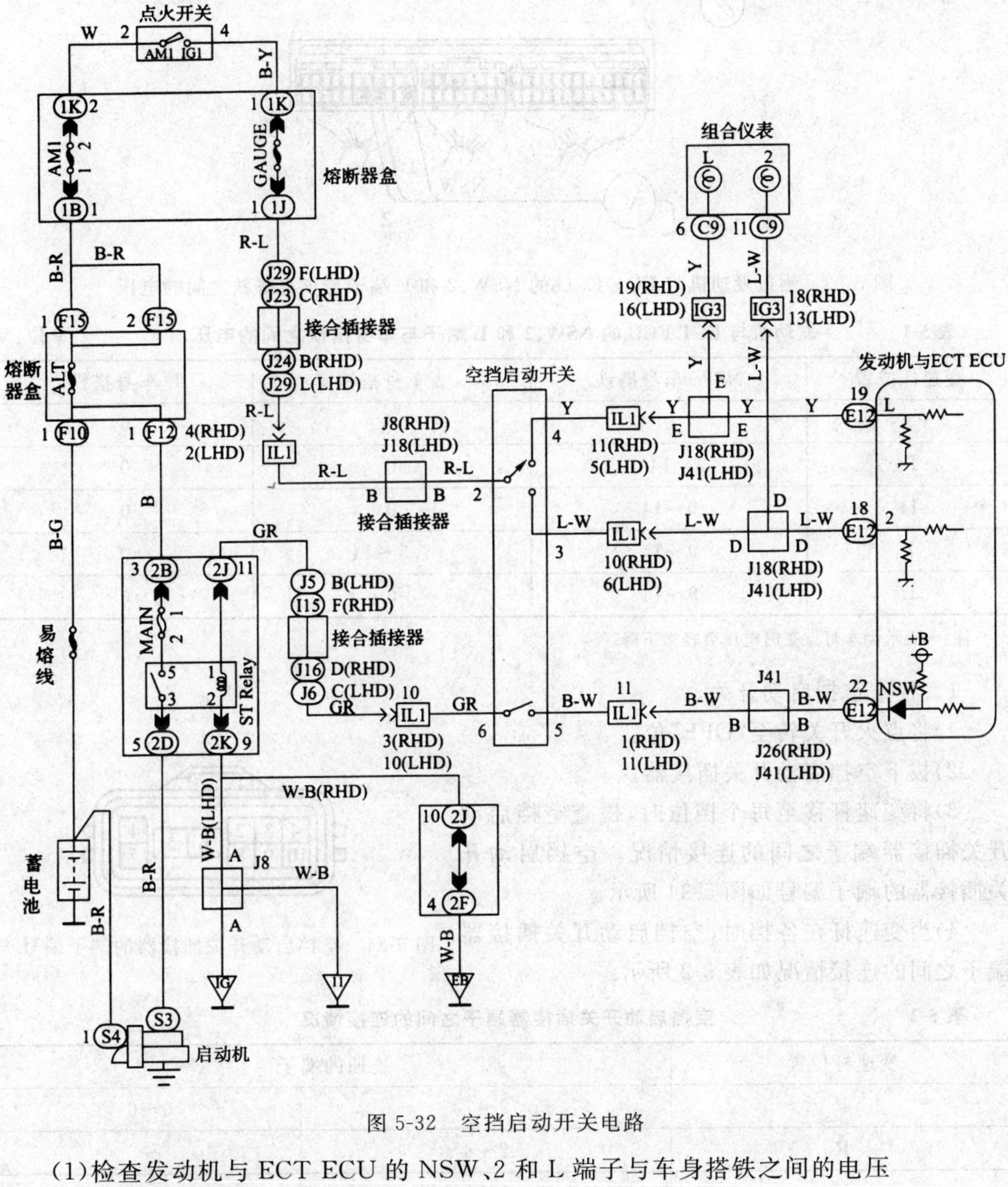

图 5-32　空挡启动开关电路

(1)检查发动机与 ECT ECU 的 NSW、2 和 L 端子与车身搭铁之间的电压

1)点火开关转至“ON”位。

2)在变速杆处于不同位置时，用电压表测量发动机与 ECT ECU 的 NSW、2 和 L 端子与车身搭铁之间的电压，如图 5-33 所示。

3)变速杆在各挡位时各端子与车身搭铁之间的电压应符合表 5-1 的要求。如果电压正常，应进行下一个电路的检查；如果电压不正常，应进入下一步检查程序。

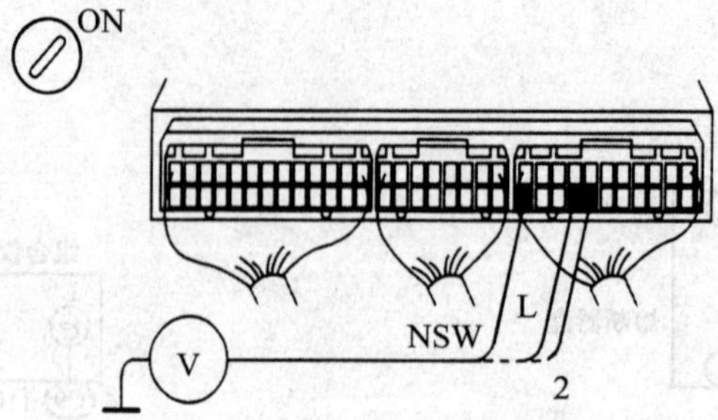

图 5-33　测量发动机与 ECT ECU 的 NSW、2 和 L 端子与车身搭铁之间的电压

表 5-1　　发动机与 ECT ECU 的 NSW、2 和 L 端子与车身搭铁之间的电压　　单位：V

变速杆位置	NSW-车身搭铁	2-车身搭铁	L-车身搭铁
P、N	0	0	0
R	9～14*	0	0
D	9～14	0	0
2	9～14	7.5～14	0
L	9～14	0	0

注：* 表示倒车灯点亮时电压会轻微下降。

(2)检查空挡启动开关

1)将点火开关转至"OFF"位。

2)拔下空挡启动开关插接器。

3)将变速杆移至每个挡位时，检查空挡启动开关插接器端子之间的连接情况。空挡启动开关插接器的端子编号如图 5-34 所示。

图 5-34　空挡启动开关插接器的端子编号

4)当变速杆在各挡时，空挡启动开关插接器端子之间的连接情况如表 5-2 所示。

表 5-2　　空挡启动开关插接器端子之间的连接情况

变速杆位置	连通的端子	
P	2～7	5～6
R	2～8	—
N	2～9	5～6
D	2～10	—
2	2～3	—
L	2～4	—

5)如果连接情况符合要求，应进入下一步检查程序；否则，应更换空挡启动开关。

5.3.2.5　制动灯开关的检测

当汽车在离合器接合的状态下行驶时，突然制动，发动机容易熄火。制动灯开关的作用就是防止这种现象发生。当踏下制动踏板时，此开关就给发动机与 ECT ECU 发送制动信号。然后，在制动期间，发动机与 ECT ECU 就输出控制信号使锁止离合器分离。制动灯开关电路如图 5-35 所示。

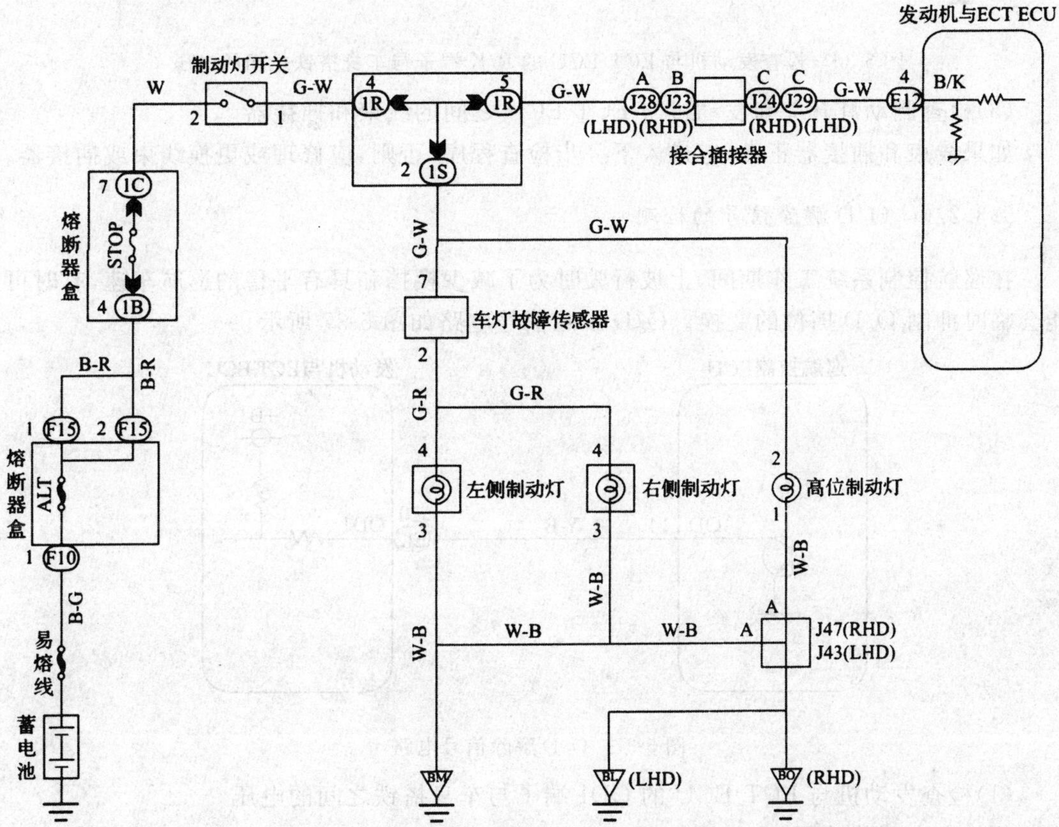

图 5-35　制动灯开关电路

(1)检查制动灯的工作情况

1)踏下并放松制动踏板，检查制动灯是否正常点亮和熄灭。

2)如果制动灯正常点亮和熄灭，应进入下一步检查程序；否则，应检查和修理制动灯开关电路。

(2)检查发动机与 ECT ECU 的 B/K 端子与车身搭铁之间的电压

1)将点火开关转至"ON"位。

2)如图 5-36 所示，检查发动机与 ECT ECU 的 B/K 端子与车身搭铁之间的电压。

3)标准电压值：踏下制动踏板时为 7.5～14.0V，放松制动踏板时小于 1.5V。如果电压正常，应进入下一个电路的检查；否则，应进入下一步检查程序。

图 5-36　检查发动机与 ECT ECU 的 B/K 端子与车身搭铁之间的电压

(3)检查制动灯开关和发动机与 ECT ECU 之间的线束和插接器

如果线束和插接器正常,应进入下一步检查程序;否则,应修理或更换线束或插接器。

5.3.2.6　O/D 解除信号的检测

在巡航控制系统工作期间,上坡行驶时为了减少换挡和具有平稳的巡航车速,有时可能会临时抑制 O/D 挡位的变换。O/D 解除信号电路如图 5-37 所示。

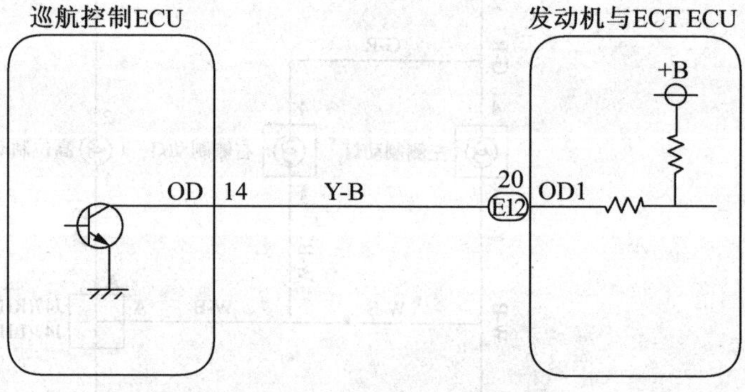

图 5-37　O/D 解除信号电路

(1)检查发动机与 ECT ECU 的 OD1 端子与车身搭铁之间的电压

1)将点火开关转至"ON"位。

2)如图 5-38 所示,用电压表测量发动机与 ECT ECU 的 OD1 端子与车身搭铁之间的电压。

3)标准电压为 9～14V。如果电压正常,应进入下一个电路的检查;否则,应进入下一步检查程序。

(2)检查巡航控制 ECU 线束侧插接器的 OD 端子与车身搭铁之间的电压

1)将点火开关转至"OFF"位。

2)拔下巡航控制 ECU 的插接器。

3)将点火开关转至"ON"位。

4)如图 5-39 所示,用电压表测量巡航控制 ECU 线束侧插接器的 OD 端子与车身搭铁之间的电压。

5)标准电压为 9～14V。如果电压不正常,应检查和更换巡航控制 ECU;否则,应进入下一步检查程序。

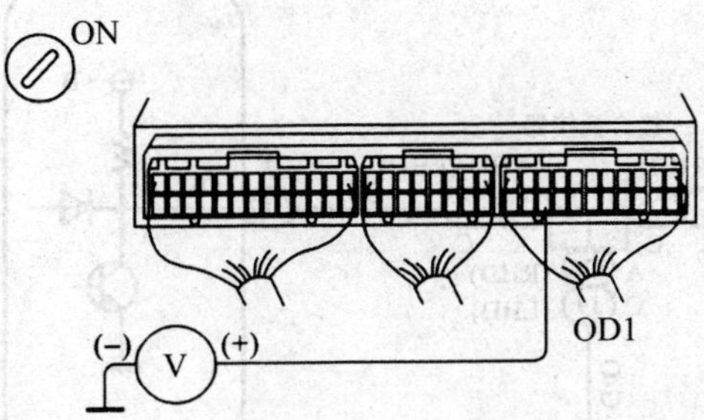

图 5-38 测量发动机与 ECT ECU 的 OD1 端子与车身搭铁之间的电压

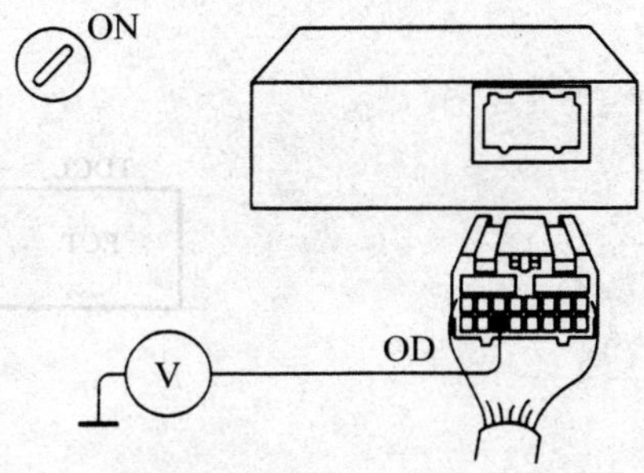

图 5-39 测量巡航控制 ECU 线束侧插接器的 OD 端子与车身搭铁之间的电压

(3)检查巡航控制 ECU 和发动机与 ECT ECU 之间的线束和插接器

如果线束和插接器正常,应检查和更换发动机与 ECT ECU;否则,应修理或更换线束或插接器。

5.3.2.7 O/D 主开关和 O/D OFF 指示灯的检测

O/D 主开关按钮按下(ON)时,开关触点断开;O/D 主开关按出后,开关触点闭合,O/D “OFF”指示灯点亮,此时发动机与 ECT ECU 阻止变换为超速(O/D)挡。O/D 主开关和 O/D “OFF”指示灯电路如图 5-40 所示。

(1)O/D “OFF”指示灯不点亮的检查

1)检查 O/D 主开关(见图 5-41)的工作情况。

①将点火开关转至“ON”位。

②按下 O/D 主开关,O/D “OFF”指示灯应不亮。

③按出 O/D 主开关,O/D “OFF”指示灯应点亮。

④如果指示灯正常,应进入上面检查程序②;否则,应进入检查程序 4)。

2)检查发动机与 ECT ECU 的 OD2 端子与车身搭铁之间的电压。

①将点火开关转至“ON”位。

②如图 5-42 所示,用电压表测量发动机与 ECT ECU 的 OD2 端子与车身搭铁之间的电压。

③标准电压:O/D 主开关在“OFF”位(按钮按出)时,电压应低于 1.5V;O/D 主开关在“ON”位(按钮按下)时,电压应为 9～14V。

④如果电压正常,应进入下一个电路的检查;如果电压不正常,应进入下面检查程序 3)。

3)检查 O/D “OFF”指示灯与发动机与 ECT ECU 之间的线束和插接器。如果线束和插接器正常,应进入下面检查程序 4);否则,应修理或更换线束或插接器。

4)检查 O/D 主开关。

①将点火开关转至“OFF”位。

②拔下 O/D 主开关插接器。

③测量 O/D 主开关插接器的 2 号和 4 号端子的连通情况,如图 5-43 所示。

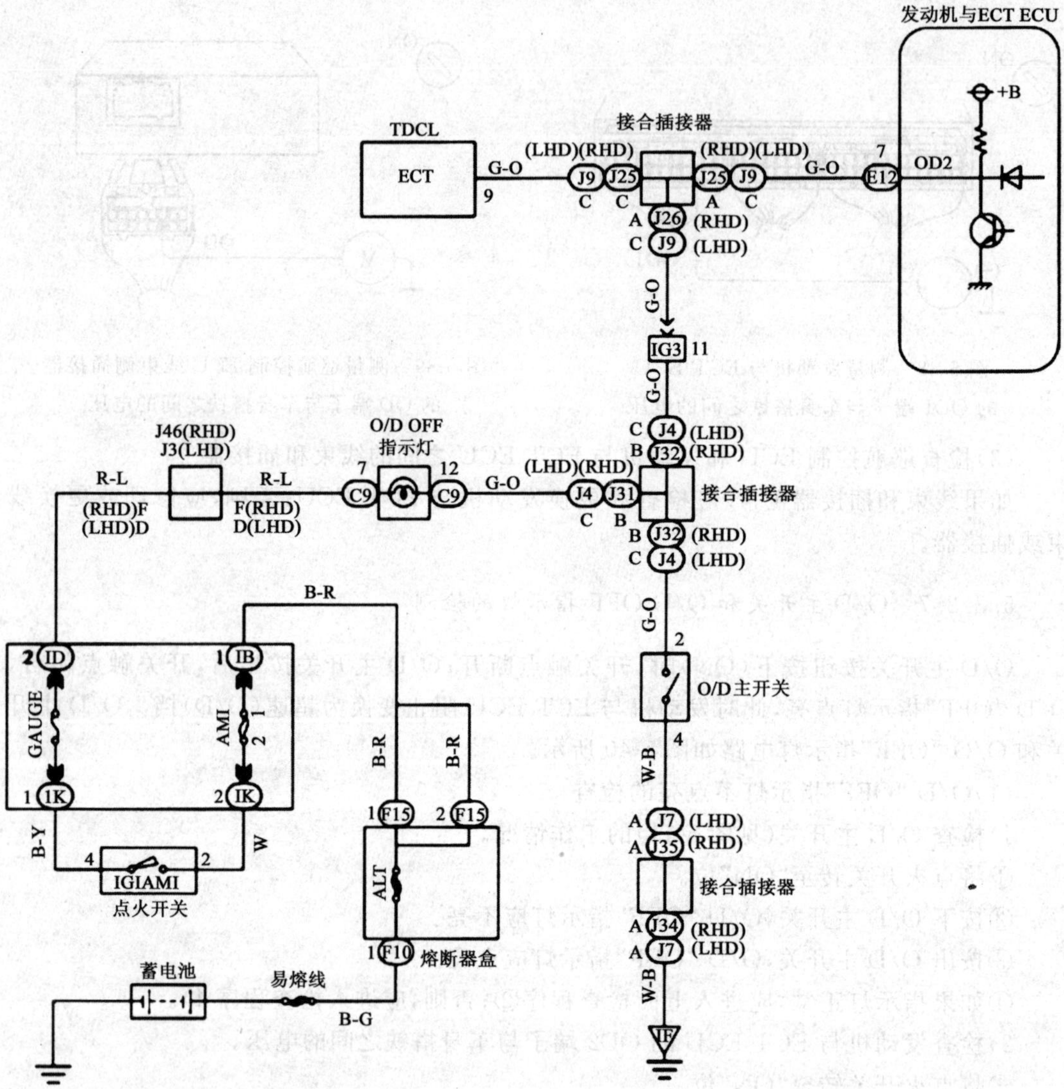

图 5-40　O/D 主开关和 O/D“OFF”指示灯电路

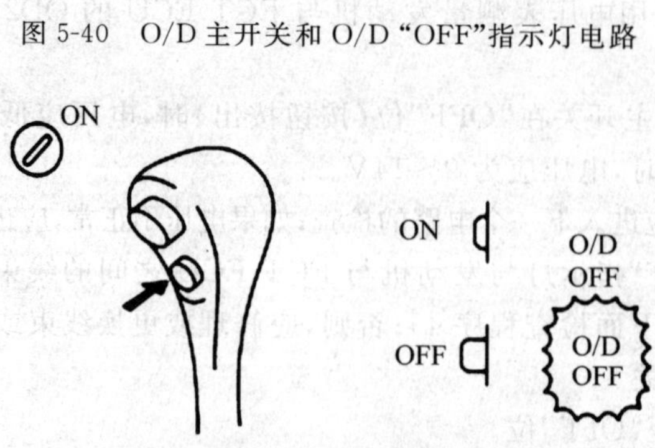

图 5-41　O/D 主开关

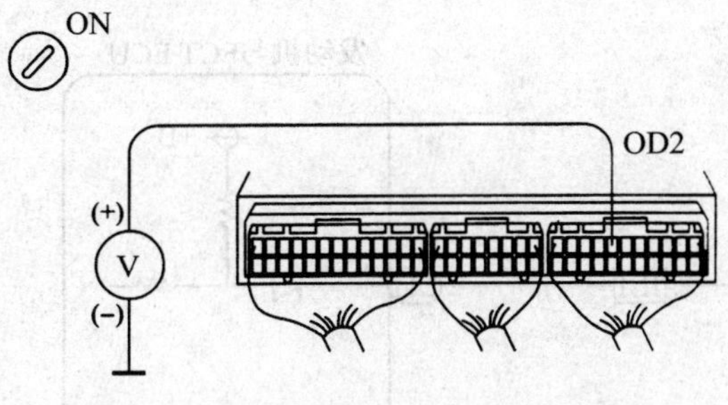

图 5-42 测量发动机与 ECT ECU 的 OD2 端子与车身搭铁之间的电压

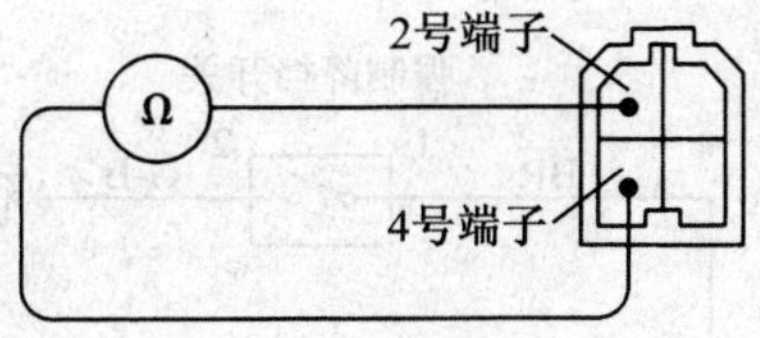

图 5-43 检查 O/D 主开关插接器 2 号端子和 4 号端子的连通情况

④如果正常，O/D 主开关接通(ON)时，O/D 主开关插接器的 2 号和 4 号端子应不连通；O/D 主开关断开(OFF)时，O/D 主开关插接器的 2 号和 4 号端子应连通。

⑤如果 O/D 主开关正常，应检查和更换组合仪表；否则，应更换 O/D 主开关。

(2)O/D“OFF”指示灯一直点亮的检查

1)检查 O/D 主开关。检查方法与前面“O/D‘OFF’指示灯不点亮的检查”的检查程序 4)相同。如果 O/D 主开关正常，应进入下一步检查程序；否则，应更换 O/D 主开关。

2)检查 O/D“OFF”指示灯与 O/D 主开关之间、O/D“OFF”指示灯与发动机与 ECT ECU 之间的线束和插接器。如果线束和插接器正常，应检查和更换发动机与 ECT ECU；否则，应修理或更换线束或插接器。

5.3.2.8 强制降挡开关的检测

当踩下加速踏板，使加速踏板位置超过节气门全开位置时，强制降挡开关接通，从而将信号送给发动机与 ECT ECU。发动机与 ECT ECU 再按照挡位程序进行换挡控制。如果强制降挡开关发生短路，发动机与 ECT ECU 将忽略强制降挡信号，并将换挡控制在正常换挡点上。强制降挡开关电路如图 5-44 所示。

(1)检查发动机与 ECT ECU 插接器的 KSW 端子与车身搭铁之间的电压

1)将点火开关转至“ON”位。

2)如图 5-45 所示，用电压表测量发动机与 ECT ECU 插接器的 KSW 端子与车身搭铁之间的电压。

3)标准电压：将加速踏板完全踩到底(强制降挡开关接通)时，电压小于 1V；放松加速踏板时(强制降挡开关断开)，电压为 9～14V。

4)如果电压正常，应进入下一个电路的检查；如果电压不正常，应进入下一步检查程序。

(2)检查强制降挡开关

1)将点火开关转至“OFF”位。

2)拔下强制降挡开关插接器。

3)当强制降挡开关接通和断开时，用欧姆表检查强制降挡开关插接器的 1 号与 2 号端子是否连通，如图 5-46 所示。

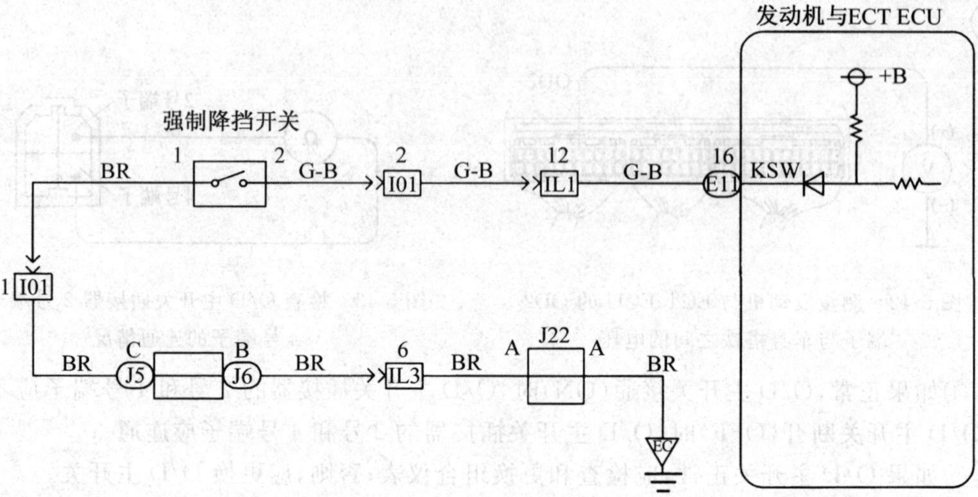

图 5-44　强制降挡开关电路

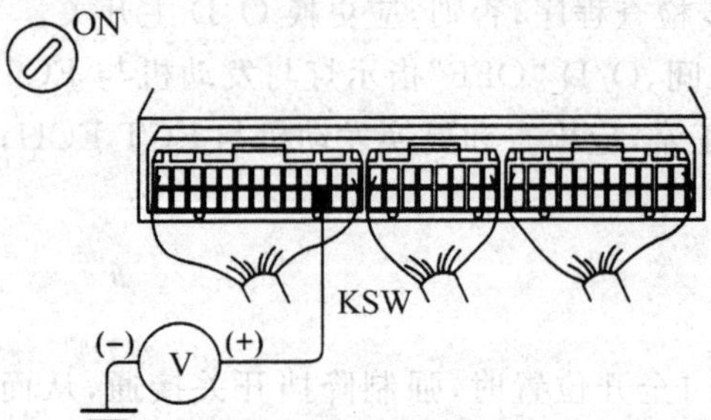

图 5-45　测量发动机与 ECT ECU 插接器的 KSW 端子与车身搭铁之间的电压

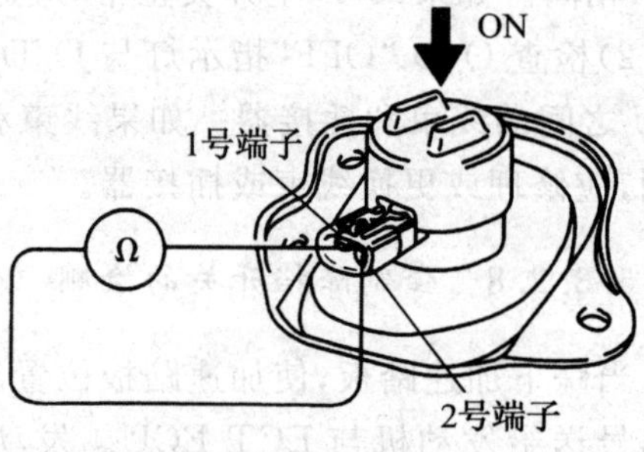

图 5-46　检查强制降挡开关插接器的 1 号与 2 号端子的连通情况

4)强制降挡开关接通(ON)时,1 号和 2 号端子应连通;强制降挡开关断开(OFF)时,1 号和 2 号端子不连通。

5)如果强制降挡开关正常,应进入下一步检查程序;否则,应更换强制降挡开关。

(3)检查发动机与 ECT ECU 与强制降挡开关之间、强制降挡开关与车身搭铁之间的线束和插接器

如果线束和插接器正常,应检查和更换发动机与 ECT ECU;否则,应修理或更换线束或插接器。

5.3.2.9　TE_1 端子的检测

TE_1 端子电路如图 5-47 所示,该电路检查程序分两部分。

(1)检查诊断插座或 TDCL 的 TE_1 与 E_1 端子之间的电压

1)将点火开关转至“ON”位。

2)测量诊断插座或 TDCL 的 TE_1 与 E_1 端子之间的电压,如图 5-48 所示。

3)标准电压为 4～6V。如果电压正常,应进入下一个电路的检查;否则,应进入下一步检测程序。

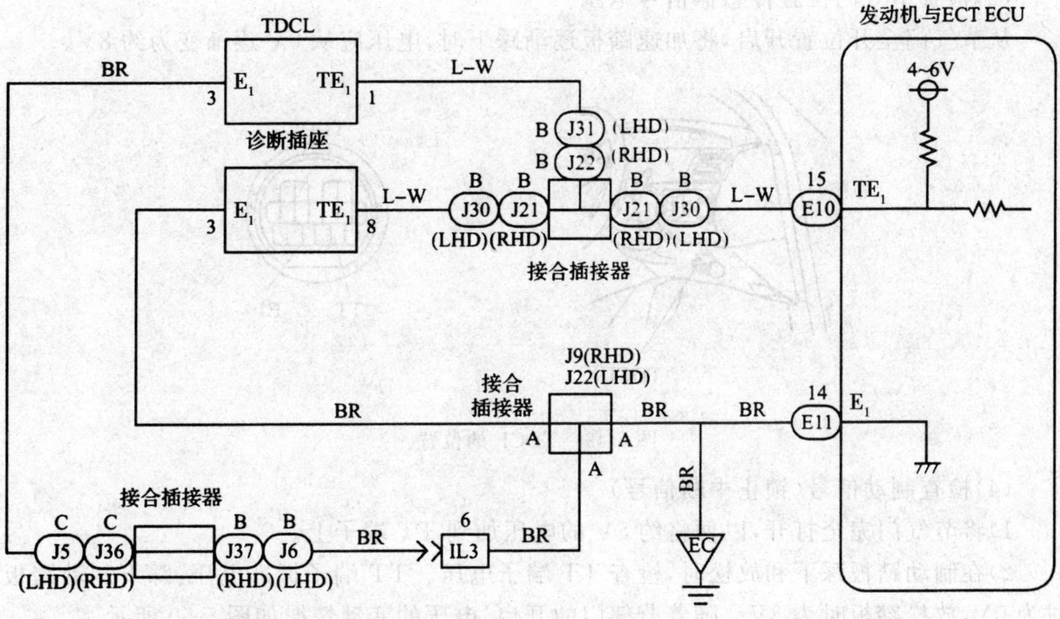

图 5-47　TE_1 端子电路

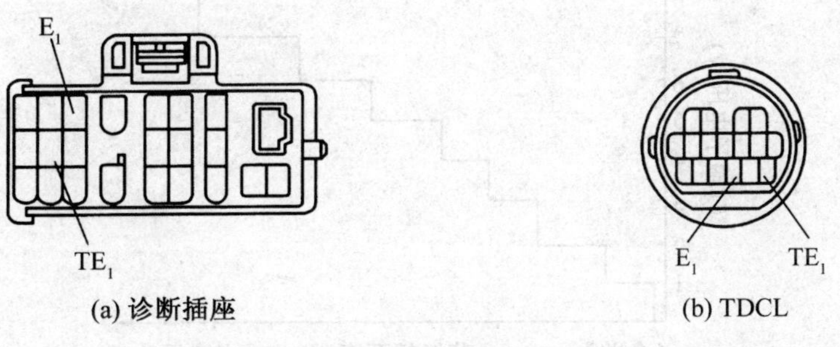

图 5-48　测量诊断插座或 TDCL 的 TE_1 与 E_1 端子之间的电压

(2)检查诊断插座或 TDCL 与车身搭铁之间、诊断插座与发动机与 ECT ECU 之间的线束和插接器

如果正常,应检查和更换发动机与 ECT ECU;否则,应修理或更换线束或插接器。

5.3.2.10　TT 端子电压的检测

将电压表连接到 TDCL 上,可检测节气门位置传感器信号、制动信号和挡位信号电压。

(1)连接电压表

将电压表的正极连接到 TDCL 的 TT 端子上,将电压表的负极连接到 TDCL 的 E1 端子上(见图 5-49)。测量时应使用阻抗最小为 10kΩ/V 的电压表。如果使用内阻小的电压表,指示的电压不准确。

(2)将点火开关转至“ON”位,但不要启动发动机

(3)检查节气门位置传感器信号电压

从节气门全开位置开启,将加速踏板逐渐踩下时,电压应从 0V 逐渐变为约 8V。

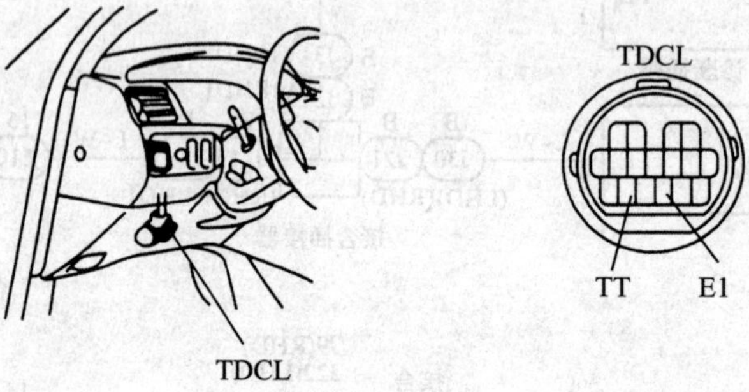

图 5-49　TDCL 的位置

(4)检查制动信号(锁止中断信号)

1)将节气门完全打开,以便将约 8V 的电压加到 TT 端子上。

2)在制动踏板踩下和放松时,检查 TT 端子电压。TT 端子标准电压:踩下制动踏板时为 0V,放松踏板时为 8V。随着节气门的开启,电压的变动情况如图 5-50 所示。

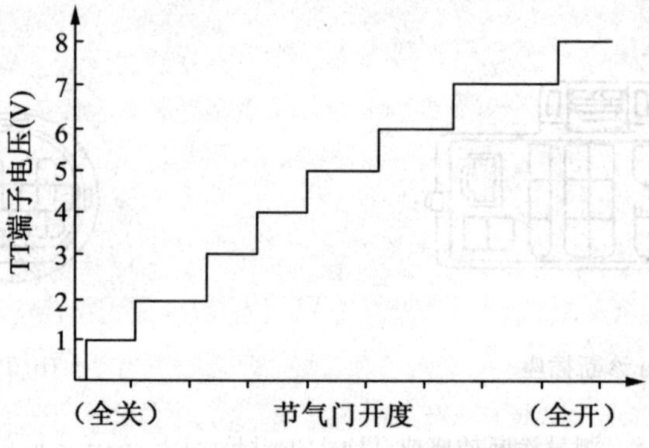

图 5-50　TT 端子电压

(5)启动发动机

(6)检查挡位信号(车速在 60km/h 以上)

检查升挡时的情况及 TT 端子电压。在升挡时会引起轻微的冲击和转速表读数的变化。各挡位 TT 端子电压如表 5-3 所示。

如果不能进行 TT 端子电压检查,应检查 TT 端子电路。该电路的检查方法为:检查 TDCL 与车身搭铁之间、TDCL 与发动机与 ECT ECU 之间的线束和插接器。如果线束和插接器正常,应检查和更换发动机与 ECT ECU;否则,应修理或更换线束或插接器。

表 5-3　　各挡位 TT 端子电压

挡位	TT 端子电压(V)
1 挡	0
2 挡	2
3 挡	4
3 挡锁止	5
O/D 挡	6
O/D 挡锁止	7

复习思考题

5-1　电控系统由哪几部分组成？各部分的作用是什么？

5-2　自动变速器 ECU 有哪几项功能？

5-3　节气门位置传感器是如何工作的？

5-4　简述车速传感器的组成和工作原理。

5-5　简述开关式电磁阀的结构和工作原理。

5-6　简述脉冲式电磁阀的结构和工作原理。

5-7　常用的自动变速器的换挡模式有几种？并简单描述。

5-8　简述丰田佳美 A340E 型自动变速器车速传感器的检测方法。

5-9　简述丰田佳美 A340E 型自动变速器制动灯开关的检测方法。

5-10　简述丰田佳美 A340 型自动变速器 NO. 1 和 NO. 2 电磁阀的检测方法。

5-11　简述丰田佳美 A340E 型自动变速器锁止电磁阀的检测方法。

第6章　自动变速器的检测及故障诊断

学习目标

1. 了解自动变速器的基本检查和试验的目的、内容。
2. 学会自动变速器的基本检查和试验的方法。
3. 学会基本检查和试验的操作。
4. 掌握自动变速器故障自诊断的方法。

考核标准

知识要求：自动变速器的基本检查和试验的目的、内容。

技能要求：自动变速器的基本检查和试验的操作方法，自动变速器故障自诊断的方法。

教学建议

教具：解码器、万用表。

建议：使用整车进行教学。

6.1　自动变速器的基本检查

6.1.1　自动变速器的外观检查

外观检查是指通过目视检查传动系统部件是否松动和相关油路是否有泄漏，检查线束和插接器是否松动和脱落。

6.1.2　发动机怠速检查

发动机怠速转速为800～1000r/min，如果怠速过高，换挡时容易发生冲击和振动，且在D挡或R挡下蠕动（不加油门汽车自行移动）较为严重；发动机怠速过低，当操纵杆从N挡或P挡换到其他挡位时，车身振动，甚至熄火，因此必须检查发动机怠速。通常装有微机控制自动变速器的汽车发动机怠速为750r/min。

检查方法：将自动变速器操纵杆置于 N 位或 P 位，关闭空调，启动发动机，检查发动机怠速。

6.1.3　自动变速器油位与品质检查

6.1.3.1　油面高度检查

在做任何自动变速器检测或故障诊断前，要首先进行油面高度检查。其方法如下：

(1)将汽车停放在水平地面上，并拉紧手制动，让发动机怠速运转(至少 1min)。

(2)踩住制动踏板，将换挡操纵手柄拨至倒挡(R 位)、前进挡(D 位)、前进低挡(S、L 或 2、1 位)等位置，并在每个挡位上停留数秒，使液力变矩器和所有换挡执行元件中都充满自动变速器油。最后将操纵手柄拨至停车挡(P 位)位置。

(3)从加油管内拔出油尺，擦净后插入加油管内再拔出，检查油尺上的油面高度。

如果自动变速器处于冷态(即冷车刚刚启动，自动变速器油的温度较低，为室温或低于 25℃)，油面高度应在油尺刻线的下限附近；如果自动变速器处于热态(如低速行驶 5min 以上，自动变速器油温度已达 70℃～80℃)，油面高度应在油尺刻线的上限附近。若油面过低，应向加油管中补充自动变速器油，直至油面高度符合标准为止。继续运转发动机，检查自动变速器油底壳、油管接头等处有无漏油。如有漏油，应立即予以修复。

6.1.3.2　油液品质检查

判断自动变速器的工作状态。一般行驶 2×10^4 km 或 6 个月检查一次液位和油的品质。

检查方法：拉出油尺，仔细观察颜色，用手捻一下油液，看是否有杂质，并闻一下气味，如油有焦味并且呈棕黑色，说明已经变质。

油液的状况和可能的原因如表 6-1 所示。

表 6-1　　油品质与可能的故障原因

油液的状态	故障原因
油液清洁且呈红色	正常
油液呈深红色或褐色	没有及时更换变速器油；长期重载运行、某部件打滑或损坏而引起变速器的油温过高
油液中有金属颗粒	离合器、制动器片或单向离合器磨损严重
变速器油尺上黏附胶质油膏	变速器油温过高
变速器油有烧焦味	油温太高、油面过低；油液冷却器或管路封塞

油温是影响自动变速器油和自动变速器使用寿命的又一重要因素。而影响油温的主要原因有液力变矩器故障，离合器、制动器打滑或分离不彻底，单向离合器打滑及油冷却器堵塞等。油温过高将使油液黏度下降，性能变坏，产生油膏沉淀物和积炭，堵塞细小量

孔，阻滞控制滑阀，降低润滑冷却效果，破坏密封件等，最终导致故障。

6.1.4 节气门与换挡拉索检查

节气门开度影响着自动变速器的换挡时间，发动机熄火后，节气门应全闭，当加速踏板踩到底时，节气门应全开。节气门拉索的索芯不应松弛，索套端和索芯上限之间的距离应为 0～1mm。检查与调整方法如下：

(1)推动加速踏板连杆，检查节气门是否全开，如果节气门不能全开，则应该调整加速踏板连杆。

(2)将加速踏板踩到底，将调整螺母拧松。

(3)调整节气门拉索，拧动调整螺母，使索套端和索芯上限之间的距离为0～1mm。

(4)拧紧调整螺母，重新检查调整情况。

6.1.5 操纵杆位置检查

将操纵杆从 P 挡位置换到其他挡位时，检查其挡位是否正确、挡位开关指示灯是否正确。如果操纵杆的挡位不正确就会影响到自动变速器正常工作，应对其传动机构进行调整。

6.1.6 空挡启动开关检查

发动机应只能在空挡(N)和停车挡(P)启动，其他挡位不能启动。若有异常，应调节空挡启动开关螺栓和开关电路。其方法如下：

(1)松开空挡启动开关螺栓，将换挡操纵手柄放到 N 位置。

(2)将槽口对准空挡基准线，定住位置并拧紧空挡启动开关螺栓。

6.2 自动变速器的试验

6.2.1 自动变速器的手动换挡试验

6.2.1.1 手动换挡试验的目的

手动换挡试验可判断自动变速器的故障原因是由于电子控制系统有问题还是其他系统的故障。

6.2.1.2 手动换挡试验的方法

将自动变速器换挡电磁阀线束插接器拔开，使自动变速器计算机失去自动控制换挡作用，然后通过手动换挡，看变速器是否能正常工作。各挡位下的发动机转速和车速如表 6-2 所示。

表 6-2　　自动变速器各挡位与发动机转速及车速的关系

变速器挡位	1 挡	2 挡	3 挡	超速挡
发动机转速(r/min)	2000	2000	2000	2000
车速(km/h)	18～22	34～38	50～55	70～75

如果手动换挡试验结果正常，说明自动变速器的换挡执行元件和液压控制系统等均无问题，电子控制自动变速器工作不良的故障原因可能出自电子控制系统；如果手动换挡试验出现工作异常，则说明自动变速器的液压控制系统或换挡元件有故障，应通过其他试验方法来确定故障的大致范围。

需要注意的几点：

(1)不同车型的电子控制自动变速器在脱开换挡电磁阀后，操纵杆的挡位与变速器实际工作挡位的对应关系不尽相同，如表 6-3 所示。

表 6-3　　操纵杆的挡位与变速器实际工作挡位的对应关系

变速杆的位置		D 挡	2 挡(S 挡)	1 挡(L 挡)	R 挡	P 挡
变速器挡位	丰田 A341E	O/D 挡	3 挡	1 挡	倒挡	爪锁定
	通用 4L60E	O/D 挡	3 挡	1 挡	倒挡	爪锁定
	丰田 A34DE	O/D 挡	2 挡	1 挡	倒挡	爪锁定

(2)手动换挡试验可以直接路试，也可以将驱动轮架空后进行试验。由于变矩器传递的扭矩不同时，其传动比也不同，因此表 6-2 的车速只作为参考。

(3)试验结束插上换挡电磁阀插接器后，要清楚计算机中的故障码。因为在拨开换挡电磁阀线束插接器后，自动变速器计算机很可能就为此储存了故障码，若不清除，会影响自动变速器电子控制系统的正常工作。

6.2.2　自动变速器的失速试验

所谓失速试验，是指变矩器涡轮因负荷过大而停止转动时的泵轮转速。失速试验就是通过挂挡和制动使变矩器涡轮不转，测得泵轮(发动机)转速，分析故障原因。

6.2.2.1　失速试验的目的

(1)检查发动机输出功率。

(2)检查液力变矩器性能。

(3)检查自动变速器离合器和制动器是否因过度磨损而打滑或是控制油路油压过低而使离合器或制动器打滑。

6.2.2.2　失速试验的条件

(1)发动机冷却液温度达到正常温度。

(2)自动变速器油温达到正常温度(50℃～80℃)。

(3)汽车轮胎气压正常。

(4)汽车制动系统工作正常。

6.2.2.3　失速试验的方法

(1)将汽车停在平坦的场地。

(2)拉紧驻车制动器,启动发动机。

(3)用左脚踩住制动踏板,将操纵杆置于D挡。

(4)迅速将加速踏板踩到底,使发动机全负荷运转。

(5)当发动机转速上升至稳定值时,读取发动机的转速,即为失速转速,并迅速放松加速踏板。

(6)将操纵杆置于N挡或P挡,让发动机怠速运转1min。

(7)将操纵杆置于R挡,再测一次R挡的失速转速。

6.2.2.4　失速试验的结果分析

(1)D挡和R挡转速均低于正常值。

原因:发动机输出动力不足;液力变矩器导轮的单向离合器打滑。

(2)D挡和R挡转速均高于正常值。

原因:主油路油压过低;液力变速器叶片损坏;离合器或制动器打滑。

(3)只有D挡转速高于正常值。

原因:前进挡控制油路油压低;前进挡离合器或单向离合器打滑。

(4)只有R挡转速高于正常值。

原因:倒挡控制油路油压低;倒挡离合器或制动器打滑。

6.2.2.5　失速试验的注意事项

(1)从迅速踩下加速踏板到读出失速转速后放松加速踏板,全过程时间不到5s。

(2)在完成了一个挡位的失速试验后,应使发动机在N挡或P挡下怠速运转1min左右,以使自动变速器油充分冷却。

(3)在失速试验过程中,如果出现车轮转动的情况,应立刻放松加速踏板,停止试验。

6.2.2.6　实例分析

(1)丰田A341E、A342E型自动变速器失速试验结果分析如表6-4所示。

表 6-4　　丰田 A341E、A342E 型自动变速器失速试验结果分析

故障分析	故障原因
D 挡和 R 挡转速均低于正常值	发动机输出动力不足 液力变矩器导轮的单向离合器损坏而打滑
D 挡和 R 挡转速均高于正常值	自动变速器的油质不佳 自动变速器的油面过低 滤油器滤网堵塞 油泵主、从动齿轮磨损或损坏 主调压阀阀芯卡滞 主控制油路泄漏 超速挡(O/D)离合器摩擦片磨损而打滑 超速挡(O/D)离合器活塞密封损坏而漏油
只有 D 挡转速高于正常值	前进挡控制油路泄漏 前进挡离合器 C_1 摩擦片磨损而打滑 前进挡离合器 C_1 活塞密封圈损坏而漏油 单向离合器 F_2 磨损严重或损坏而打滑
只有 R 挡转速高于正常值	倒挡控制油路泄漏 倒挡离合器 C_2 摩擦片磨损而打滑 倒挡离合器 C_2 活塞密封圈损坏而漏油 倒挡制动器 B_3 摩擦片磨损而打滑 倒挡制动器 B_3 活塞密封圈损坏而漏油

(2)大众 01M 型自动变速器失速试验结果分析如表 6-5 所示。

表 6-5　　大众 01M 型自动变速器失速试验结果分析

故障现象	故障原因
D 挡和 R 挡转速均低于正常值	发动机输出动力不足 液力变矩器导轮的单向离合器损坏而打滑
D 挡和 R 挡转速均高于正常值	自动变速器油的油质不佳 自动变速器的油面过低 滤清器滤网堵塞 油泵主、从动齿轮磨损或损坏 主调压阀阀芯卡滞 主控制油路泄漏
只有 D 挡转速高于正常值	前进挡控制油路泄漏 离合器 K_1 摩擦片磨损而打滑 离合器 K_1 活塞密封圈损坏而漏油 单向离合器 F 磨损严重或损坏而打滑

续表

故障现象	故障原因
只有R挡转速高于正常值	倒挡控制油路泄漏 倒挡离合器K_2摩擦片磨损而打滑 倒挡离合器K_2活塞密封圈损坏而漏油 倒挡制动器B_1摩擦片磨损而打滑 倒挡制动器B_1活塞密封圈损坏而漏油

6.2.3 自动变速器的时滞试验

6.2.3.1 时滞试验的目的

时滞试验可进一步验证自动变速器失速试验的结果。

6.2.3.2 时滞试验的条件

(1)自动变速器油温正常(50℃～80℃)。
(2)驻车制动器工作正常。

6.2.3.3 时滞试验的方法

(1)拉紧驻车制动器,将操纵手柄置于N挡,启动发动机,怠速运转。

(2)分别将操纵手柄从N挡挂入D挡,同时按下秒表计时,当感到车身振动时,记录时间。

(3)将操纵手柄换入N挡,使发动机怠速运转1min,再进行下一次试验。N→D和N→R各做三次,取三次的平均值。

正常时滞时间为:N→D的时滞时间为1.2s以内,N→R的时滞时间为1.6s以内。

6.2.3.4 时滞试验的结果分析

(1)N→D的时滞时间过长的故障原因:
1)主油路的油压过低。
2)离合器或制动器摩擦片磨损严重。
(2)N→R的时滞时间过长的故障原因:
1)倒挡控制油路油压低。
2)倒挡离合器摩擦片磨损严重。
3)倒挡制动器摩擦片磨损严重。
(3)N→D的时滞时间过长的故障原因:
1)前进挡控制油路油压过低。
2)前进挡离合器摩擦片磨损严重。
3)单向离合器摩擦片磨损严重。

6.2.4 自动变速器的油压试验

6.2.4.1 油压试验的目的

油压试验的目的是检测液压系统的故障。通过测试油压可以判断油泵、主调压阀、节气门阀、速控阀等阀门工作是否正常。

自动变速器控制油压过高，会造成自动变速器换挡时有较大冲击，密封件易过早损坏；自动变速器控制油压过低，会使自动变速器打滑，导致加速无力，加剧离合器和制动器摩擦片的磨损，严重时会导致摩擦片烧坏。

6.2.4.2 油压试验的方法

(1)将自动变速器油压表接到自动变速器测压孔上。

(2)拉紧驻车制动器，启动发动机，使自动变速器油温达到正常值。

(3)在发动机怠速工况和失速工况下分别测出 D 挡和 R 挡的油压值。

6.2.4.3 油压试验的结果分析

将测得的主油路油压与标准值进行比较，即可确定所测油压是否符合要求。不同车型自动变速器的油压不完全相同，表 6-6 为几种常见自动变速器主油路油压标准。如果主油路油压不正常，表明油泵或液压控制系统有故障。表 6-7 列出了主油路油压不正常的可能原因。

表 6-6　自动变速器主油路油压标准

车型	自动变速器型号	发动机型号	变速杆位置	主油路油压(kPa)	
				怠速工况	失速工况
宝来	01M	AUM	D	340～380	1240～1320
			R	500～600	2300～2400
威驰		5AFE	D	440～460	980～1079
			R		1706～1844
奇瑞	4HP14	CAC480M	D	700～1000	1000～1300
			R	1000～1200	1000～1200
蓝鸟	RL4F03A(03V)		D	D=637;S、L=1147	1275
			R	883	1765
马自达 M6	FN4A-EL	B3	D、S、L	330～470	1160 以上
			R	490～710	1600～1820
赛欧	AF13	1B	D	370～430	1100～1280
			R	540～630	1470～1690

续表

车型	自动变速器型号	发动机型号	变速杆位置	主油路油压(kPa)	
				怠速工况	失速工况
东南富丽卡	R4AW-C-F1		D	363～420	1009～1156
			R	539～598	1401～1646
凌志LS400	A341E、A342E	1UZ-FE	D	382～441	1206～1363
			R	579～657	1638～1863
尼桑	L4N71B	VG30E、VG30S	D	314～373	1157～1275
			R	549～686	2187～2373
		LD28	D	382～481	1020～1196
			R	726～824	1922～2079
宝马	ZF4HP22/EH	325e、524td 528e 系列	D	588～735	
			R	1078～1274	
		535i、635csi735i 系列	D	588～735	
			R	1470～1666	

表 6-7　主油路油压不正常的原因

试验项目	试验结果	故障原因
怠速主油压	所有挡位的主油压均低于标准值	油泵故障 主油路调压阀卡死 主油路电磁阀故障 节气门拉索或节气门位置传感器调整不当 节气门阀卡滞 主油路漏油 自动变速器油滤清器堵塞
	前进挡和前进低挡的主油路油压均过低	前进挡离合器活塞漏油 前进挡油路漏油
	前进挡的主油路油压正常，前进低挡的主油路油压过低	1 挡离合器或 2 挡离合器活塞漏油 前进低挡制动器油路漏油
	D 位主油路油压正常，R 位主油路油压过低	倒挡离合器活塞漏油 低挡、倒挡制动器油路漏油
	D 位和 R 位的主油路油压均过高	节气门拉索调得过紧或节气门位置传感器调整不当 主油路调压阀卡滞 节气门拉索卡滞在节气门开启较大的位置 自动变速器油液温度传感器损坏 主油路电磁阀卡滞或内部短路

续表

试验项目	试验结果	故障原因
失速主油压	D 位和 R 位失速油压均低	自动变速器油液滤清器堵塞 自动变速器油液冷却器堵塞
	个别挡位失速油压较低	与失速油压低的挡位相关的离合器、制动器油路内部漏油

6.2.5　自动变速器的道路试验

6.2.5.1　道路试验的目的

(1)进一步检查和分析自动变速器的故障原因。

(2)检查修复后的自动变速器是否恢复了正常工作。

6.2.5.2　道路试验的方法

(1)变速杆位于 D 挡。选择平坦的路面,将自动变速器变速杆置于 D 挡,踩下加速踏板使节气门保持一定开度(发动机转速控制在 2000r/min),汽车加速行驶。

检查以下内容:

1)自动变速器是否自动按 1→2 挡、2→3 挡、3→O/D 挡的规律升挡,升挡时车速与标准值是否相符。如果有模式选择开关,应在动力模式和正常模式下进行升挡试验。

2)汽车行驶时,是否有换挡冲击、打滑及振动等现象。

3)汽车在锁止离合器锁止的情况下行驶时,变速器是否有不正常的振动和噪声。

4)检查锁止离合器的锁止情况。汽车以 80km/h 稳定行驶时,再踩下加速踏板,发动机转速应无明显变化,否则说明锁止离合器没有锁止。

5)检查汽车在 2 挡、3 挡和 O/D 挡行驶时,是否从超速→3 挡、3→2 挡、2→1 挡降挡,降挡车速是否符合标准值,降挡时有无振动和噪声。

6)强制降挡检查。使汽车中速行驶,迅速将加速踏板踩到底,若有明显的增扭效果,说明自动变速器降低了一个挡位;松开加速踏板,自动变速器又回到高挡位。如果迅速踩下加速踏板时没有出现降挡增扭现象,则说明自动变速器强制降挡控制功能失效。

(2)变速杆位于 3 挡。选择平坦的路面,将自动变速器变速杆置于 3 挡,踩下加速踏板使节气门保持一定开度(发动机转速控制在 2000r/min),汽车加速行驶。

检查以下内容:

1)自动变速器是否自动按 1→2 挡、2→3 挡的规律升挡,升挡时车速与标准值是否相符。

2)汽车行驶时,是否有换挡冲击、打滑及振动等现象。

3)检查汽车在 2 挡、3 挡行驶时,是否从 3→2 挡、2→1 挡降挡,降挡车速是否符合标准值,降挡时有无振动和噪声。

(3)变速杆位于 2 挡。选择平坦的路面,将自动变速器变速杆置于 2 挡,踩下加速踏板使节气门保持一定开度(发动机转速控制在 2000r/min),汽车加速行驶。

检查以下内容：

1)自动变速器是否自动按1→2挡的规律升挡，升挡时车速与标准值是否相符。

2)检查汽车在2挡行驶时，是否按2→1挡降挡，降挡车速是否符合标准值。

3)发动机制动效果检查。使汽车在中速行驶，松开加速踏板，汽车车速若明显降低，说明自动变速器有发动机制动作用；否则，说明自动变速器无发动机制动作用。

(4)变速杆位于1挡。选择平坦的路面，将自动变速器变速杆置于1挡，踩下加速踏板使节气门保持一定开度(发动机转速控制在2000r/min)，汽车加速行驶。

检查以下内容：

发动机制动效果检查。使汽车行驶，松开加速踏板汽车车速若明显降低，说明自动变速器有发动机制动作用；否则，说明自动变速器无发动机制动作用。

(5)变速杆位于R挡。将自动变速器变速杆置于R挡，应能迅速倒车，并无异响和打滑现象。

(6)变速杆位于P挡。在坡度大于9°的坡道上停车，将自动变速器变速杆置于P挡，松开驻车制动杆和放松制动踏板后应不溜车。

6.3 自动变速器的故障诊断

6.3.1 自动变速器常见故障的诊断与排除

6.3.1.1 汽车不能行驶

(1)故障现象

自动变速器变速杆在任何挡位汽车均不能行驶。

(2)故障原因

1)自动变速器漏油而使油过少，从而导致自动变速器不能传递动力。

2)自动变速器油泵损坏或进油滤网堵塞，导致油压过低不能传递动力。

3)自动变速器变速杆与手控阀之间的连杆或拉索松脱，导致变速杆置于倒挡和前进挡时，手控阀仍然位于空挡、停车挡或两挡之间。

4)液压控制系统的主油路堵塞，导致自动变速器不能传递动力。

5)自动变速器液力变矩器损坏而不能传递动力。

6)自动变速器行星齿轮机构损坏而不能传递动力。

(3)故障诊断与排除

1)检查自动变速器油面高度，如果油面过低，应检查自动变速器漏油的部位(油底壳、油管和壳体)。

2)检查自动变速器变速杆与手控阀摇臂之间是否松脱，若松脱应予检修。

3)检查自动变速器主油路油压，方法是用汽车举升器举起发动机，将变速杆置于倒挡或前进挡，慢慢旋下主油路侧压孔的螺塞，看测压孔是否有自动变速器油流出。

4)如果测压孔无自动变速器油流出或油量很小(油压很低)，应打开自动变速器油底壳，检查油泵滤网是否堵塞。若油泵滤网正常，则需检修自动变速器油泵及相关油路。

5)如果测压孔有大量油喷出，说明自动变速器不能传递动力不是主油路无油压造成的，此时应拆检自动变速器行星齿轮变速系统和液力变矩器。

6.3.1.2　自动变速器打滑

(1)故障现象

1)汽车在起步时，发动机转速上升很快但车速上升缓慢，严重时起步困难。

2)汽车在加速时，车速不能随发动机转速提高而提高。

3)汽车在上坡时，汽车行驶无力，但发动机转速很高。

(2)故障原因

1)自动变速器油面过低而造成主油路油压过低，导致离合器和制动器打滑。

2)自动变速器油泵损坏或进油滤网堵塞，而造成油压过低。

3)主调压阀失效或阀芯卡滞，而造成油压过低。

4)自动变速器油泵磨损严重使油压过低，而引起打滑。

5)油路漏油，而造成油压过低。

6)离合器和制动器摩擦片磨损严重。

7)离合器和制动器活塞密封圈损坏而漏油，导致油压过低。

8)单向离合器磨损严重而打滑。

(3)故障诊断与排除

1)检查自动变速器油面，如果油面过低，按规定定量添加规定牌号的自动变速器油。

2)进行道路试验，根据打滑的规律判断故障部位。

下面以大众 01M 型自动变速器为例分析故障原因。

①若自动变速器在前进挡和倒挡时均有打滑现象，则为主油路油压过低。

②若自动变速器在 D 位 1 挡、D 位 2 挡和 D 位 3 挡均有打滑现象，而 D 位 4 挡正常，则为离合器 K_1 打滑。

③若自动变速器在 D 位 1 挡有打滑现象，而 D 位 2 挡正常，则为单向离合器 F 打滑。

④若自动变速器在 D 位 2 挡有打滑现象，而 D 位 1 挡正常，则为制动器 B_2 打滑。

⑤若自动变速器在 D 位 2 挡和 D 位 4 挡均有打滑现象，则为制动器 B_2 打滑。

⑥若自动变速器在倒挡有打滑现象，而在 1 位有发动机制动，则为离合器 K_2 打滑或倒挡控制油压过低。

⑦若自动变速器在 1 位无发动机制动，而 D 位 1 挡行驶正常，则为制动器 B_1 打滑。

3)检查自动变速器油压。

①如果油压正常，应对打滑的换挡执行元件进行检修。

②如果油压过低，则应检修油泵滤网、油泵及主调压阀等。

6.3.1.3　自动变速器换挡时有较大的冲击

(1)故障现象

1)自动变速器变速杆从停车挡或空挡挂入前进挡或倒挡时，汽车有明显的振动。

2)汽车在行驶中,自动变速器升挡的瞬间,汽车有明显的冲击。

(2)故障原因

1)发动机怠速过高而引起换挡冲击。

2)节气门拉索调整不当导致换挡冲击。

3)节气门位置传感器调整不当或工作不良导致换挡冲击。

4)主调压阀阀芯卡滞而使换挡瞬间汽车有明显的冲击。

5)油压电磁阀或其电路不良而使换挡瞬间油压过高,导致换挡冲击。

6)单向阀损坏或漏装而导致换挡执行元件接合过快。

7)换挡执行元件打滑。

8)升挡过迟而引起换挡冲击。

9)换挡平顺阀工作不良而引起换挡冲击。

10)车速传感器或其他电路工作不良导致换挡冲击。

11)自动变速器电控单元有故障。

(3)故障诊断与排除

1)检查发动机的怠速。发动机怠速一般为800～1000r/min,怠速过高,应将其调整至规定怠速。

2)检查节气门拉索的位置,如果不当应调整。

3)进行故障自诊断,读取故障码,按故障码进行检修。

4)进行道路试验,检查自动变速器是否有打滑现象。如果有打滑现象,应进行检修。

5)检查发动机怠速时的主油路油压,如果油压过高,应对主调压阀进行检修。

6)检查换挡时的主油路油压。正常情况下,在换挡时主油路的油压会有瞬间的下降。如果在换挡的瞬间主油路油压下降,可能是换挡执行元件的间隙太小、单向阀损坏或漏装而引起换挡冲击;如果换挡瞬间主油路油压没有下降,则应进行以下检查:

①检查油压电磁阀的线束有无松脱。

②检查油压电磁阀能否正常工作。

③检查在换挡时,电控单元是否向油压电磁阀输出信号。如果换挡时电控单元无信号输出,则应更换单元后再试。

④拆检自动变速器,检查换挡执行元件的间隙、单向阀和减振器的工作情况。

6.3.1.4　自动变速器升挡过迟

(1)故障现象

汽车行驶中,自动变速器升挡时的车速和发动机转速明显高于正常值,需采用提前升挡的操作方法(松开加速踏板)才能使自动变速器升入高挡。

(2)故障原因

1)节气门拉索调整不当。

2)节气门位置传感器或其线路有故障。

3)车速传感器或其线路有故障。

4)自动变速器电控单元有故障。

(3)故障诊断与排除

1)检查节气门拉索和节气门位置是否调整不当,如果不当,予以调整。

2)进行故障自诊断,读取故障码,如果有故障码输出,则按所显示的故障码进行检修。

3)如果无故障码输出,或当故障码所显示的故障排除后故障现象仍未消除,则应进行如下检查:

①检查节气门位置传感器及其线路的工作情况。

②检查车速传感器及其线路的工作情况。

③如果以上元件均良好,更换电控单元再试。

6.3.1.5　自动变速器不能升挡

(1)故障现象

汽车行驶中,自动变速器始终在 1 挡,不能升入 2 挡,或虽能升入 2 挡,但不能升入 3 挡和超速挡。

(2)故障原因

1)节气门拉索调整不当。

2)节气门位置传感器或其线路有故障。

3)车速传感器或其线路有故障。

4)换挡执行元件(离合器和制动器)打滑。

5)换挡阀卡滞。

6)电磁阀卡滞。

7)多功能开关或其线路有故障。

8)自动变速器电控单元有故障。

(3)故障诊断与排除

1)检查节气门拉索和节气门位置是否调整不当,如果不当,予以调整。

2)进行故障自诊断,读取故障码,如果有故障码输出,则按所显示的故障码检修。

3)如果无故障码输出,或当故障码所显示的故障码排除后故障现象仍未消除,则应进行如下检查:

①检查节气门位置传感器及其线路的工作情况。

②检查车速传感器及其线路的工作情况。

③检查多功能开关及其线路的工作情况。

④进行道路试验,检查换挡执行元件是否打滑,如果打滑则应拆检自动变速器,检查换挡执行元件摩擦片是否磨损严重和有无泄漏。

⑤拆检自动变速器,检查电磁阀和清洗滑阀箱。

⑥如果以上元件均良好,更换电控单元再试。

6.3.1.6　自动变速器无超速挡

(1)故障现象

汽车行驶中不能升入超速挡。

(2)故障原因

1)超速挡开关或其线路有故障。

2)节气门位置传感器或其线路有故障。

3)换挡电磁阀或其线路有故障。

4)自动变速器油温传感器或其线路有故障。

5)多功能开关或其线路有故障。

6)3-4 挡换挡阀卡滞。

7)超速挡制动器打滑。

8)超速单向离合器卡死,使超速行星架和超速太阳轮连接而导致无超速挡。

9)自动变速器电控单元有故障。

(3)故障诊断与排除

1)进行故障自诊断,读取故障码,如果有故障码输出,则按所显示的故障码检修。

2)如果无故障码输出,或当故障码所显示的故障排除后故障现象仍未消除,则应进行如下检查:

①检查超速挡开关及其线路的工作情况。

②检查节气门位置传感器及其线路的工作情况。

③检查自动变速器油温传感器。检测油温传感器在不同温度下的电阻值,如果测量值与标准值不符,则应更换自动变速器油温传感器;如果测量值正常,应检测自动变速器油温传感器至自动变速器电控单元间线路的通断情况。

④检查多功能开关。检查多功能开关信号与变速器杆位置是否相符,如果不符合应调整或更换开关;如果相符,应检查多功能开关和自动变速器电控单元之间线路的通断情况。

⑤检查电磁阀工作情况。测量电磁阀线圈电阻,如果电阻值正常,应检查自动变速器电控单元与电磁阀间的信号是否正常。

⑥检查执行元件工作情况。用举升器将汽车举起,驱动轮悬空,看在空载的情况下,自动变速器能否升入超速挡。

如果能升入超速挡,且升挡后的车速正常,则说明超速挡制动器打滑。

如果能升入超速挡,但升挡后的车速偏低,发动机转速下降,则说明超速挡离合器卡滞。

如果不能升入超速挡,则说明 3-4 挡换挡阀或自动变速器电控单元有故障。

a. 如果怀疑自动变速器 3-4 挡换挡阀有故障,应拆检自动变速器,清洗阀体,然后再试。

b. 如果怀疑自动变速器电控单元有故障,应更换自动变速器电控单元再试。

6.3.1.7 自动变速器无前进挡

(1)故障现象

自动变速器变速杆置于 D、2 和 L 位均不能起步,置于 R 位则正常。

(2)故障原因

1)前进挡离合器打滑。

2)前进挡控制油路严重漏油。

3)自动变速器变速杆位置调整不当。

(3)故障诊断与排除

1)检查自动变速器变速杆位置是否正常,如果不正常,予以调整。

2)检查自动变速器前进挡控制油路的油压。

①如果自动变速器油压过低,说明前进挡控制油路有泄漏,应拆检自动变速器,检查前进挡控制油路中的密封元件。

②如果油压正常,说明前进挡离合器摩擦片严重磨损而打滑。

6.3.1.8　自动变速器无倒挡

(1)故障现象

自动变速器变速杆置于 R 位不能起步,置于 D 位正常。

(2)故障原因

1)倒挡离合器打滑。

2)倒挡制动器打滑。

3)倒挡控制油路严重漏油。

4)自动变速器变速杆位置调整不当。

(3)故障诊断与排除

1)检查自动变速器变速杆位置是否正常,如果不正常,予以调整。

2)检查自动变速器倒挡控制油路的油压。

①如果自动变速器油压过低,说明倒挡控制油路有泄漏,应拆检自动变速器,更换倒挡控制油路中的密封元件。

②如果油压正常,说明倒挡离合器和制动器摩擦片磨损严重而打滑。

6.3.1.9　自动变速器频繁跳挡

(1)故障现象

汽车行驶中,加速踏板保持不动,但经常会出现突然降挡的现象。

(2)故障原因

1)节气门位置传感器工作不良或其线路接触不良。

2)车速传感器工作不良或其线路接触不良。

3)换挡电磁阀工作不良或其线路接触不良。

4)自动变速器电控单元有故障。

(3)故障诊断与排除

1)进行故障自诊断,读取故障码,如果有故障码输出,则按所显示的故障码进行检修。

2)如果无故障码输出,或当故障码输出所显示的故障排除后故障现象仍未排除,则应进行如下检查:

①检查节气门位置传感器、节气门位置传感器与发动机电控单元之间的线路,以及发动机电控单元与自动变速器电控单元之间线路的工作情况,如果有异常,予以修理或

更换。

②检查车速传感器、车速传感器与自动变速器电控单元之间线路的工作情况，如果有异常，予以修理或更换。

③检查换挡电磁阀、换挡电磁阀与自动变速器电控单元之间线路的工作情况，如果有异常，予以修理或更换。

3)如果故障未排除，更换自动变速器电控单元再试。

6.3.1.10 自动变速器无发动机制动作用

(1)故障现象

汽车在行驶中，自动变速器变速杆在 2 位或 L 位时，松开加速踏板，车速不能明显下降。

(2)故障原因

1)挡位开关位置调整不当。

2)自动变速器变速杆位置不当。

3)制动器打滑。

4)自动变速器阀体有故障。

5)自动变速器打滑。

6)自动变速器电控单元有故障。

(3)故障诊断与排除

1)进行故障自诊断操作，读取故障码，如果有故障码输出，则按所显示的故障码进行检修；如果无故障码输出，或故障码所显示的故障排除后故障仍未消除，则应进行如下检查：

①进行路试，检查自动变速器有无打滑的情况。

②如果自动变速器有打滑现象，应分析打滑原因。

如果变速杆在 L 位时行驶正常，而无发动机制动作用，则说明倒挡制动器打滑，应拆检自动变速器。

如果变速杆在 2 位时行驶正常，而无发动机制动作用，则说明第一制动器打滑，应拆检自动变速器。

2)若以上元件均正常，则需要更换自动变速器电控单元再试，如果故障现象仍未消除，则需拆检自动变速器，清洗阀体。

6.3.1.11 自动变速器不能强制降挡

(1)故障现象

汽车在高速行驶时，突然将加速踏板踩到底，自动变速器不能立即降低一个挡位，导致汽车加速无力。

(2)故障原因

1)节气门拉索调整不当。

2)节气门位置传感器工作不良或调整不当。

3)强制降挡开关工作不良或调整不当。

4)强制降挡电磁阀损坏或其线路不良。

5)强制降挡控制阀阀芯卡滞。

(3)故障诊断与排除

1)检查节气门拉索和节气门位置传感器的安装位置是否不当,如果不当应予以调整。

2)进行故障自诊断操作,读取故障码,如果有故障码输出,则按所显示的故障码进行检修;如果无故障码输出,或故障码所显示的故障排除后故障现象仍未排除,则应进行如下检查:

①检查强制降挡开关。在加速踏板踩到底时,强制降挡开关触点应闭合;放松加速踏板时,强制降挡开关应断开。

如果在加速踏板踩到底时强制降挡开关触点不能闭合,而用手直接按下强制降挡开关其触点闭合,则说明强制降挡开关安装位置不当,应予以调整。

如果在加速踏板踩到底时强制降挡开关触点不能闭合,用手直接按下强制降挡开关其触点仍不能闭合,则说明强制降挡开关工作不良,应予以更换。

②检查强制降挡电磁阀。检查电磁阀线圈电阻和线路连接情况,如果有异常,应检修线束和更换电磁阀。

③拆检自动变速器,检查和清洗强制降挡控制阀。

6.3.1.12 自动变速器有异响

(1)故障现象

自动变速器在停车挡、空挡、前进挡和倒挡均有异响。

(2)故障原因

1)自动变速器油面过低。

2)自动变速器油泵磨损严重。

3)液力变矩器锁止离合器损坏。

4)液力变矩器单向离合器损坏。

5)自动变速器行星齿轮机构损坏。

6)自动变速器换挡执行元件磨损严重或损坏。

7)自动变速器轴承磨损严重或损坏。

(3)故障诊断与排除

1)检查自动变速器油面高度。如果油面过低,应将自动变速器油面调整至正常高度。

2)用举升机将汽车举起,启动发动机,分别在空挡、前进挡和倒挡时检查自动变速器的异响情况。

①如果在任何挡位下,自动变速器前部始终有异响,则可能是油泵或液力变矩器发出的异响,应拆检油泵和液力变矩器。

②如果自动变速器在前进挡和倒挡均有异响,挂入空挡异响消失,则说明是行星齿轮机构发出异响,应拆检自动变速器检修行星齿轮机构。

③如果自动变速器只在某一挡有异响,则说明是换挡执行元件发出异响,应拆检自动

变速器检修换挡执行元件。

6.3.2 自动变速器故障自诊断

自动变速器的结构和工作原理都十分复杂,因此维修也相对繁琐。引起自动变速器故障的因素多种多样,诊断和维修时应根据故障有针对性地进行。自动变速器换挡控制主要有两种:液压控制自动换挡系统和电子控制自动换挡系统。电子控制自动变速器在使用中,常见机械故障与电子控制系统故障会单独或同时出现,在故障诊断时应首先区分是机械部分还是电控部分引起,再做进一步检查,以免走弯路。以下是自动变速器常见的诊断与排除方法。

电子控制自动变速器 ECU 通常具有故障自诊断功能。自诊断系统可以将自动变速器电气系统以及与电气系统相关的某些液压或机械方面出现的故障以故障码的形式储存在电脑的存储器内,并通过仪表板上的 O/D "OFF"灯闪烁警告驾驶员。不同汽车生产商生产的自动变速器读取故障码的方法有所不同,它们以不同的故障码来表示故障范围。但维修人员只要使用跨接线、指针式万用表或发光二极管(LED),就可以快速地把故障码读取出来。

在读取故障码之前,应先检查汽车蓄电池电压是否正常,以防止蓄电池电压过低而导致系统误动作,并要保证发动机在正常的工作温度,并且必须将变速器变速杆置于 N 或 P 位置,而且不能启动发动机,更不能使用任何用电器设备(如空调等)。如无特殊约定,节气门必须处在完全关闭的状态。有些看起来与变速器有关的驾驶性能故障,可能是由于发动机部件的故障引起的。因此,在检测自动变速器故障之前,必须修好与发动机有关的故障,否则会导致误诊断或部件维护不正确。

自动变速器自诊断具有方法简单、省时、省力、可快速找到故障方向等优点,但是它自身也存在着不足。

(1)它反映的主要是电器元件故障,对于大多数液压或机械方面的故障都没有反馈。

(2)通常它只是反映故障的方向,具体故障为何,还需要进行深入的分析,如奥迪汽车的 097 型自动变速器,它的 1231 号故障码对应内容为变速器传感器不良,出现这种故障的原因可能是车速传感器本身,也可能是连接线路故障。

(3)跨接线式的调取故障码方法,在有些车型中不能把全部的故障码读取出来,需借助其他的检测仪器,如解码器等,才能读出更多的故障代码。如通用公司土星汽车上所有的 MP-TAAT 型自动变速器,用跨接线的方法读取,可以读出 22 个故障码;如果利用解码器等检测设备,则可以读出另外 44 个故障码。

常用的读故障码方法,第一种是将自诊断插座上指定的两个端子用跨接线跨接。如果仪表板上没有故障指示灯,可用自制 LED(发光二极管)灯或指针式万用表的电压挡跨接指定的两个端子,利用 LED 灯的闪烁或万用表指针的摆动情况来表示故障码。现在大部分的自动变速器都采用的是这种方法。

第二种为按键屏幕式,通过空调控制面板上的屏幕来显示故障码。读取时,同时按下空调控制面板上的"OFF"和"WARMER"两按键,等待几秒后故障码就会被显示出来。这种读取方法应用得比较少,代表车型为凯迪拉克的 4.9L 发动机配用的自动变速器。

第三种读取方法也是通过指示灯的闪烁来显示故障码的,不过故障码是通过变换变速杆位置、超速挡开关的位置及点火开关的“ON/OFF”这三种不同位置的配合来得到的。这种方法只应用在日产车系的自动变速器中。

第四种为将来自电脑主电源的黑色电线搭铁、点火开关转至“ON”位置，通过仪表板上的指示灯闪烁来显示故障码。其典型代表为大宇公司的 AW850 型自动变速器。

故障码显示完毕后，应将其清除。自动变速器电控系统不仅读取故障码的方式存在着差异，而且清除故障码的方法也有所不同，主要有以下几种：

(1)将蓄电池的负极线拆下，等待几十秒钟后再将其装复即可。不同的自动变速器要求等待的时间也不一样。例如：三菱需等待 10s、马自达需等待 20s、现代需等待 15s、大宇需等待 5s、福特需等待 10s 等。

(2)将熔丝拆下并等待。例如：丰田汽车为拆下“EFI”熔丝并等待 10～15s、本田汽车为拆下“BACK UP”熔丝并等待 10s、通用 4T60E 型自动变速器则要求等待 30s。

(3)日产汽车：启动发动机两次即可清除故障码。

(4)富士汽车：跨接诊断插座上的 2、5 号端子，并于 5s 后取下跨接线即可清除故障码。

(5)通用汽车使用的 MP-TAAT 型自动变速器为：点火开关转至“ON”位置，在 5s 内跨接诊断插座上的 A、B 端子三次。

(6)凯迪拉克 4.9L 发动机配用的自动变速器为：按住空调控制面板上的“OFF”、“LO”两按键，在出现“E.0.0”时松开，然后将点火开关转至“OFF”位置，等待 10s 后即可清除故障码。

(7)奥迪汽车：连续连接、切断诊断插座跨接线五次即可清除故障码。

下面以几种常见电子控制自动变速器为例，具体介绍故障自诊断方法。

6.3.3　丰田车系自动变速器故障自诊断

以下故障的读取方法适用于丰田公司生产的大部分汽车，如凯美瑞、凌志、皇冠、克罗娜、大霸王、海狮等。

6.3.3.1　故障码的读取方法

丰田车系的自动变速器故障码目前有两种读取方式，即诊断插座跨接式和按键屏幕式。

大部分丰田汽车的故障诊断插座位于发动机附近，少数车型的故障诊断插座位于仪表板下方。

对于诊断插座跨接式的汽车，首先应将点火开关置于“ON”位置，并将超速挡(O/D OFF)开关也置于接通位置，然后用跨接线跨接诊断插座的“Te”端子与“E_1”端子，如图 6-1 所示，此时应注意仪表板上“O/D OFF”指示灯的情况。若“O/D OFF”灯每隔 0.25s 闪烁一次，表示系统正常，若系统有故障，则“O/D OFF”灯便闪烁由两位数字组成的故障代码。十位数字的故障码，“O/D OFF”灯每隔 0.5s 闪烁一次，十位数字闪烁完毕后，间隔 1.5s，“O/D OFF”灯便以每 0.5s 一次闪烁故障码的个位数。在闪烁两个故障码之间，“O/D OFF”灯便以每 0.5s 一次闪烁故障码的个位数。在闪烁两个故障码之间，“O/D

OFF”灯暂停 2.5s。

对按键屏幕式，首先应将点火开关接通，然后同时按住“SELECT”与“INPUT”按键 3～5s，再按“SET”按键 3s 以上，屏幕便显示故障信息，若同时存在两个以上故障码，则故障码与故障码之间的间隔为 5s。对按键屏幕式，诊断时应特别注意不要踩踏加速踏板，否则将会退出自诊断测试。

6.3.3.2 故障码的清除方法

在变速器故障排除后，应将存储的故障码清除，为此，应将 EFI 熔断器取下，待 10～15s后装复，故障码便全部清除。

6.3.3.3 故障码的编号及故障部位

丰田汽车故障码的编号及故障部位如表 6-8 至表 6-10 所示。

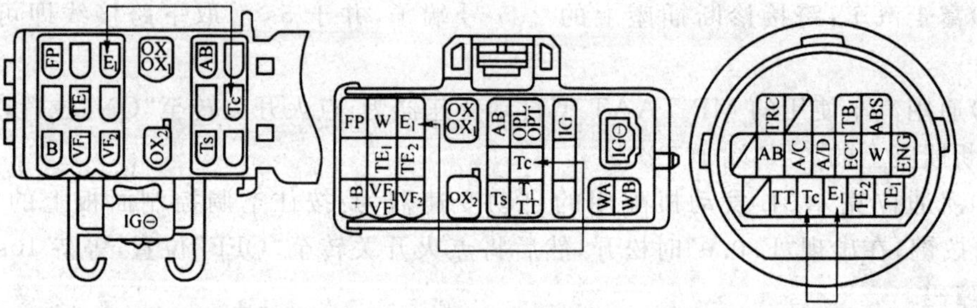

(a)　　(b)

图 6-1　丰田车故障诊断插座

表 6-8　丰田二轮驱动电子控制自动变速器故障码表

故障码	故障部位	检查内容
42	1 号车速传感器或线路不良	检查装在仪表板内的 1 号车速传感器是否有短路、断路故障。检查接线是否良好，是否有断路
61	2 号车速传感器或线路不良	2 号车速传感器装在仪表板内，应检查传感器电阻，观察是否有短路、断路故障，如良好，检查线路是否有断路、短路故障
62	1 号电磁阀或线路不良	首先应检查 1 号电磁阀回路是否接触不良、松动或断路，然后检测电磁阀是否良好，如不良，应更换电磁阀
63	2 号电磁阀或线路不良	检查 2 号电磁阀回路状况，如良好，应检查电磁阀是否有短路、断路等故障，如电磁阀不良，应更换新品
64	锁止电磁阀或线路不良	首先应检查电脑到电磁阀之间的接线是否有断路、接触不良，然后检查电磁阀本身是否短路、断路，必要时更换电磁阀
65	4 号电磁阀或线路不良	检查电脑到电磁阀的回路是否有断路或接触不良，如良好，应检查电磁阀本身是否有短路、断路等故障，如电磁阀不良，应更换新品

表 6-9　丰田四轮驱动电子控制自动变速器故障码表

故障码	故障部位	检查内容
42	后车速传感器或线路不良	检查分动箱左侧的后车速传感器的阻值；检查是否有短路、断路故障；检查回路状况
61	车速传感器或线路不良	检查装在差速器上的车速传感器是否有短路、断路故障；检查回路接线状况
62	1 号电磁阀或线路不良	检查回路是否有松动、接触不良、断路故障；检查电磁阀是否有断路或短路故障，电磁阀的电阻值应为 10～16Ω
63	2 号电磁阀或线路不良	检查回路状况，如良好，应检查电磁阀的阻值，检查是否有断路、短路故障
64	锁止电磁阀或线路不良	检查线路接触状况及锁止电磁阀或电脑状况，判定是电磁阀、回路还是电脑故障，对症检修
73	轴间差速器 1 号控制电磁阀不良	检查 1 号控制电磁阀的电阻值，判定电磁阀是否有短路、断路，如不良，应更换新品
74	轴间差速器 2 号控制电磁阀不良	按 73 号故障码诊断方法诊断

表 6-10　丰田其他车型电子控制自动变速器故障码表

故障码	故障部位	检查内容
38	油温传感器或线路不良	自动变速器油温度传感器与发动机和自动变速器 ECU 之间的配线或插接器 自动变速器油温度传感器 发动机和自动变速器 ECU
46	主油路电磁阀短路或断路	主油压电磁阀 主油压电磁阀与发动机和自动变速器 ECU 之间的配线或插接器 发动机和自动变速器 ECU
61	车速电磁阀或线路不良	车速传感器电路是否断路或短路 车速传感器 发动机和自动变速器 ECU
62、63	换挡电磁阀或线路不良	1 号电磁阀，发动机和自动变速器 ECU，2 号换挡电磁阀 电磁阀与发动机和自动变速器 ECU 之间的配线或插接器 发动机和自动变速器 ECU
64	锁止电磁阀或线路不良	锁止电磁阀 锁止电磁阀与发动机和自动变速器 ECU 之间的配线或插接器 发动机和自动变速器 ECU

6.3.4 通用轿车自动变速器故障自诊断

以通用汽车公司生产的4T60E、4L80E、4T80E、MP-TAAT型自动变速器及4.9L发动机用的自动变速器介绍其故障自诊断方法。

6.3.4.1 4T60E型自动变速器

4T60E型自动变速器应用在前驱凯迪拉克轿车上。这种变速器的ECU与发动机ECU共用。在进行自动变速器的故障自诊断时发动机控制系统的故障码也会一起被显示出来(如果有)。故障诊断座一般位于仪表板的下方。

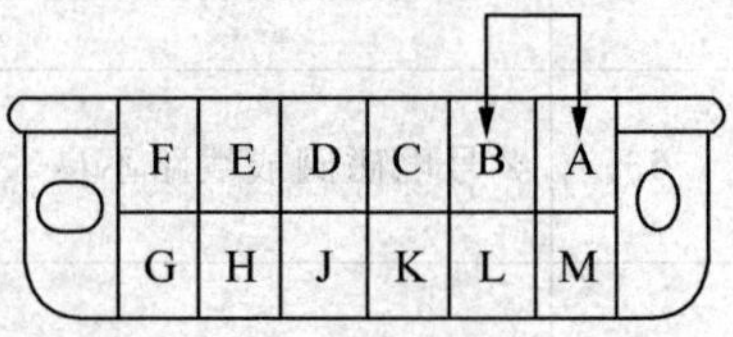

图6-2 通用轿车故障诊断插座

(1)故障码的读取方法

先跨接诊断插座上的A、B端子,如图6-2所示,然后将点火开关转至"ON"位置,但不启动发动机。仪表板上的"SERVICE ENGINE SOON"指示灯会闪烁故障码;或用电压表测量故障诊断插座内的插孔D的电压脉冲信号,根据脉冲的规律读出故障代码。

(2)故障码的清除方法

拆下ECU熔丝并等待30s以后,取下跨接线故障码即可自行清除。

(3)故障码的编号及故障部位

通用公司4T60E型自动变速器故障码的编号及故障部位如表6-11所示。

表6-11 通用轿车4T60E型电子控制自动变速器故障码表

故障码	故障部位	检查内容
14	发动机冷却液温度传感器电压信号过低	检查冷却液温度传感器及回路状况,必要时更换
15	发动机冷却液温度传感器电压信号过高	由于冷却液温度传感器不良影响发动机工作不良,导致换挡不畅
16	蓄电池电压过高	由于蓄电池电压过高,使变速器发生2挡卡住现象
21	节气门位置传感器电压信号过高	信号电压过高导致发动机工作不正常,间接影响自动变速器换挡不畅
22	节气门位置传感器电压信号过低	信号电压过低会引起变速器自动换挡不及时,或失去转换转矩功能等,应检查传感器及其回路
24	车速传感器不良	自动变速器控制系统因得不到车速信号,不能正确地执行自动换挡功能
26	功率晶体管损坏	功率晶体管损坏后,会造成自动变速器个别挡位不换挡
31	挡位开关不良	挡位开关不良会造成换挡不准确及转矩不当等故障

续表

故障码	故障部位	检查内容
36	B组换挡电磁阀不良	出现 36 号故障码时，会导致只有 1、2 挡或只有 3 挡的故障，此时应更换换挡电磁阀
39	转矩变速器(TCC)不良	检查转矩变速器，必要时更换
53	蓄电池电压过高	使发动机工作不正常导致换挡不畅
58	变速器油温过高	排除油温过高的现象
59	变速器油温过低	检查并排除油温过低的故障
68	超速挡传动速比错误	拆检自动变速器，排除速比错误故障
73	主油压阀电动机控制不良	检查主油压阀电动机控制部分及其回路状况
85	主减速器传动比错误	检查并排除主减速器故障
86	低速挡传动比错误	检查并排除低速挡传动比错误故障
87	高速挡传动比错误	检查并排除高速挡传动比错误故障

6.3.4.2　4L80E、4T80E 型自动变速器

这两种型号的自动变速器应用在加长型轿车及 7～8 吨的货车和旅行车上。

4L80E、4T80E 型自动变速器与 4T60E 型自动变速器故障码的读取办法、清除办法相同。其故障码的编号和故障部位如表 6-12 所示。

表 6-12　　通用轿车 4L80E、4T80E 型电子控制自动变速器故障码表

故障码	故障部位	检查内容
12	系统正常	全系统无故障
14	发动机温度高	检查发动机温度过高原因
15	发动机温度低	检查冷却液温度过低原因
21	节气门电压信号过高	检查节气门信号电压值，如过高应排除
22	节气门电压信号过低	检查节气门信号电压过低原因
24	车速信号不良	检查车速传感器回路连接状况，检查车速传感器是否短路、断路
28	压力开关不良	检查压力开关状况，必要时更换压力开关
39	液力变矩器不良	用失速试验办法验证液力变矩器状况
53	蓄电池电压过高	检查蓄电池电压过高原因，对症排除
58	变速器温度过高	检查油温过高原因，对症排除
59	变速器温度过低	检查油温过低原因，对症排除
68	超速传动速比不对	检查传动比失调原因，对症排除

续表

故障码	故障部位	检查内容
73	主油压控制阀不良	检查油压控制阀回路接线状况,检查控制阀是否短路、断路,必要时更换
81	换挡阀B组电磁阀不良	检查B组电磁阀是否短路、断路,是否发卡、动作不畅
82	换挡阀A组电磁阀不良	检查A组电磁阀的内阻,判断电磁阀是否短路、断路,电磁阀动作是否自如
83	TCC电磁阀不良	检查TCC电磁阀动作状况,必要时检测其阻值,不良应更换电磁阀

6.3.4.3 凯迪拉克4.9L发动机用自动变速器

这种变速器的故障码是由空调控制板来进行自诊断及显示的。

(1)故障码的读取方法

将点火开关与巡航控制主开关接通,然后同时按下空调控制面板的“OFF”和“WARMER”按键,直至空调面板上显示“－188”字幕,资料信息屏上显示“8.8.8”字幕后,等待1s后便显示以E为首的故障码。

应该注意的是,第一次出现的故障码是历史故障码,第二次出现的故障码才是当前故障码。

当出现“.7.0”字幕时,表示以E为首的故障码已全部显示完毕。

(2)故障码的清除方法

同时按住“OFF”和“LO”两按键,当信息屏出现“E.0.0”字幕时放开按键,信息屏上会出现“.7.0”字样,然后将点火开关转至“OFF”位置,等待10s以后,以E为首的故障码便全部消除。

(3)故障码的编号及故障部位

通用公司凯迪拉克汽车(4.9L发动机车型)自动变速器故障码的编号及故障部位如表6-13所示。

表6-13　　通用凯迪拉克轿车电子控制自动变速器故障码表

故障码	故障部位	检查内容
E24	车速传感器不良	车速传感器不良会使变速器控制系统不能得到车速信号,导致变速器不能及时跳挡
E28	3挡或4挡压力开关短路	检查并排除压力开关短路故障
E39	转矩转换离合器啮合电路不良	检查转矩转换离合器啮合电路部分是否有接触不良、断路或短路故障
E60	巡航车速控制系统不动作	排除巡航车速控制系统不动作故障

续表

故障码	故障部位	检查内容
E61	巡航车速控制通气电磁阀不良	检查通气电磁阀是否有断路、短路故障，必要时更换电磁阀
E62	巡航车速控制真空电磁阀不良	检查真空电磁阀是否有短路、断路故障，必要时更换电磁阀
E63	巡航车速控制与实际车速不符	检查巡航车速控制系统
E64	巡航车速控制不良	巡航车速控制时，车辆仍然加速超过巡航车速范围
E67	巡航车速控制开关短路	检查并排除巡航车速控制开关短路故障
E68	巡航车速控制开关不良	检查巡航车速开关状况，必要时更换
E75	车速传感器信号受干扰或中断过	排除干扰源
E91	驻车/空挡开关不良或挡位开关不良	检查各开关状况，必要时更换开关
E96	转矩转换离合器不灵活、黏滞	拆检转矩转换离合器，必要时更换新品
E97	驻车/空挡(P/N)到前进挡/倒挡开关不良	检查开关的啮合状况，如开关不良，应更换开关

6.3.5 现代轿车自动变速器故障自诊断

6.3.5.1 故障码的读取方法

现代轿车设有自诊断功能，可用 LED 灯在诊断座上进行诊断。

调取故障码时，将 LED 灯跨接在 A 与 B 接脚中，接通点火开关，观察 LED 灯闪烁情况，便可将故障码调出。

6.3.5.2 故障码的清除方法

诊断并检修后，应将变速器 ECU 储存的故障码清除。为此，可将蓄电池的负极线取下，15s 以后，再将负极线装回，故障码便可自行清除。

6.3.5.3 故障码的编号及故障部位

现代轿车自动变速器故障码的编号及故障部位如表 6-14 所示。

表 6-14　　现代轿车自动变速器故障码的编号及故障部位

故障码	故障部位	检查内容
11	变速器 ECU 不良	更换变速器 ECU
12	变速器 ECU 不良	1 挡换挡太慢,应更换变速器 ECU
13	B 组车速传感器不良	检查车速传感器电阻值,其值应为 215～275Ω,否则应更换车速传感器
14	A 组换挡阀不良	检查换挡阀的电阻值,其值应为 21～24Ω,否则应更换电磁阀
15	B 组换挡阀不良	用欧姆表测量 B 组换挡阀阻值,其值应为 21～24Ω,否则应应更换电磁阀
16	压力控制电磁阀不良	用欧姆表测量压力控制电磁阀的电阻值,其值应为 2.6～3.2Ω,否则应更换电磁阀
17	换挡控制不同步	检查车速传感器,如不良应排除
21	节气门位置传感器加速信号不良	检查传感器及其电路状况
22	节气门位置传感器减速信号不良	检查传感器及其电路状况
23	节气门位置传感器怠速信号不良	检查传感器怠速接点信号及电路状况
24	变速器油温传感器不良	检查传感器,必要时更换
25	强制降挡开关信号不良	检查强制降挡开关及回路状况
26	强制降挡开关信号短路	排除强制降挡开关短路故障
27	无法取得发动机转速信号	检查信号发生器及回路状况
28	加速信号短路	排除短路故障
31	变速器 ECU 不良	更换变速器 ECU
32	变速器 ECU 不良	1 挡换挡太慢,检查电路,必要时更换电脑
33	B 组车速传感器不良	检查 B 组车速传感器,用欧姆表测量车速传感器的电阻值,其值应为 215～275Ω
41	A 组换挡阀搭铁	检查换挡阀电阻值,其值应为 21～24Ω,否则应更换换挡阀
42	A 组换挡阀短路搭铁	检查换挡阀短路搭铁原因,必要时更换换挡阀
43	B 组换挡阀不良	用欧姆表测量 B 组换挡阀的电阻值,其值应为 21～24Ω,否则应更换换挡阀
44	A 组换挡阀短路搭铁	参阅 42 号故障码
45	压力控制电磁阀不良	用欧姆表测量压力控制电磁阀的电阻值,其值应为 2.6～3.2Ω,否则应更换

续表

故障码	故障部位	检查内容
46	压力控制电磁阀搭铁	排除搭铁故障
47	缓冲离合器控制电磁阀不良	用欧姆表检查电磁阀的电阻值，其值应为 3Ω
48	缓冲离合器控制电磁阀短路	如电阻值与 47 号代码不符，应更换电磁阀
49	缓冲离合器系统不良	检查缓冲离合器系统状况
51	1 挡不能同步控制	检查车速传感器及控制电路情况
52	2 挡不能同步控制	
53	3 挡不能同步控制	
54	4 挡不能同步控制	

拓展阅读

崔世林，吉国光主编. 宝来乘用车自动变速器电控系统及其故障自诊断操作. 湖北汽车学术交流研讨会论文集，2003

复习思考题

6-1　自动变速器有哪些基本检查？

6-2　如何进行自动变速器油量的检查和更换？

6-3　如何进行自动变速器油质的检查？

6-4　自动变速器的试验有哪些？各个试验的目的是什么？

6-5　如何进行失速试验？在试验中应注意什么？

6-6　道路试验主要检查什么问题？

6-7　如何调取和清除奥迪轿车故障码？

6-8　如何调取和清除通用轿车故障码？

6-9　如何调取和清除现代轿车故障码？

第 7 章　无级变速器

学习目标

1. 了解无级变速器的特点。
2. 了解无级变速器的基本组成和工作原理。
3. 了解有关无级变速器的故障诊断。

考核标准

知识要求：应掌握 CVT 的基本组成和工作原理。
技能要求：学会进行 CVT 的故障诊断。

教学建议

使用多媒体教学，结合实践教学。

7.1　无级变速器概述

普通的变速器，无论是手动的还是自动的，都必须将发动机转速以一定数目的比例来分段。慢速行驶时，变速器以低挡将发动机所发出的扭力增倍输出，但是问题在于车速的升降仍然和发动机本身的转速挂钩，只不过是比例的常数不同而已。如果制造一个可以转变扭力和转速的装置，将发动机锁定在一个很窄的转速范围下工作，这样发动机的扭力、马力和输出效率都能够设计得极出色。这种理念制造的变速器称为无级变速器，英文名称为 Continuously Variable Transmission，简写为 CVT。

7.1.1　无级变速器与传统自动变速器的区别

无级变速器不采用齿轮传动，结构更加精简；普通自动变速器采用齿轮传动，结构复杂。无级变速器能实现宽速比范围，扩展齿轮比下限能改善车辆加速性能，变速时无冲击感，行驶更加顺畅；减少了变速时的动力损失，在行驶过程中，能实现发动机动力连续不间断的输出；真正实现了挡位无穷的目标，也可以称之为“无挡化”；从原理上实现了追求动力与效率最优化的可能性，其传动效率远高于带有液力传动的有级式自动变速器；在变速过程中由于没有动力的中断，因而提高了行驶的动力性能。这些都是有级式变速器无法比拟的。与装备四挡自动变速器的汽车相比，无级变速器的 0～100km/h 的加速性能提高 10%。它的操作方便性和乘坐舒适性均可与电子控制的有级式自动变速器相比美。它能最好地协调汽车的外界行驶条件与发动机负荷，充分发挥发动机的功率潜力，提高整车燃油经济性。据资料介绍，装有无级变速传动的汽车与五挡手动变速器的汽车在道路上做对比实验时，装有无级变速传动汽车的燃油消耗减少 11.5%，碳氢化合物的排放量减少 33%，CO 的排放量减少 20%。

7.1.2　常见的典型无级变速器

7.1.2.1　奥迪 A6 的 Multitronic 无级变速器

一汽大众生产的奥迪 A6 轿车已选装无级变速器，其代号为 01J，它采用带/链传动，如图 7-1 所示。它是首家推出能够应用于功率和转矩分别达到 147kW 和 300N·m 的 A6 2.6L 发动机系统的无级变速器，并且已制定一个在行驶性能、燃油经济性和动力性及舒适性等方面的新标准。

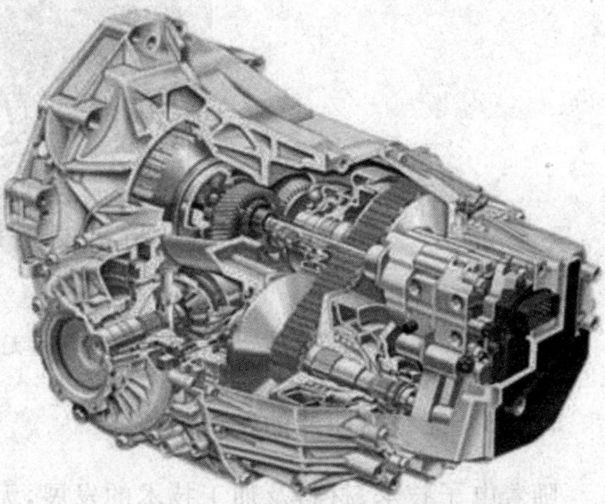

图 7-1　奥迪 Multitronic 变速器结构图

奥迪的 Multitronic 变速器是在原有无级变速器的基础上安装了一种称为多片式链带的传动组件，这种组件大大拓展了无级变速器的使用范围，能够传递和控制峰值高达 280N·m 的动力输出，其传动比超过了以前各种自动变速器的极限值。Multitronic 还采用了全新的电子控制系统，以克服原有无级变速器的不足。比如在上下坡时，系统能自动探测坡度，并通过调整速比增加动力输出或加大发动机的制动转矩来协助车辆行驶。

7.1.2.2　本田飞度无级变速器

飞度的无级变速器是专门为小型车设计的，属于新一代钢带无级自动变速器，如图 7-2 所示，可允许两个带轮之间进行高扭矩传递，运转平稳、传动效率高，是小型车里较好的。飞度的无级变速器还带有 S 挡(运动模式)，如图 7-3 所示，它既追求流畅感、低油耗，又不乏驾驶乐趣。

7.1.2.3　日产轩逸无级变速器

轩逸 XTRONIC 无级变速器采用独特的高抗拉强度钢带传动，可靠性和耐久性大幅度提高。如图 7-4 所示，轩逸 XTRONIC 无级变速器采用新的控制系统，加速反应更快，引擎制动性能更精确。此外，它还采用一种新的“线性模式”以确保带来舒适的加速感觉。轩逸 XTRONIC 无级变速器迅速换挡至理想的齿轮比，发动机转速迅速上升。

图 7-2 本田飞度无级变速器结构图

图 7-3 本田飞度无级变速器挡位图

图 7-4 日产轩逸无级变速器结构图

7.1.3 无级变速器的发展趋势

随着电子技术、材料及加工技术的发展，无级变速器正朝着以下几个方面发展：

(1)无级变速器的部件功能将进一步完善、价格将进一步降低。

(2)无级变速器的种类将呈现多样化。

(3)发动机与无级变速器集成控制。更精确的无级变速器控制，将与发动机控制一起集成到整个电子控制系统中，使得油耗和排放进一步降低。带有集成发动机控制单元的第一个无级变速器传动系统原型已经进行了行驶循环测试，并取得较好效果。

(4)混合动力无级变速器传动系统。随着能源的日益多元化，混合动力汽车将越来越多。无级变速器将承担带有飞轮储能装置的混合动力传动系统设计中的重要角色。采用无级变速器传动系统的混合动力汽车的油耗有可能减少 30%，排放有可能降低 50%。

7.2　无级变速器的结构组成和工作原理

7.2.1　无级变速器的结构组成

目前最常见的无级变速器是金属带式无级变速器。它的基本结构由主动带轮、从动带轮和金属带组成。图 7-5 为带式无级变速器结构图，每个带轮由两个锥形盘组成，一个锥形盘固定不动，另一个锥形盘可以轴向移动。当主动带轮两锥形盘间距变小时，主动带轮半径增大，从动带轮半径减小，将使带轮传动比增大；反之，当两锥形盘间距变大时，主动带轮半径减小，从动带轮半径增大，将使带轮传动比减小。但传动装置中的主、从动带轮中心距是固定不变的。由于两个带轮的半径可以连续无级变化，所以形成的传动比也是连续无级变化的。

图 7-5　带式无级变速器基本的结构

7.2.2　无级变速器的工作原理

无级变速器发展至今，其基本工作原理大致不变，都是利用两个或者两个以上的带轮传递动力，而速度的改变都是通过改变带轮的半径来进行的，即引擎转速保持不变，仍可以通过改变半径来达到改变车轮转速的目的。

传动的金属带由 408 片钢片和 9 层钢环组成，如图 7-6 所示。进行动力传动的主要元件是 408 个小的金属推力片，金属推力片在两侧工作带轮挤压的作用下传递动力。而 9 层金属带的主要作用就是将金属推力片约束在一起，并引导金属片进行动力传递。

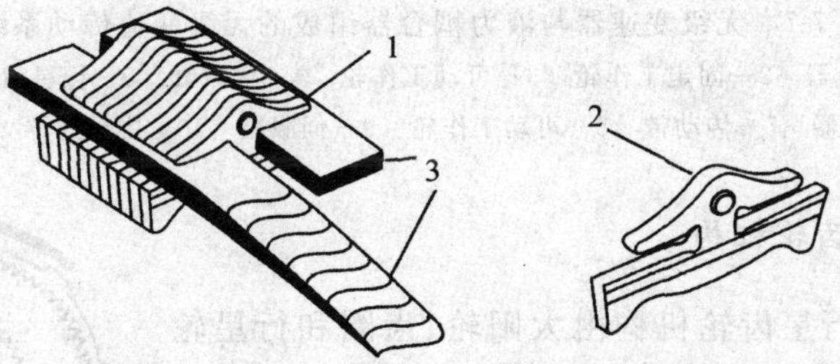

图 7-6　金属传动带

1—钢带　2—构件　3—钢质环形带

无级变速器主要由无级变速传动机构、液压控制单元、电子控制系统三部分组成。发动机输出转矩通过飞轮传递给变速器，前进挡离合器和倒挡制动器都是湿式摩擦元件，两者均为启动装置。倒挡的旋转方向是通过行星齿轮机构改变的。发动机的转矩通过液力变矩器传递到主、从动带轮变速装置，再由此传到主减速器、差速器。液压控制系统和电子控制系统集成一体，位于变速器内部。

金属带式无级变速器的工作原理简单说来，就是在液压系统的压力的作用下，带轮的可动部分沿着钢球滑道做轴向移动,改变V形槽宽度的大小,从而改变金属带的传动半径。从动带轮油缸压力夹紧金属带,钢片受到挤压作用,向大半径方向移动,金属带被张紧,9层钢环产生张力,主动带轮侧的钢片被夹紧在两锥面之间,钢片与锥面之间产生摩擦力。主、从动带轮的可动部分做轴向移动的过程中,改变了金属带在带轮上的回转半径,从而改变了传动比。无级变速器电控系统根据整车的行驶工况,通过控制液压系统的压力来进行连续的速比变换,从而实现无级变速。

7.2.3 无级变速传动机构

一般无级变速机构所形成的传动比为0.44～4.69,在其后需要增加主减速器,在其前一般还配有电磁离合器或带有锁止离合器的液力变矩器。如图7-7所示为带液力耦合器的无级变速器。无级变速传动机构主要由行星齿轮机构、前进挡离合器、倒挡制动器和起步离合器等组成。

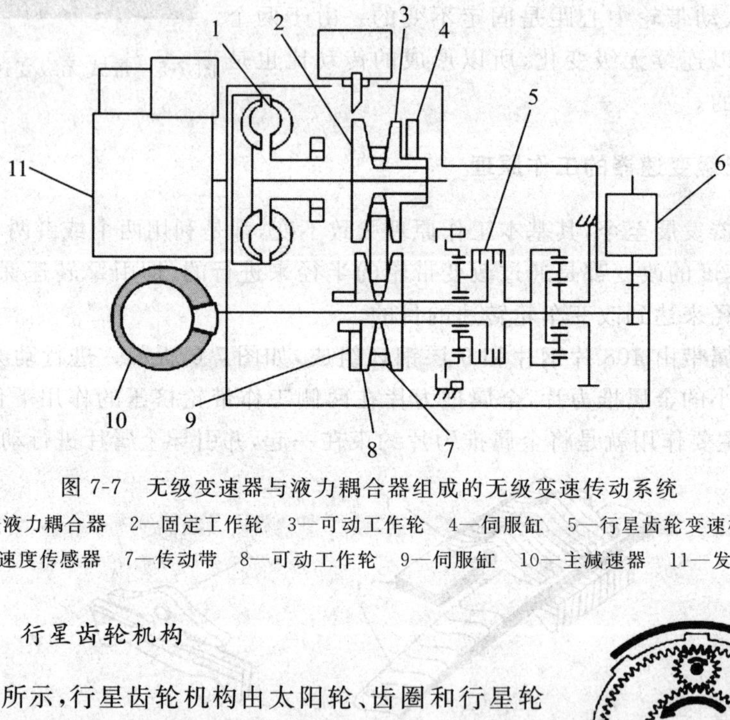

图7-7 无级变速器与液力耦合器组成的无级变速传动系统

1—液力耦合器 2—固定工作轮 3—可动工作轮 4—伺服缸 5—行星齿轮变速机构 6—速度传感器 7—传动带 8—可动工作轮 9—伺服缸 10—主减速器 11—发动机

7.2.3.1 行星齿轮机构

如图7-8所示,行星齿轮机构由太阳轮、齿圈和行星轮组成,用于改变主动带轮轴旋转方向,实现倒车操作。太阳轮通过花键与输入轴连接,并且构成了前进挡离合器的内毂;行星轮安装在行星架上,单齿轮式行星齿轮架与太阳轮啮合,并形成倒挡离合器的内毂;齿圈与前进挡离合器啮合;倒挡制动器的外毂为变速器壳体。

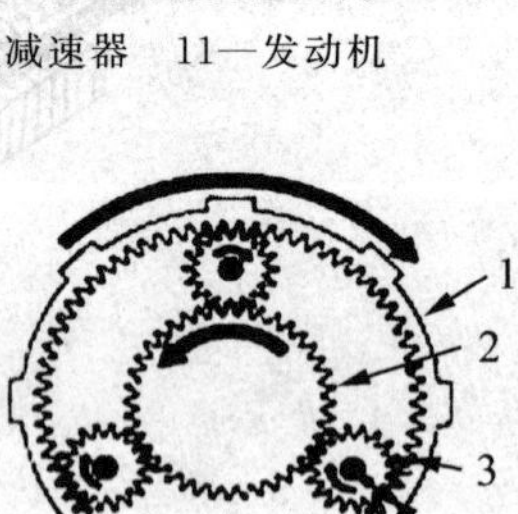

图7-8 行星齿轮机构

1—齿圈 2—太阳轮 3—行星轮 4—行星架

7.2.3.2 前进挡离合器、倒挡制动器和起步离合器

如图7-9所示,前进挡离合器内装有钢片与摩擦片,摩擦片通过花键与太阳轮接合,

钢片通过花键与前进挡离合器鼓接合，行星齿轮及行星架通过花键固定在前进挡离合器鼓上，齿圈套在行星齿轮上，齿圈上有外花键。倒挡制动器的摩擦片套在齿圈的外花键上，如图 7-10 所示，倒挡制动器的钢片通过花键套在倒挡制动器鼓上，即变速器壳体上，它们与行星齿轮机构一起实现前进挡和倒挡。

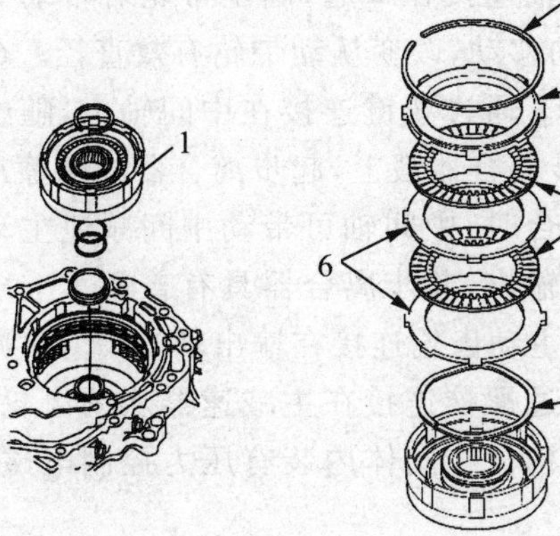

图 7-9　前进挡离合器

1—前进挡离合器　2—卡环　3—底板　4—离合器盘　5—波形弹簧　6—离合器片

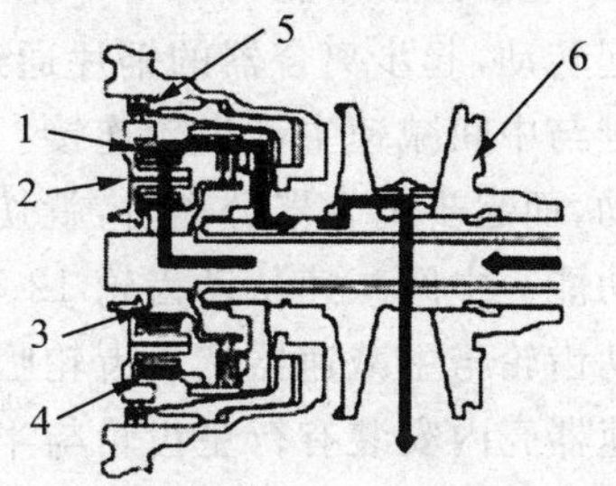

图 7-10　倒挡制动器

1—行星轮　2—行星架　3—太阳轮　4—齿圈　5—倒挡制动器　6—主动带轮

如图 7-11 所示，起步离合器安装在从动齿轮轴上，与中间主动齿轮进行接合或分离，它可以将中间主动齿轮的动力传递至车轮，也可以切断中间主动齿轮至车轮的动力传递，其基本功能与变矩器相同。任何挡位处于接合状态时，若起步离合器卡住不分离，将导致发动机停转。起步离合器是一个湿式多片离合器，采用压力润滑，离合器鼓上的孔道允许大流量液体流出。起步离合器采用多弹簧结构替代了螺旋弹簧。

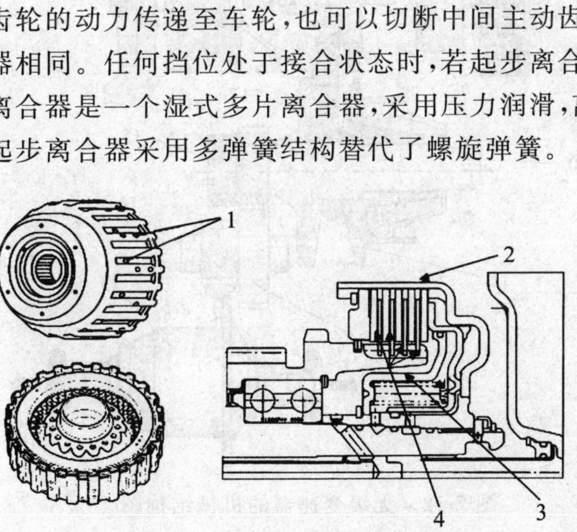

图 7-11　起步离合器

1—大流量液体孔道　2—起步离合器毂　3—离合器活塞　4—离合器片

7.2.3.3　工作过程

如图 7-12 所示，发动机的动力通过飞轮传给输入轴 18，太阳轮 8 与输入轴固接在一起，随输入轴一起转动。当前进挡离合器 4 接合时，行星齿轮机构的太阳轮与行星架 7 连接在一起，行星齿轮机构自锁，输入轴带动前进挡离合器鼓转动，前进挡离合器鼓的转向与输入轴相同；当制动器制动时，齿圈 6 被固定，太阳轮带动行星架转动，由于行星架上有两排行星齿轮 9，所以行星架的转向与太阳轮转向相反，即前进挡离合器鼓的转向与太阳轮转向相反，变速器输出倒挡。主动带轮 3 的固定盘通过花键与前进挡离合器鼓连接在一起，随前进挡离合器鼓转动，主动带轮滑动盘可在伺服油缸 2 的作用下轴向移动，改变主动带轮有效直径；从动带轮 11 的固定盘与中间轴连接在一起，固定带轮可带动中间轴转动，从动带轮滑动盘可在伺服油缸的作用下轴向移动，改变从动带轮有效直径。金属钢带 17 连接主动带轮与从动带轮。起步离合器毂 15 通过花键连接在中间轴上，随中间轴一起转动，起步离合器的钢片通过花键连接在起步离合器毂上，起步离合器的摩擦片通过花键与中间减速主动齿轮连接。当起步离合器接合时，中间轴可带动中间减速主动齿轮转动，而起步离合器分离时，就切断变速器的动力输出，起步离合器具有普通车上离合器的功能。中间减速从动齿轮 12 与主减速器 13 的主动齿轮连接在输出轴 14 上，主减速器主动齿轮与主减速器从动齿轮啮合。差速器壳通过螺栓连接在主减速器从动齿轮上，在差速器壳内安装有行星齿轮与半轴齿轮等差速机构。在阀体内装有压力控制电磁阀、滑阀等电液控制元件，控制无级变速器变速。

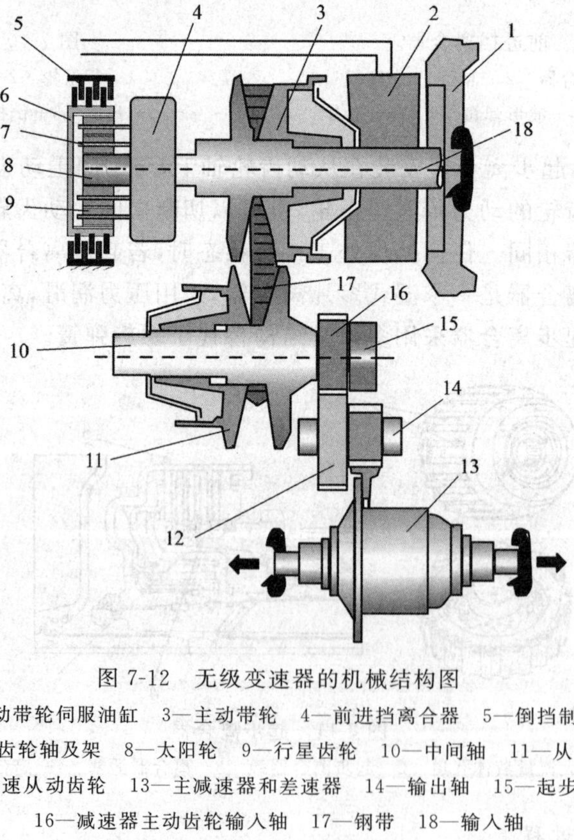

图 7-12　无级变速器的机械结构图

1—飞轮　2—主动带轮伺服油缸　3—主动带轮　4—前进挡离合器　5—倒挡制动器　6—齿圈　7—行星齿轮轴及架　8—太阳轮　9—行星齿轮　10—中间轴　11—从动带轮　12—中间减速从动齿轮　13—主减速器和差速器　14—输出轴　15—起步离合器毂　16—减速器主动齿轮输入轴　17—钢带　18—输入轴

7.2.3.4　传递路线

(1)P/N 挡的动力传动路线

选挡杆处于 P 或 N 位时,前进挡离合器和倒挡制动器都不工作。发动机的转矩通过输入轴相连接的太阳轮传到行星齿轮机构并驱动其中的一个行星轮,该行星轮再驱动另一个行星轮,另一个行星轮与齿圈相啮合。车辆尚未行驶时,作为辅助减速齿轮输入部分的行星架(行星齿轮机构的输出部分)的阻力很大,处于静止状态,齿圈以发动机转速一半的速度怠速运转,旋转方向与发动机相同。

(2)前进挡的动力传动路线

选挡杆处于 D 位时,前进挡离合器工作。由于前进挡离合器钢片与太阳轮连接,摩擦片与行星架相连接,此时,太阳轮(变速器输入轴)与行星架(输出部分)连接,行星齿轮机构被锁死成为一体,并与发动机运转方向相同,传动比为 1∶1。

(3)倒挡的动力传动路线

选挡杆处于 R 位时,倒挡制动器工作。由于倒挡制动器摩擦片与齿圈相连接,钢片与变速器壳体相连接,此时,齿圈被固定,太阳轮(输入轴)主动,转矩传递到行星架,由于是双行星齿轮(其中一个为惰轮),所以行星架会以与发动机旋转方向相反的方向运转,车辆向后行驶。

7.2.4　液压系统

7.2.4.1　液控系统的组成

液控系统由油泵、控制阀体、主阀体和手动阀体等组成。

(1)油泵

常见的液压油泵有两种形式,即齿轮泵和叶片泵。为了提高油泵的工作效率,近年来多采用叶片泵。油泵由螺栓固定在主阀体上,如图 7-13 所示,油泵为转子泵,内转子由变速器输入轴驱动旋转,内转子带动外转子转动向外泵油,为变速器提供工作油压。

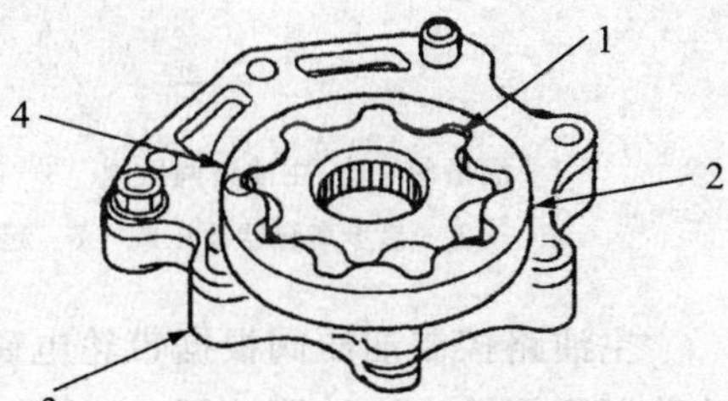

图 7-13　油泵

1—内转子　2—外转子　3—泵壳　4—油泵

(2)控制阀体

控制阀体由主动带轮压力控制阀、从动带轮压力控制阀、主动带轮电磁阀、从动带轮电磁阀和起步离合器电磁阀等组成,如图 7-14 所示。主动带轮电磁阀调节主动带轮压力控制阀的控制油压,使主动带轮压力控制阀输出不同的油压,改变主动带轮的有效半径;从动带轮电磁阀调节从动带轮压力控制阀的控制油压,使从动带轮压力控制阀输出不同的油压,改变从动带轮的有效半径,从而改变无级自动变速器的传动比。

(3)主阀体

主阀体由主油路调压阀、主油路控制油压阀、离合器减压阀、换挡锁定阀、起步离合器蓄压阀、起步离合器换挡阀、起步离合器后备阀和润滑阀等组成，如图 7-15 所示。

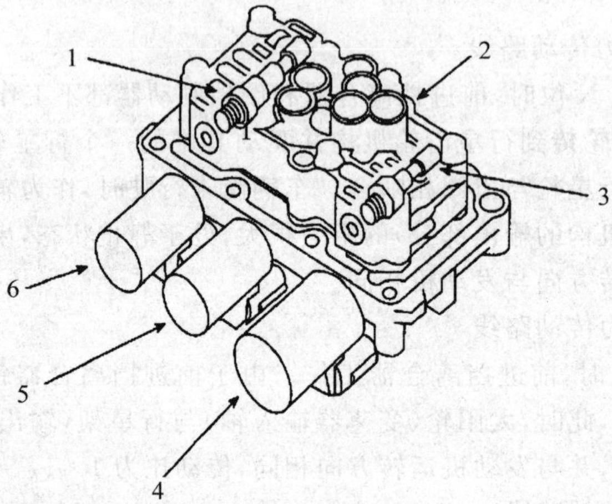

图 7-14　控制阀体

1—主动带轮控制滑阀　2—控制阀体　3—从动带轮控制滑阀　4—接起步离合器调压电磁阀　5—接从动带轮调压电磁阀　6—接主动带轮调压电磁阀

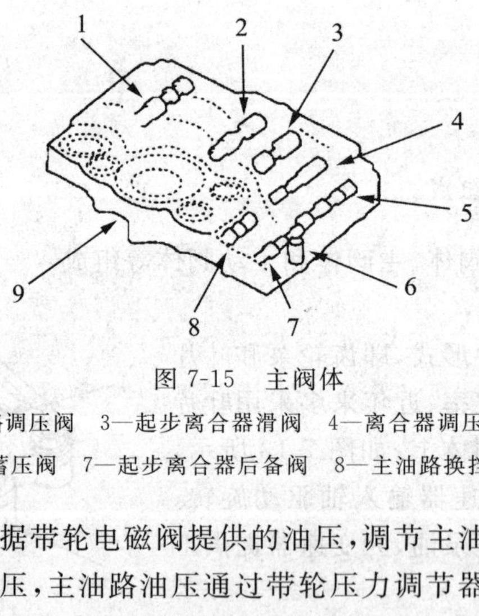

图 7-15　主阀体

1—润滑阀　2—主油路调压阀　3—起步离合器滑阀　4—离合器调压滑阀　5—换挡锁止滑阀　6—起步离合器蓄压阀　7—起步离合器后备阀　8—主油路换挡滑阀　9—主阀体

主油路控制油压阀根据带轮电磁阀提供的油压，调节主油路调压阀的控制油压，使主油路调压阀输出主油路油压，主油路油压通过带轮压力调节器调节后进入带轮，同时也分别进入润滑阀、离合器减压阀、起步离合器后备阀等。离合器减压阀降低输入油压，为离合器、制动器及带轮电磁阀提供工作油压。润滑阀降低输入油压，为行星架、离合器、钢带等提供润滑油压。起步离合器蓄压阀缓冲起步离合器油压，使起步离合器接合柔和。换挡限止阀、起步离合器换挡阀、起步离合器后备阀等的作用是为了当电子控制系统出现故障时，对起步离合器进行液压控制。

(4)手动阀体

手动阀体由手动阀、倒挡限止阀等组成，如图 7-16 所示。手动阀有 P、R、N、D、S、L 位置，它主要切换进入前进挡离合器和倒挡制动器的油路，使前进挡离合器或倒挡制动器工作。倒挡限止阀由倒挡限止电磁阀提供的倒挡锁止压力进行控制，当车辆以 10km/h

的速度行驶时，倒挡限止阀截止通向倒挡制动器的液压回路，防止误挂倒挡。

整个液压系统的油路如图 7-17 所示。

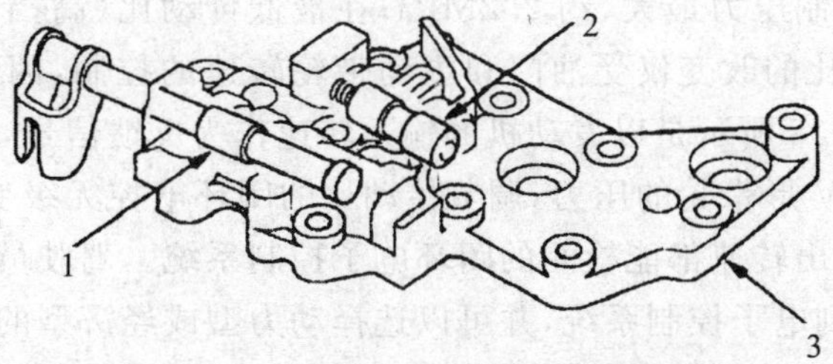

图 7-16　手动阀体

1—手控阀　2—倒挡限止阀　3—手控阀体

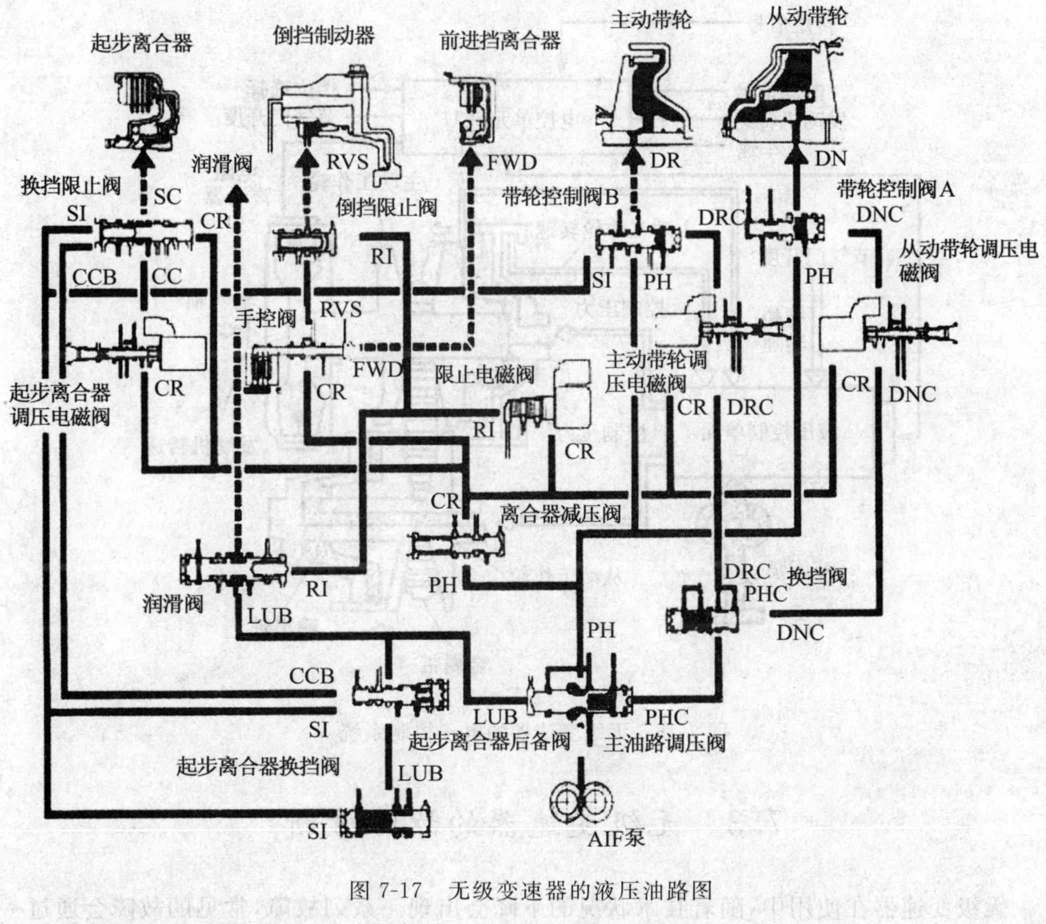

图 7-17　无级变速器的液压油路图

7.2.5　电子控制系统

无级变速器的电子控制系统主要是由电控单元（ECU）、传感器信号、执行机构及各种接口电路构成。如图 7-18 所示为一种电液控制的电控无级变速传动的控制系统。系统中包括电磁离合器的控制和 V 形带的变速控制。变速比由发动机油门信号和主动带轮转速所决定，ECU根据发动机的转速、车速、油门位置、换挡控制器（一般仅有P、R、N、D选择）信号，来控制电磁离合器以及V形带轮上伺服油缸的压力实现无级变速，一般在最高传动比时（低挡）控制压力最大，约2.2MPa；在最低传动比（高挡）时控制压力最小，约0.8MPa。由于传动比的改变仅受油门和主动带轮转速的控制，因而控制的灵活性相对受到了限制。如图7-18所示是以发动机的输入转速作为反馈信号，以油门开度等作为控制输入信号，来控制V形带轮的压力，调节传动比的闭环电控无级变速传动控制系统。这是一个全部输入和输出转速都能检测的闭环电子控制系统。驾驶员的意图通过油门开度及换挡控制器，输入到电子控制系统，并可以选择动力型或经济型的最佳换挡规律。根据发动机的转速和转矩，确定施加到主、从动轮上的压力，并有发动机转速构成转速反馈闭环控制，根据转速的偏差信号，决定升挡或降挡变速，并输出控制信号到电液比例控制阀，控制作用在两个运转带轮上的伺服油缸的压力。

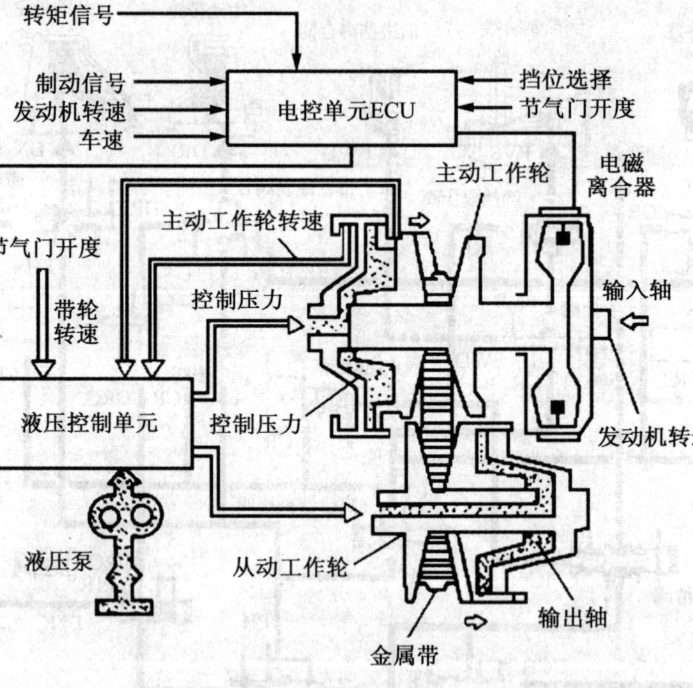

图7-18　无级变速器的电子控制系统

7.3　无级变速器的故障诊断

无级变速器在使用中，随着技术状况的下降会出现一系列故障，常见的故障会通过一定的现象特征表现出来。不同车型由于结构上有所不同，其故障原因会有所差异，但故障产生的常见原因和诊断、排除方法是基本相同的。下面以奥迪01J型无级变速器为例，来分析无级变速器的故障。

7.3.1 无级变速器常见的故障

奥迪 01J 型无级变速器搭载在奥迪 A6、A4 轿车上。就当前奥迪 A6、A4 轿车来说，除一些人为故障外(事故或因操作不当引起的各种故障)，一般比较常见的问题大致归纳为以下几种情况：

(1)差速器漏油。漏油故障主要是因为车辆长时间涉水，造成差速器进水导致齿轮锈蚀，铁锈使双面油封损坏导致漏油。

(2)奥迪 A6 不带 S 挡和倒挡常出现接合粗暴、起步耸车。此问题大多是阀体中滑阀磨损所致，需检修或更换阀体。

(3)经常出现仪表挡位指示灯无规律闪烁，严重时无法正常行驶，重新启动后故障消失。

(4)奥迪 A6 带 S 挡常出现踩制动快停车时冲击的现象。这种现象主要是由于前进挡离合器工作油压不稳定造成的，是 KSV 阀磨损了，一般检修或更换阀体即可。

(5)怠速 P/N 挡时变速器内有液体流动声。这种现象大多是由于冷却管路受阻造成的，也可能是阀体有故障。

(6)怠速时溜车(坡道停车失效)。可通过读取离合器工作压力和接触压力的数据流来判断问题，一般都是由于前进挡离合器磨损间隙过大造成的。

(7)行驶中松油门，当车速降到 30km/h 时车辆向前耸动。这种故障出现的原因主要是发动机与变速器的匹配参数有问题，应对发动机控制单元进行升级。

(8)踩制动耸车，严重时出现加油不走车现象，将无级变速器挂入前进挡上述故障现象消失，同时会有 18181 故障码。此问题是阀体中离合器压力调节阀磨损卡滞所致。

7.3.2 故障诊断前注意事项

(1)发动机运转时，对车辆进行维修工作前务必将选挡杆挂入 P 位，并拉紧驻车制动器，谨防发生事故。

(2)车辆静止，挂入 D 挡后切勿因一时疏忽打开节气门(例如在发动机舱内作业时不慎用手碰开节气门)，若发生此种情况，轿车将立即起步行驶，即使拉紧手制动器也无法阻止轿车移动。

(3)不允许用超声波清洗装置来清洁液压控制单元和电子控制单元。

(4)当挡盖已取下或未加自动变速器油时，绝不可启动发动机或拖动车辆。

7.3.3 故障诊断基本步骤

7.3.3.1 基本检查

基本检查主要是一些外围的检查，包括发动机怠速检查、油位高度检查、油质检查以及利用专用检测仪器的诊断(无级变速器系统、发动机控制系统和 ABS 系统等)。图 7-19 为油位高度检查示意图。

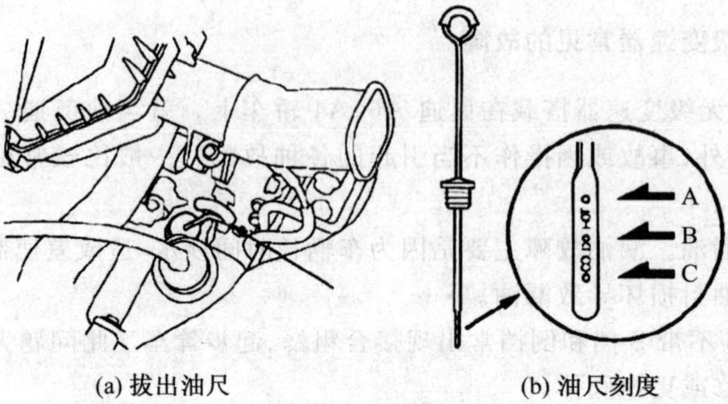

图 7-19　油位高度检查示意图

7.3.3.2　维修前的测试

维修前的测试是进一步确认故障信息最有效的途径，同时可验证是否与客户所描述的故障信息完全吻合。采取随车诊断功能（通过专用检测仪器读取汽车行驶时的动态数据）可为下一步维修提供有效的帮助。

7.3.3.3　液压元件的检修

少数无级变速器的液压控制系统是可以直接通过油压试验来检查故障原因的。油压测试步骤如下：检查并确保自动变速器油面正常；举升车辆，拆除挡泥板；将发动机预热到正常温度后关机；连接转速表；安装油压测量专用工具；启动发动机，在规定转速下测量各部位的油压。

大多数无级变速器的液压系统是通过油压传感器来反应变速器内部工作油压的，因此必须使用专用检测仪器通过读取汽车运行状态下的动态数据来进一步确认故障信息。对于液压控制元件（阀体）和液压执行元件（离合器或制动器）可进行液压测试和解体检查。

7.3.3.4　机械元件的检修

对于无级变速器机械元件的检修，只能做解体检查或故障部位的修理和更换。

7.3.3.5　电控元件的检查

检查挡位开关各端子在操纵手柄位于不同位置时是否导通。

检测起步离合器压力调节阀、主动带轮压力调节阀、从动带轮压力控制阀、限止电磁阀、主动带轮转速传感器、从动带轮转速传感器、变速器转速传感器性能的好坏。

复习思考题

7-1　简述无级变速器的变速原理。

7-2　无级变速器由哪几部分组成？各自功用是什么？

7-3　简述无级变速器故障诊断的基本步骤。

第 8 章　双离合变速器的结构与原理

学习目标

1. 认识双离合变速器的类型和组成。
2. 说出双离合变速器的优缺点。
3. 认识和识别双离合变速器的主要零件及其动力传递路线。

考核标准

知识要求：掌握双离合变速器的组成和基本工作原理。

技能要求：能实施双离合变速器拆卸部件、装配、复位调整程序。

教学建议

教具：双离合变速器实验台。

建议：建议使用多媒体教学，因内容较新，在教学过程中建议应用视频和动画。

教学参考：大众轿车双离合变速器维修手册、广州花都全球自动变速器有限公司培训教材、各种汽车双离合器变速和自动传动桥的维修手册。

变速器按照操作方式分为两种基本类型：手动和自动。手动变速器要求驾驶员踩下离合器踏板并使用换挡杆来实现换挡；而自动变速器可以使用离合器、变矩器和行星齿轮组为驾驶员完成全部换挡工作。双离合变速器是一种介于二者之间并综合了二者优点的变速器，也被称为半自动变速器、“无离合”手动变速器。

8.1　双离合变速器概述

双离合变速器的操作大体上与标准的手动变速器类似，它使用输入轴和辅助轴来安放齿轮、同步器和离合器。由于实际的换挡工作是由计算机、电磁阀和液压系统完成的，因此双离合变速器没有离合器踏板。但驾驶员仍然可以通过翘板开关、按钮或换挡杆“告诉”计算机何时采取动作。

8.1.1 双离合变速器的优点

8.1.1.1 升挡快、无换挡冲击、加速平稳、可以自由选择换挡模式

由于升挡仅需要 8ms,很多人都认为,双离合变速器在市场上现有的任何车辆中可以提供最为凌厉的加速度。由于双离合变速器消除了手动变速器中伴随换挡带来的换挡冲击(甚至有些自动变速器中也存在),自然可以提供平稳的加速。双离合变速器最为突出的优点是可以让驾驶员自由选择是自己控制换挡还是交由计算机来完成。轻松的驾驶体验仅仅是双离合变速器带来的众多优点之一。

8.1.1.2 动力传送不发生中断,可以显著降低油耗

双离合变速器最为引人关注的优点可能是节油。由于从发动机到变速器的动力传送中断时间极短,有零点几秒,因此可以显著降低油耗。有些专家认为,六速双离合变速器与传统的五速自动变速器相比,最多可以节油 10%。

8.1.1.3 能够实现高性能汽车的高扭矩输出

在今天,制造商已在替代变速器技术上投入了巨资,最值得注意的一项技术就是无级变速器。由于无级变速器使用移动的滑轮系统和金属带,在一个很宽的范围内无级调节齿数比,因此,无级变速器可以减少换挡冲击,并且可以显著降低油耗。但无级变速器无法满足高性能汽车的高扭矩要求,而双离合变速器则没有这类问题,因此更适合高性能汽车使用。

8.1.2 双离合变速器的缺点

由于现在的变速器技术已经完全成熟,因此汽车制造商对于因改造生产线以提供新型变速器而带来的附加成本存有顾虑。这些附加成本最终会增加装备双离合变速器汽车的成本,使汽车的销售价格上升。

8.2 双离合变速器的基本结构

在使用标准换挡杆换挡的汽车中,如果驾驶员要从一个挡位换到另一个挡位,他先要踩下离合器踏板。此动作可以操作一个离合器,使发动机与变速器断开连接,中断输送到变速器的动力,然后,驾驶员使用换挡杆选择新的挡位。这个过程涉及将齿形联轴器从一个齿轮移动到另一个不同大小的齿轮,“同步器”使齿轮在接合之前相匹配以防止磨齿。一旦换入了新的挡位,驾驶员就可以松开离合器踏板,从而使发动机重新连接到变速器,并将动力传送给车轮。由此可见,在传统的手动变速器中,从发动机到车轮没有连续的动力输出。在换挡的过程中,动力传送将从“有”到“无”再到“有”进行变化,这样就会导致“换挡冲击”或“扭矩中断”现象。对于技术不熟练的驾驶员,这种现象会导致车上的乘客在换挡过程中感到前后摇晃。而双离合变速器在一个变速器中实现了两个传统手动变速

器的功能。

双离合变速器使用两个离合器，但没有离合器踏板，先进的电子系统和液压系统像控制标准自动变速器那样对离合器进行控制。但在双离合变速器中，各离合器单独运转，一个离合器控制奇数挡(1 挡、3 挡、5 挡和倒挡)，另一个离合器控制偶数挡(2 挡、4 挡和 6 挡)。这样，不需要中断从发动机到变速器的动力传送就可以换挡。

在双离合变速器的中央是一个由两个部分构成的变速器轴。普通的手动变速器将所有挡位的齿轮安放在一根输入轴上，与此不同的是，双离合变速器将奇数挡齿轮和偶数挡齿轮分别安放到两根输入轴上。其结构如图 8-1 所示，外轴是中空的，其中留有嵌套内轴的空间。外部的中空轴为 2 挡和 4 挡提供动力，而内轴为 1 挡、3 挡和 5 挡提供动力。此双轴构造使奇数挡和偶数挡分离，从而使换挡在负载下完成，可以始终维持动力输出。

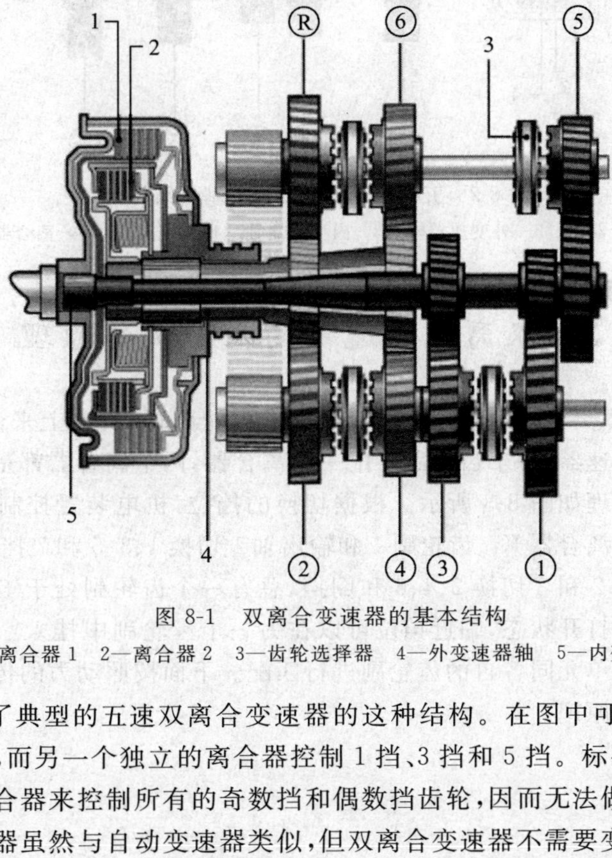

图 8-1　双离合变速器的基本结构

1—离合器 1　2—离合器 2　3—齿轮选择器　4—外变速器轴　5—内变速器轴

图 8-2 显示了典型的五速双离合变速器的这种结构。在图中可以看到，一个离合器控制 2 挡和 4 挡，而另一个独立的离合器控制 1 挡、3 挡和 5 挡。标准的手动变速器由于必须使用一个离合器来控制所有的奇数挡和偶数挡齿轮，因而无法做到这一点。

双离合变速器虽然与自动变速器类似，但双离合变速器不需要变矩器，发动机扭矩直接从发动机传送到变速器。目前汽车装备的双离合器主要分为干式和湿式离合器。湿式离合器在前面已经详述，在这里主要以干式离合器(像通常与手动变速器关联的离合器)为例解析双离合变速器的工作原理。

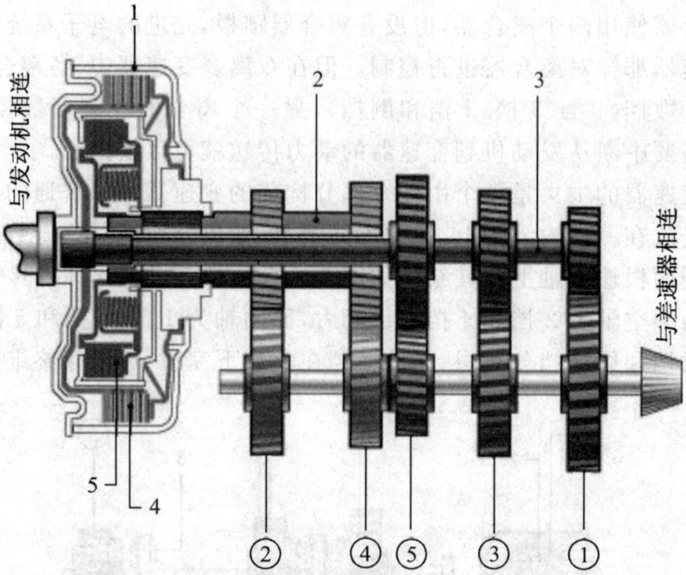

图 8-2　五挡位双离合变速器基本结构

1—离合器箱　2—外变速器轴　3—内变速器轴　4—离合器 2　5—离合器 1

8.3　双离合变速器的基本工作原理

从原理上来讲，双离合变速器包含两个独立的齿轮副；从功能上来讲，每个齿轮副结构可作为一个手动变速器，每个齿轮副匹配一个离合器，两个离合器都是干式离合器。干式双离合变速器的原理如图 8-3 所示。根据切换的挡位，机电装置控制单元控制离合器的打开和闭合。通过离合器 K_1、齿轮副 1 和输出轴 1 切换 1、3、5 和 7 挡；通过离合器 K_2、齿轮副 2 以及输出轴 2 和 3 切换 2、4、6 和倒挡，总有一个齿轮副处于工作状态。因为对应的离合器一直处于打开状态，临近挡位可以在另一个齿轮副中挂入。一个传统的手动变速器同步器和换挡单元同各自的齿轮副进行匹配。下面按照动力的传递路线解析干式双离合变速器的工作原理。

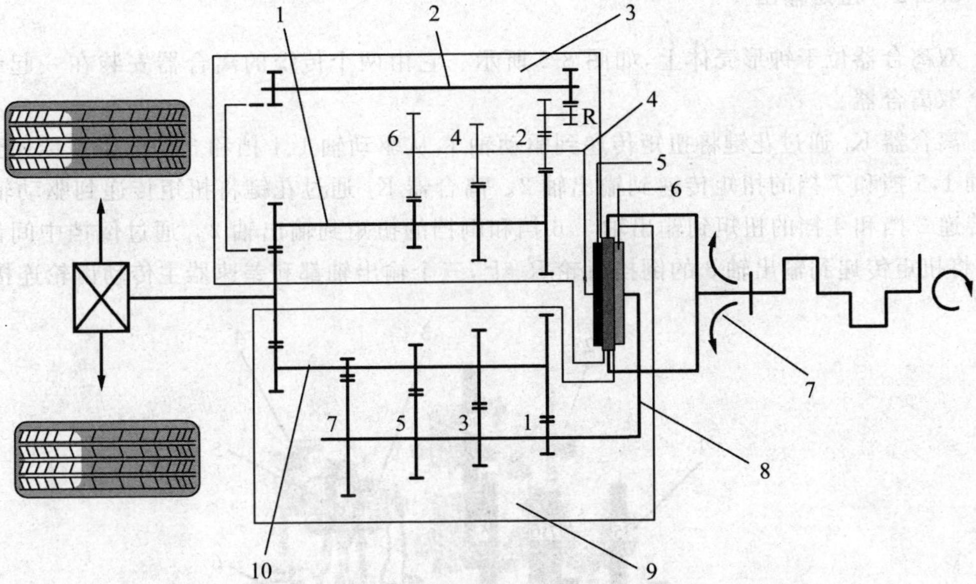

图 8-3　干式双离合变速器原理图

1—输出轴 2　2—输出轴 3　3—齿轮副 2　4—驱动轴 2　5—离合器 K_2　6—离合器 K_1
7—发动机扭矩　8—驱动轴 1　9—齿轮副 1　10—输出轴 1

8.3.1　扭矩输入

扭矩从固定在曲轴上的双质量飞轮传递到双离合器。为此，双质量飞轮上装有内齿，它们和双离合器支承环上的外齿互相啮合，从这里将扭矩传递至双离合器，如图 8-4 所示。

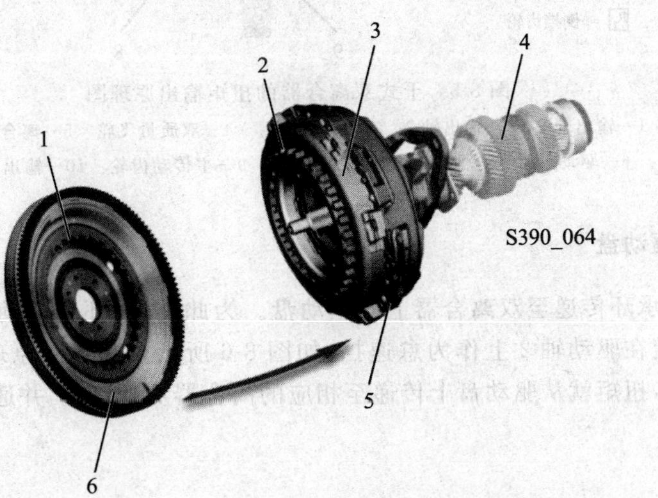

图 8-4　干式双离合器的扭矩输入原理图

1—内齿　2—外齿　3—支承环　4—驱动轴 1 和 2　5—双离合器　6—双质量飞轮

8.3.2 扭矩输出

双离合器位于钟形壳体上，如图 8-5 所示。它由两个传统的离合器安装在一起组成一个双离合器。

离合器 K_1 通过花键将扭矩传递到驱动轴 1，从驱动轴 1、1 挡和 3 挡的扭矩传递到输出轴 1，5 挡和 7 挡的扭矩传递到输出轴 2。离合器 K_2 通过花键将扭矩传递到驱动轴 2。它传递 2 挡和 4 挡的扭矩到输出轴 1，6 挡和倒挡的扭矩到输出轴 2。通过倒挡中间齿轮 R_1，将扭矩传递到输出轴 3 的倒挡齿轮 R_2 上，三个输出轴都和差速器主传动齿轮连接。

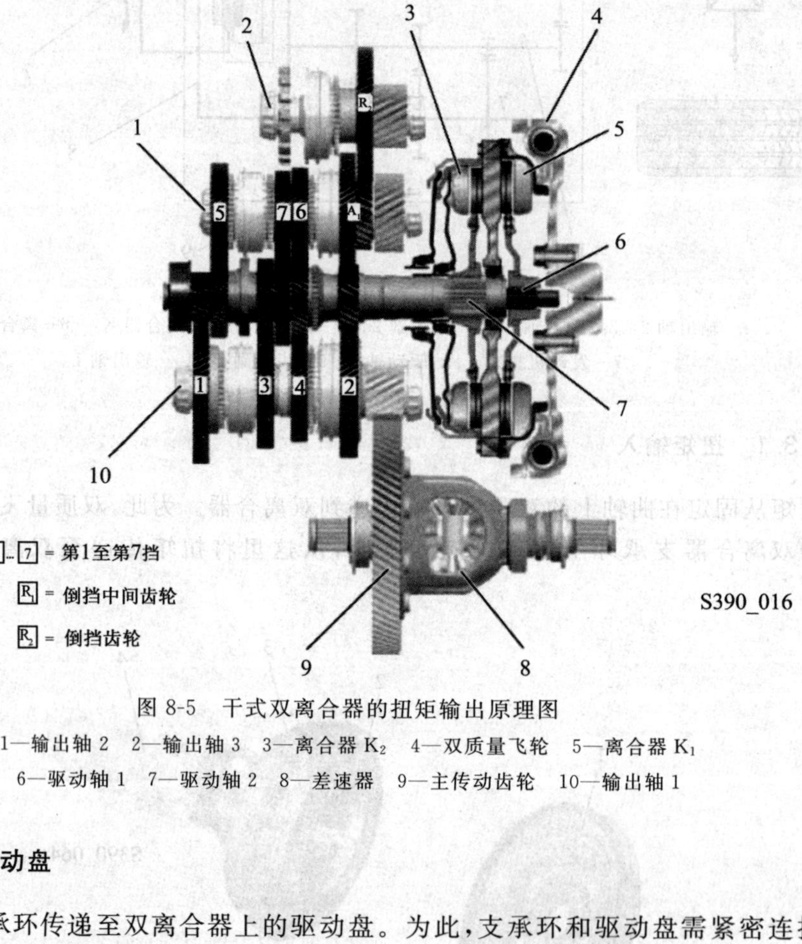

图 8-5 干式双离合器的扭矩输出原理图

1—输出轴 2 2—输出轴 3 3—离合器 K_2 4—双质量飞轮 5—离合器 K_1 6—驱动轴 1 7—驱动轴 2 8—差速器 9—主传动齿轮 10—输出轴 1

8.3.3 驱动盘

扭矩从支承环传递至双离合器上的驱动盘。为此，支承环和驱动盘需紧密连接在一起，驱动盘固定在驱动轴 2 上作为怠速挡，如图 8-6 所示。其工作原理为：如果其中一个离合器启用了，扭矩就从驱动盘上传递至相应的离合器从动盘上，并通向对应的驱动轴。

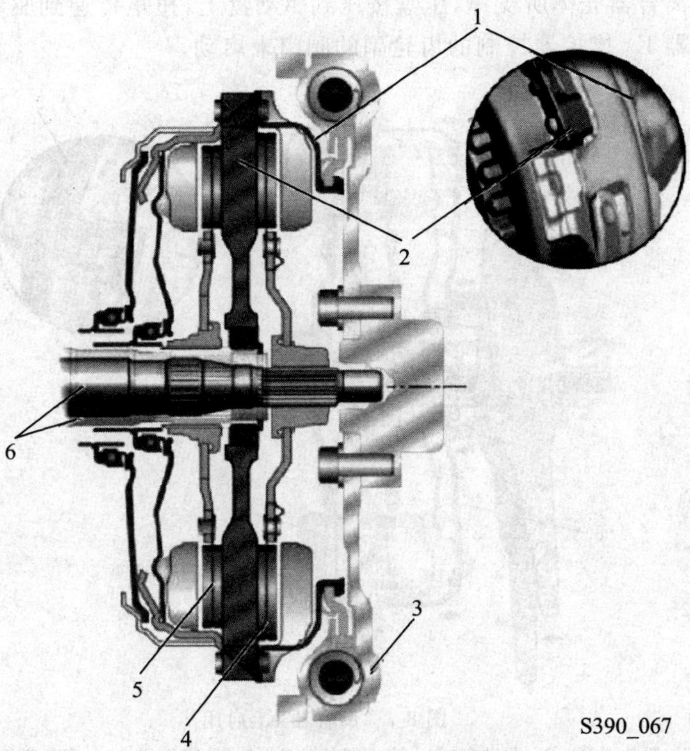

图 8-6　双离合器驱动盘的工作原理

1—支承环　2—驱动盘　3—双质量飞轮　4—离合器 K_1　5—离合器 K_2　6—驱动轴 1 和 2

8.3.4　离合器

双离合器上有两个独立的干式离合器在操作，它们在各自的齿轮副内独立传递扭矩。两个离合器可能的状态：

(1)当发动机关闭或怠速时，两个离合器都处于打开状态。

(2)当车辆运行时，两个离合器中只有一个处于闭合状态。

8.3.4.1　离合器 K_1 的工作原理

离合器 K_1 传递 1、3、5 和 7 挡的扭矩到驱动轴 1。

离合器 K_1 启用(见图 8-7)：为了启用该离合器，分离杠杆将分离轴承按压至膜片弹簧上，在几个转换点处，压缩运动转化为张紧运动。这样，压盘将离合器从动盘和驱动盘推在一起，扭矩就传递到了驱动轴上。分离杠杆是通过液压离合器 K_1 操控器控制的齿轮副的阀门来启动的。

8.3.4.2　离合器 K_2 的工作原理

离合器 K_2 传递 2、4、6 挡和倒挡的扭矩到驱动轴 2。

离合器 K_2 启用(见图 8-8)：如果分离杠杆启用，分离轴承按压压盘的膜片弹簧。由于膜片弹簧被离合器壳体所支撑，压盘按压到驱动盘上，扭矩传递到驱动轴 2。分离杠杆通过液压离合器 K_2 操控器控制的齿轮副的阀门来启动。

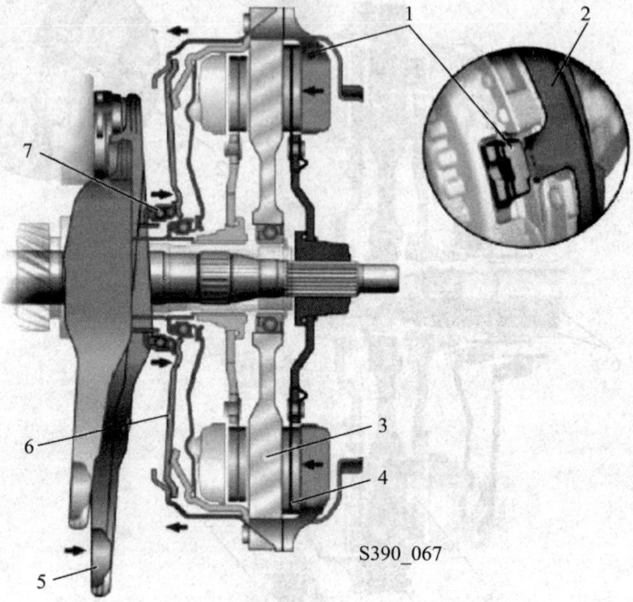

图 8-7　离合器 K_1 启用

1—压盘　2—膜片弹簧　3—驱动盘　4—离合器从动盘　5—分离杠杆　6—膜片弹簧　7—分离轴承

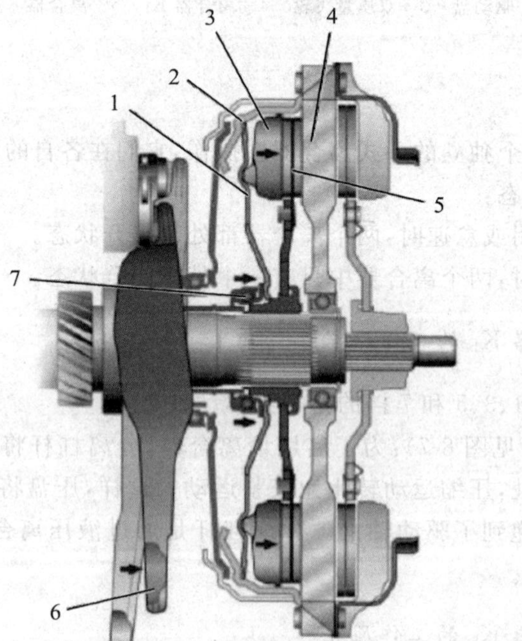

图 8-8　离合器 K_2 启用

1—膜片弹簧　2—支点　3—压盘　4—驱动盘　5—离合器从动盘　6—分离杠杆　7—分离轴承

离合器 K_1 和 K_2 都是液压控制的。为实现此要求，机电装置单元为每个离合器配了一个离合器操控器。一个离合器操控器中包括一个离合器驱动气缸和一个离合器操控活塞。离合器操控活塞控制离合器分离杠杆。离合器操控活塞带有一个永久磁铁，便于离合器动态传感器监测活塞的位置。为了防止监测活塞位置的传感器功能削弱，驱动气缸和操控活塞必须是无磁力的。

8.3.5 驱动轴

驱动轴位于变速器壳体内。每根驱动轴通过花键和一个离合器连接。根据啮合的挡位，它们将发动机扭矩传递到输出轴上。

驱动轴 2 是中空轴结构，驱动轴 1 穿过中空的驱动轴 2 运行。位于各自轴上的一个球轴承用于固定变速器壳体上的驱动轴，如图 8-9 所示。

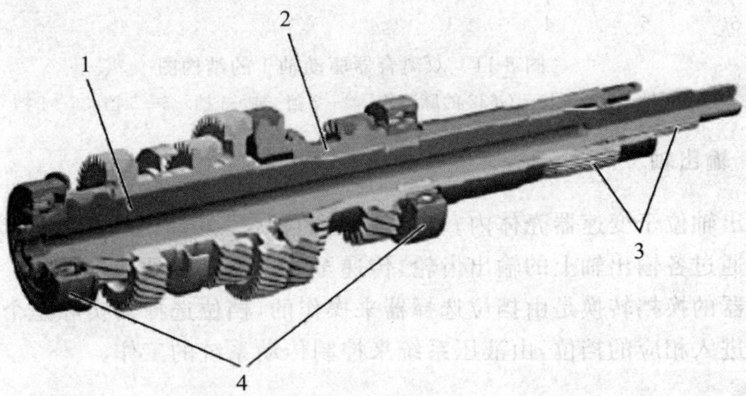

图 8-9　双离合器驱动轴的结构图

1—驱动轴 1　2—驱动轴 2　3—花键　4—球轴承

8.3.5.1 驱动轴 2

由于安装位置的原因，先介绍驱动轴 2，然后再介绍驱动轴 1。

驱动轴 2(见图 8-10)是中空轴结构，通过花键与离合器 K_2 连接。

驱动轴 2 用于切换 2、4、6 挡和倒挡。为记录变速器的输入速度，该轴上有个专门用于变速器输入转速传感器 2(G612)的齿轮。

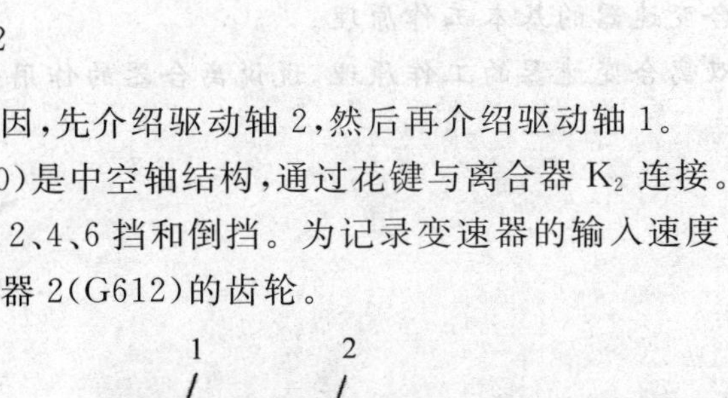

图 8-10　双离合器驱动轴 2 的结构图

1—用于 G612 的齿轮　2—轴承　3—2/倒挡　4—4/6 挡

8.3.5.2 驱动轴 1

驱动轴 1(见图 8-11)通过花键和离合器连接。该轴用于切换 1、3、5 和 7 挡。为记录变速器输入速度,该轴上有个用于变速器输入转速传感器 1(G632)的脉冲轮。

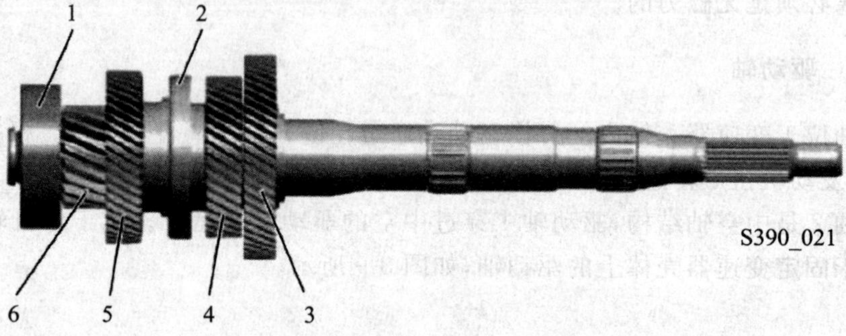

图 8-11 双离合器驱动轴 1 的结构图

1—轴承 2—用于 G632 的脉冲轮 3—7 挡 4—3 挡 5—5 挡 6—1 挡

8.3.6 输出轴

三根输出轴位于变速器壳体内。根据啮合的挡位,发动机扭矩从驱动轴传递到输出轴上。扭矩通过各输出轴上的输出齿轮,传递至差速器主传动齿轮上。

双离合器的换挡转换是由挡位选择器来操作的,挡位选择器实际是个液压电机,推动拨叉就可以进入相应的挡位,由液压系统来控制传动系统的工作。

复习思考题

8-1 什么是双离合变速器?它与自动变速器相比有哪些优缺点?

8-2 简述双离合变速器的基本工作原理。

8-3 结合干式双离合变速器的工作原理,说说离合器的作用。

参考文献

[1]左成基,杨明钦主编.汽车自动变速器实务.北京:人民交通出版社,2009
[2]胡光辉,仇雅莉主编.汽车自动变速器原理与检修.北京:机械工业出版社,2008
[3]刘利胜,刘成主编.汽车自动变速器原理与维修.北京:中国劳动社会出版社,2009
[4]揭琳锋主编.汽车自动变速器原理与维修.北京:北京大学出版社,2009
[5]赵海波,张涛主编.汽车自动变速器构造与维修.北京:机械工业出版社,2009
[6]张朝山主编.自动变速器原理与检修.北京:电子工业出版社,2009
[7]尹万健主编.轿车自动变速器结构原理与检修.北京:交通出版社,2002
[8]张宏伟主编.汽车自动变速器实训.北京:高等教育出版社,2007
[9]李春明主编.汽车底盘电控技术.北京:机械工业出版社,2009
[10]陈开考主编.自动变速器原理与检修.杭州:浙江大学出版社,2006